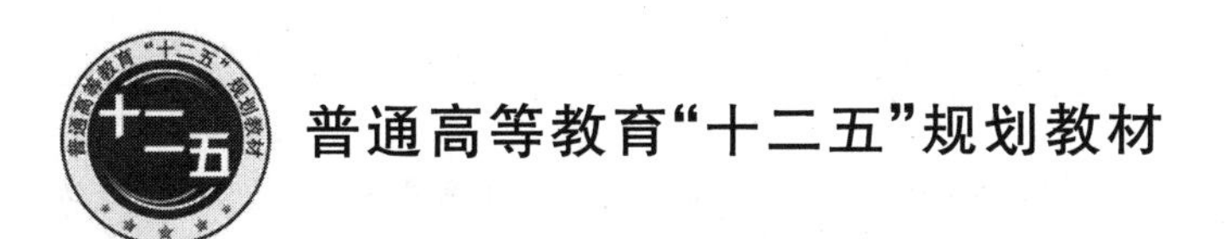

上市公司财务报表分析

王玉梅　曾　瑶　编著

北京邮电大学出版社
www.buptpress.com

内 容 简 介

本书主要围绕上市公司披露的年报中的四大报表(资产负债表、利润表、现金流量表和股东权益变动表),从上市公司的偿债能力、营运能力、盈利能力等多角度展开分析。运用比较分析法、趋势分析法、比率分析法、图解分析法等财务分析方法,以上市公司中国联通为例,收集公司近六年的数据,结合企业的行业特点、经营模式、经营战略、企业所处的外围环境等具体因素,分别从上述不同角度,进行财务报表分析并做出综合评价。

图书在版编目(CIP)数据

上市公司财务报表分析 / 王玉梅,曾瑶编著. --北京:北京邮电大学出版社,2016.8
ISBN 978-7-5635-4843-9

Ⅰ. ①上… Ⅱ. ①王…②曾… Ⅲ. ①上市公司—会计报表—会计分析 Ⅳ. ①F276.6

中国版本图书馆 CIP 数据核字(2016)第 172099 号

书　　　名:上市公司财务报表分析
著作责任者:王玉梅　曾　瑶　编著
责 任 编 辑:刘　颖
出 版 发 行:北京邮电大学出版社
社　　　址:北京市海淀区西土城路 10 号(邮编:100876)
发　行　部:电话:010-62282185　传真:010-62283578
E-mail:publish@bupt.edu.cn
经　　　销:各地新华书店
印　　　刷:保定市中画美凯印刷有限公司
开　　　本:787 mm×1 092 mm　1/16
印　　　张:16.5
字　　　数:432 千字
版　　　次:2016 年 8 月第 1 版　2016 年 8 月第 1 次印刷

ISBN 978-7-5635-4843-9　　定价:35.00 元

· 如有印装质量问题,请与北京邮电大学出版社发行部联系 ·

前 言

“上市公司财务报表分析”作为会计学专业与财务管理专业的核心课程之一，通常情况下，是在学生学习完会计专业基础课程之后，从更高的角度要求进行学习的。所以，大多数学生认为，如果没有会计专业基础知识，就学不好上市公司财务报表分析课程。但是，上市公司财务报表分析是自成体系的，它有独立的理论框架和实践方法，本书就将上市公司财务报表独立的理论基础知识与上市公司财务报表分析的实践内容融合为一本教材，使学生即使在没有完全掌握会计基础知识的前提下，也能产生循序渐进的认识，更深入地理解上市公司财务报表分析的理论知识，掌握上市公司财务报表分析的技能。

本书的主要特点体现如下：

第一，突出“上市公司”。主要围绕上市公司在证券所披露的年报中的四大报表，即资产负债表、利润表、现金流量表和股东权益变动表，以此为分析框架进行分析，使知识的讲授与现实的经济生活紧密相关，突出现实感，增强学生的感性认识，从而调动学生的兴趣，使学生更易于接受。

第二，突出上市公司财务报表分析的“思路”。面对一张密密麻麻的上市公司的财务报表，如何从中读出有用的财务信息，如何挖掘报表背后隐含的财务风险，如何判断该上市公司的财务状况和经营成果，教材先引入“引导案例”，然后侧重从分析的“思路”方面进行讲解，使学生消除为难情绪，按照教材的逻辑线索，清晰地理清分析的脉络，掌握分析的理论知识和分析方法。

第三，突出上市公司的“真实案例”。贯穿教材始终的是中国联通的案例分析，所选取的数据，来源于上海证券交易所披露的中国联通近六年的真实年报。学生可以从相关信息披露网站找到教材中的财务报表。这些真实的财务报表使学生置身于真实的理财环境，增强情境感和代入感，激发学生的好奇心，调动学生想要弄明白的学习动力，从而培养学生主动学习和实践的能力。本书将中国联通近六年的财务报表作为附录，附在教材最后，以便学习和查阅。

全书共有7章。第1～2章，为上市公司财务报表分析的基础理论部分，第3～7章，为上市公司财务报表的理论应用与分析部分。本书第1～2章由曾瑶编写，第3～7章由王玉梅编写。

在本书的编写过程中，参考并借鉴了有关学者和权威专家的论著，在此深表感谢！由于时间仓促，加之编者的理论水平有限，书中不当之处，恳请读者批评指正。

编 者

2016年6月12日

前言

目　录

第一章　财务报表分析概述

本章知识体系框架

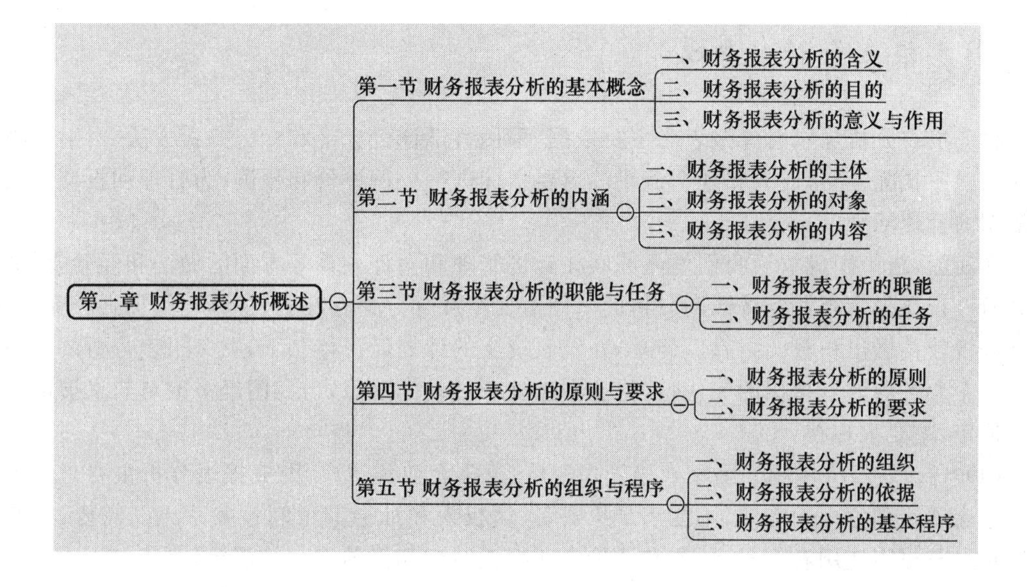

【引导案例】

加拿大西部某著名的四季游览胜地公司计划增加几项新的娱乐设施，包括增加造雪能力，新建一架高速升降梯、一家具有700个座位的餐馆、一个新的滑雪设备零售商店以及提高现有基础设施和条件等。新的投资计划需要2 500万美元的资金，公司董事会计划在两个星期内安排一次会议以表决提议的扩展计划。

对于公司的财务总监以及管理层而言，他们需要了解公司近年来的盈利状况、资金周转状况以及公司的债务负担状况等，并结合公司发展战略来决定是否通过此提议。

如果新投资计划的资金不足，准备申请贷款，那么银行方面的主管需要考虑公司已有的债务状况以及其以往的信用状况，并结合新项目可能给公司带来的盈利潜力来决定是否给予公司贷款。

对于公司已有的股东而言，他们需要了解新项目可能带来的风险和收益，以此做出是否继续持有公司股票的决定。

对于潜在的投资者而言，他们需要了解公司新项目的收益及风险情况，并考虑新项目给公司带来的发展潜力,从而决定是否投资该公司的股票。

由此可见,公司的不同利益关系人,从自身决策的角度出发需要不同的决策信息,因此我们需要了解如何对公司的财务报表进行分析。

在学习财务报表分析前,我们首先必须弄清楚:谁进行分析;为什么要分析;分析些什么;用什么方法分析;按照怎样的程序分析这样一些基本问题。"谁进行分析"是分析主体问题,"为什么要分析"是分析目的问题,"分析些什么"是分析内容问题,"用什么方法分析"是分析方法问题,"按照怎样的程序分析"是分析程序问题。本章中我们将回答这些问题,为后续结合实际案例进行的财务分析奠定基础。

第一节 财务报表分析的基本概念

一、财务报表分析的含义

财务报表分析是以财务报表为主要依据,采用科学评价标准和专门分析方法,对财务报表反映的财务状况、经营成果和现金流量等重要指标进行分析评价和预测,为管理和投资决策提供依据的管理活动。

在我国,新中国成立后我们学习苏联在经济管理和会计核算等方面的做法和经验,财务报表分析一直是作为企业经济活动分析的一个重要组成部分而存在和发展,曾为加强企业管理、提高经济效益做出积极的贡献。但是,在统收统支的计划经济体制下,财务报表分析的任务只是分析企业各项计划指标的完成情况,基本上处于被动的地位,与我国经济改革与发展的形势不相适应,主要表现在:

(1) 与计划经济体制下国家直接管理经济、管理企业相适应,财务报表分析主要是考虑满足国家宏观管理方面的需要,不能满足投资者、债权人和社会其他利益关系人的需要,尤其不能满足财务报表使用者衡量、预测和评价企业权益结构和偿债能力的需要。

(2) 由于财务报表体系复杂、种类繁多,分析工作人员整日忙于烦琐指标的计算和分析,工作量大且重点不突出,影响了会计信息的质量和时效。

(3) 按不同所有制和不同行业编制、审查和分析财务报表,难以进行汇总与综合,不利于对不同所有制之间和不同企业之间实行横向比较。

(4) 我国传统的财务报表分析指标体系与国际财务报表分析指标体系难以接轨,影响国外投资者通过财务报表分析了解我国企业的经营情况和财务状况,不利于扩大利用外资。

随着我国经济体制改革的不断深入和对外开放的迅速发展,企业的主体地位明显加强,各种市场机制日益发育与完善,国家对企业的调控方式发生了巨大的变化,特别是由于新会计准则的颁布实施,新的财务报表体系与社会主义市场经济的基本要求相适应,促使财务报表分析的目标发生了根本性的转变。新的财务报表分析所提供的信息改变了过去只为政府部门服务的做法,淡化了国家管理企业的色彩,转向为企业投资者、债权人、经营者、政府职能部门以及关心企业的有关各方服务,满足各方面的需要。新的财务报表分析指标体系重点突出,简明扼要,强调了以财务能力分析为中心内容,体现了可比性和通用性。不但有利于不同行业、不同企业之间的比较分析,而且有利于实现与国际惯例接轨,容易为外商或其他投资者所用,改善了投资环境。

财务报表分析的基础起点是财务报表，2006年《企业会计准则第30号财务报表列报》所定义的财务报表是指对企业财务状况、经营成果和现金流量的结构性表述，财务报表至少应当包括资产负债表、利润表、现金流量表、所有权益（或股东权益）变动表及附注，即“四表一注”。财务报表分析主要是针对这些报表，利用报表资料，对企业的偿债能力、盈利能力、营运能力做出评价，通过将大量的报表数据转换成对特定决策者有用的信息，为决策提供依据。

财务报表分析是对企业的对外财务报表进行的分析，其主要特征是：

(1) 财务报表分析以财务报表及其所披露信息为基础，是财务报表使用者加工、使用财务报表的继续和发展。

(2) 财务报表分析是一个判断过程。通过对企业财务报表全面的分析比较，对企业经营活动及业绩进行判断、评价、预测。企业财务报表分析强调对外“四表一注”及其在财务报表中披露的相关信息和资料进行分析。

(3) 财务报表分析具有科学评价标准。通过建立科学的评价标准体系，使财务报表分析具有可比性，从而全面、客观、公正地做出判断、评价和预测。

(4) 财务报表分析有适用的分析方法。财务报表分析既有进行财务报表分析时应遵循的一般规程，也有利用数据、数学模型进行分析的分析方法。常用的分析方法有比较分析法、比率分析法、因素分析法等。

二、财务报表分析的目的

财务报表分析的目的受财务报表分析主体和其服务对象制约。财务报表分析主体是指投资者财务报表分析、经营者财务报表分析、债权人财务报表分析，而服务对象相应表现为投资者、经营者、债权人、政府机构等。不同的报表使用者其财务报表分析的目的是不同的。

（一）投资者的分析目的

投资者是指企业的所有者或潜在投资者，其财务报表分析的目的主要是：

(1) 分析评价企业的盈利能力，预测企业未来收益。企业盈利能力是投资者财务报表分析关注的核心内容，如果企业不能够带给他们足够的盈利，投资者也就不可能用足够的资金去投资。

(2) 分析企业经营业绩，评价经营者管理水平，合理进行薪酬与人事决策。

(3) 分析企业的资本结构及偿债能力，评价企业的理财环境与财务风险，正确进行筹资决策。企业的资本结构决定了企业财务风险类型，企业偿债能力决定了企业财务环境好坏及资金取得渠道。

（二）债权人的分析目的

债权人是指向企业提供债务资金的经济组织或个人，企业债权人包括企业借款的银行和一些金融机构以及购买企业债券的单位与个人。银行等债权人一方面从各自经营或收益目的出发愿意将资金贷给某企业；另一方面又要求企业按时足额还本付息，从贷款企业得到相应的报酬或收益。因此，债权人进行财务报表分析的主要目的是：

(1) 分析企业偿债能力。一方面从流动资产构成及其变现速度，评价企业短期偿债能力；另一方面从资本资产结构，评价企业的长期偿还能力。

（2）分析企业的盈利能力，评价企业还本付息的保障程度。他们关注企业是否保持盈利，企业盈利了，利息支付就有了来源，才有可能以新债还旧债。

（三）经营管理者的分析目的

企业经营者主要指企业的经理以及各分厂、部门、车间等管理人员。他们进行财务分析的目的是综合的、多方面的。从对企业所有者负责的角度及其增加自身薪酬角度考虑，他们都十分关注盈利的原因及形成过程，因此，其分析的主要目的有：

（1）考核企业经营计划和财务计划完成情况，评价经营责任的履行效果。主要通过各财务指标的实际数与计划对比分析，进行完成情况分析，总结经验，改善管理，提高经营质量。

（2）分析评价企业财务状况，提高财务管理水平。管理者对财务报表分析的重点是企业财务状况。良好的财务状况是生产顺利进行的基础，而财务管理是企业经营管理的核心。通过对财务报表分析研究，评价企业财务状况，找出问题，为改善和提高财务管理水平提供依据。

（3）分析评价企业资源利用效率，增强企业市场竞争力。通过对资金周转分析，加强资金利用效率分析，改进或加强企业内部管理与控制，不断提高经营决策水平。

（四）政府机构及其他分析目的

政府机构是指政府的税务机关、物价、财政、审计、工商行政管理机关和国有资产管理机构等。他们进行财务分析的目的：一是监督、检查党和国家的各项经济政策、法规、制度在企业单位的执行情况；二是保证企业财务会计信息和财务分析报告的真实性、准确性，为宏观决策提供可靠信息。

其他财务报表分析的主体或服务对象主要指与企业经营有关的企业单位，与企业经营有关的企业单位主要指材料供应者、产品购买者等。他们进行财务报表分析的主要目的在于搞清企业的信用状况，包括商业上的信用和财务上的信用。商业信用是指按时、按质完成各种交易行为，财务信用是指及时清算各种款项。企业信用状况分析：首先，可通过对企业支付能力和偿债能力的评价进行；其次，可根据对企业利润表中反映的企业交易完成情况进行分析判断来说明。

财务报表分析对公司不同的利益相关者具有不同的作用，不同的利益相关者进行财务报表分析的目的也不同，着重点也不同。投资者财务报表分析的重点在于公司的盈利性与风险性，债权人财务报表分析的重点在于公司的长短期偿债能力，管理人员财务报表分析的重点在于评价公司经营管理状况，政府监管部门财务报表分析的重点在于公司经营的合法性与舞弊的可能性，等等。

从一般意义上讲，财务报表使用者都有财务报表分析的需求，且目标各有差异，这是由公司利益相关者的利益格局决定的。但是，公司各利益相关者之间仍具有利益一致性，即公司价值。公司价值是保证各利益相关者利益的基础，经营者的管理水平是维持与创造公司价值的关键。只要公司具有较高的内含价值，投资者的投资收益、债权人的债权偿还就有保障，相应的监管风险就会降低，因此公司价值分析是各利益相关方财务报表分析的基本需求。各利益相关方特定的财务报表分析是在满足了基本需求基础上的更为专业和深入的分析，甚至演化为特定的分析，如证券分析师的证券定价分析、信用评级机构的信用评级等。

财务报表分析作为本科生课程，需要强调财务报表分析的基本原理和方法，强调满足各利益相关方基本信息需求的分析方法与技术，因此，本书中财务报表分析是基于公司层面的分析，并不区分特定的利益相关者主体，分析目标是评价和预测公司价值。

本书以公司价值评估为核心，以资产负债表、利润表、所有者权益变动表等主要财务报表为分析脉络，组织全书逻辑结构。

三、财务报表分析的意义与作用

（一）财务报表分析的意义

财务报表能够提供给使用者所需要的财务信息，但这种信息仅能粗略反映企业的财务状况、经营能力和现金流量情况，还不能直接或全面地反映企业的财务状况，特别是不能说明财务状况的好坏和经营能力的高低。为了更好地理解财务报表里面所列出的各项数据背后所代表的意义，就必须利用一些有效的分析方法，对报表里的数据进行进一步深入加工、处理、分析，使得财务报表的使用者能够准确判断企业财务状况的好坏、经营能力的高低以及发展前景如何。如在对财务报表进行分析时所使用的有关企业盈利能力的数据，包括主营业务利润率、总资产报酬率、净资产收益率、资本收益率和营业成本率，这些比率更加明确地反映出企业的盈利能力，而不是在报表中看见的成本、收入、净利润等。

财务报表分析不仅用于对单个企业经营状况的评价，更有利于对同行业的比较分析。在同行业之间，根据各种指标的对比，能清楚地看出企业之间的差距，可为财务报表使用者的判断、决策提供重要的参考。

财务报表分析以企业财务报告以及其他相关资料为主要依据，通过对企业财务状况、经营成果和现金流量进行评价和剖析，反映企业在运营过程中的利弊得失和发展趋势，揭示企业未来的报酬和风险；可以检查企业预算的完成情况，考核经营管理人员的业绩，为建立健全合理的激励机制提供帮助，为改进企业财务管理工作和优化经济决策提供重要的财务信息。财务报表分析既是对已完成的财务活动的总结，又是进行财务预测的前提，在财务管理的循环中起着承上启下的作用。

做好财务报表分析工作的重要意义：

(1) 客观评价企业过去的经营业绩，促进经营者经营管理水平的提高。通过对企业财务报表进行分析，可以了解企业偿债能力、营运能力、盈利能力和发展能力，便于企业管理当局及其他报表使用人了解企业财务状况、经营成果和现金流量，并通过分析将影响财务状况和经营成果的主观因素与客观因素、微观因素和宏观因素区分开来，以划清经济责任，正确评价经营者的工作业绩，并据此奖优惩劣，以促使经营者不断改进工作，提高管理水平。

(2) 发现问题，挖掘潜力，为实现企业目标服务。通过财务指标的设置和分析，能了解企业的盈利能力和资产周转状况，不断挖掘企业改善财务状况、扩大财务成果的内部潜力，充分认识未被利用的人力资源和物质资源，寻找利用不当的部分及原因，发现进一步提高利用效率的可能性，以便从各方面揭露矛盾、找出差距、寻求措施，促进企业经营理财活动按照企业价值最大化的目标实现良性运行。

(3) 预测未来的发展趋势，为决策提供依据。投资者及潜在投资者是企业重要的财务报表使用人，通过对企业财务报表的分析，可以了解企业偿债能力的强弱、营运能力的大小、获利能力的高低以及发展能力的增减，可以了解投资后的收益水平和风险程度，从而为投资决策提供依据。

（二）财务报表分析的作用

财务报表分析作为一项运筹和谋划全面效益的管理活动，为了适应经济改革的要求，必须加强分析的预见性、及时性、全面性和科学性。在企业经营管理活动中，财务报表分析越来越受到人们的重视，它正在向制度化、系统化、电算化和现代化的方向发展。可以预见，随着社会主义市场经济体制的确立和发展，财务报表分析将在我国的经济建设和改革开放事业中发挥更加重要的作用。

(1) 财务报表分析可以为投资者进行投资决策提供科学依据。企业的投资者也是企业风险的承担者，因为在正常经营过程中，企业必须先支付债权人的利息再分配优先股股利后，才能分派普通股股利。随着企业经营情况的起伏变化，投资者特别是普通股东权益要承担一切可能发生的风险，本质上具有残余权益的特性。投资者尽管投资目的不同，投资方式各异，但都极为关心企业的投资报酬率，而财务报表分析能够为不同的投资者提供有关企业的经营情况和财务成果方面的分析资料，特别是企业盈利能力的分析信息能够为投资者进行投资决策及时地提供科学依据。

(2) 财务报表分析有助于促进资本市场的健康发展。随着社会主义市场经济体制的确立与完善，我国的资本市场机制也在发展中日益成熟与健全。证券市场的股票、债券等各种有价证券的价格变化随时受到企业财务状况、经营成果、投资风险、盈利能力等以及一系列其他反映经营管理水平方面指标变动的影响，因此，企业必须定期公布财务报表及其分析资料和有关的经营信息。由于财务报表分析能够及时、真实、可靠地反映企业的经营业绩和发展前景，从而有助于有价证券买卖双方交流信息、调整心态、选择机会、正常交易，必然对促进证券市场的良性运行和健康发展起到积极的作用。

(3) 财务报表分析有利于维护金融秩序，巩固银企关系。所谓信用授予者，系指授予资金给企业的单位或个人。按信用授予的期间可分为短期信用和长期信用。在我国，短期信用主要是指银行和其他金融机构给予企业的短期融资，企业按规定日期归还借款并付给借款利息。其他短期信用一般由供应单位提供商品或劳务而形成企业应付账款。长期信用则主要是银行和其他金融机构给予企业的长期借款、企业对外发行债券、企业向租赁公司申请租赁等。不论长短期信用，其共同点在于信用授予者与企业已形成债权人与债务人关系。因此，信用授予者极为关心企业的财务状况。为确保债权稳定，不遭损失，信用授予者在进行授信决策前，必须对企业财务状况进行严格的审查与认真的分析。由于银行等信用授予者通过财务报表分析对企业的信用程度、偿债能力和盈利能力等做出较为准确的判断，可以保证银行发放贷款等信用资金的安全性，从而有利于加强金融监管，防止金融犯罪，也有利于企业维护本身信誉，巩固银企关系，合理地进行负债经营，保证金融秩序正常与稳定。

(4) 财务报表分析对加强企业管理、提高经济效益具有重要作用。企业管理者通过对财务报表的日常分析与定期分析，可以深切了解企业财务状况和经营成果以及各种财务经济信息。财会人员应及时向企业各级管理部门提供财务报表及其分析资料，以便于企业管理人员特别是领导者随时掌握企业动态，应付不断变化的客观情况，正确估计当前财务状况，评估各种投资方案，借以做出合理决策。企业管理者通过财务报表分析对各项主要财务指标的变动情况进行分析时，可以将对外报表分析与内部报表分析结合起来，以便确定影响财务指标变动的原因，肯定成绩，总结经验，发现问题，制定措施，不断提高企业管理水平，争取实现更大的经济效益。

第二节　财务报表分析的内涵

一、财务报表分析的主体

财务报表的使用者即财务报表分析的主体。财务报表分析是特定主体的行为，他们通过对企业财务信息的分析来为自己的决策服务。这个特定主体就是指企业的“利益相关者”，所以，企业的财务报表分析主体就是指与企业有利益关系，并希望通过对企业的财务报表分析而获得对其决策有用的财务信息的单位或个人。

财务报表是资本市场上的公开信息，而且财务报表信息的获取成本很低，甚至在某种程度上可以认为获取成本为零，在这种情况下，资本市场的所有参与者都可以成为报表分析的主体，因而报表分析的主体构成复杂、数量众多。我们根据报表使用目的的不同，可以将报表分析的主体分为债权人、投资者、企业管理者、审计师、分析师、监管机构和其他。

1. 债权人

债权人是指借款给企业并得到企业还款承诺的人。债权人关心企业是否具有偿还债务的能力。债权人一般是提供商业信用的赊销商，或是为企业提供金融服务的金融机构。

债权人可以分为短期债权人和长期债权人。短期债权人主要关心企业当前的财务状况，流动资产的流动性和周转率。长期债权人主要关心长期收益能力和资本结构。债权人的主要决策是决定是否给企业提供信用，以及是否需要提前收回债权。债权人要在会计报表中寻找借款企业有能力定期支付利息和到期偿还贷款本金的证明。

2. 投资者

投资者是指公司的权益投资人，即普通股股东。普通股股东投资于公司的目的是扩大自己的财富，他们的财富表现为所有者权益的价格，即股价。

普通股东的权益是剩余权益，他们通过向企业提供资金获取非固定收益率报酬，并承担企业风险，因此他们对会计报表分析的重视程度，会超过其他利益关系人，他们对会计报表分析的主要目的，是在竞争性的投资机会中做出选择。投资者的关注点：一是他们从企业当前及未来收益中能获取的好处，即获得股利的多少；二是从企业价值增加中获得的资本利得，即股票市场价格。由于影响股利和股票价格的因素很多，他们在报表分析时会关注偿债能力、获利能力、资产管理效率、现金流量状况、每股收益等。

3. 企业管理者

企业管理者（职业经理人）是被投资人聘用，对公司的全部资产和所有经营活动进行管理的企业高层管理者。由于他们的薪酬、声望及个人发展往往与企业的经营绩效、财务安全、成长前景等密切相关，因而他们会格外关注公司的财务状况、盈利能力和持续发展的能力。同时，企业管理者能够获取的信息往往是最丰富，他们在分析时除了使用公开披露的信息外，还可以得到企业内部财务信息以及非财务信息的支持，通过报表分析，他们能够发现有价值的线索，为改善企业经营业绩提供参考。

4. 审计师

审计师是被企业所聘用，代表全体股东审查财务报表的编制是否符合公认会计准则的人。报表的编制必须遵守同一的规则才能使各种背景的报表使用人能看得懂，而检查企业报表编制是否符合规则的责任就落到了独立的第三方(即审计师)的肩上,审计师也会采用报表分析的方法和手段对报表的和规性做出判断。

5. 分析师

分析师是为了某一特定目的,如证券投资、企业兼并或收购等对企业价值评估的人。现代社会很多经济活动都依赖经济分析师的分析,利用公开信息进行财务报表分析是分析师评估企业价值的重要途径。研究表明,分析师对报表的分析通常是跨越多个期间、长期跟踪进行的,对报表分析可能更客观。

6. 监管机构

监管机构是财务报表编制规范的制定者、资本市场的监督者,是证券管理机构、行业自律组织等使用报表履行监管职责的人。他们通常会利用财务报表分析的方法完成任务,同时通过监管从各个角度规范企业行为。例如,报表编制是否合理,融资行为是否合法,是否依法纳税和支付职工薪酬,是否遵守市场秩序,等等。

7. 其他

除上述 6 个主体外,财务报表分析还能满足其他使用者的需求。例如,评级机构的信用等级评级,供应商对企业财务状况的了解,员工对薪酬的评价,政府对纳税情况的调查,证券经纪人寻找潜在的投资对象,等等。

二、财务报表分析的对象

财务报表分析的对象是企业的各项基本活动。财务报表是企业活动的高度综合,含有大量的有用信息。财务报表分析就是从报表中获取符合报表使用人分析目的的信息,认识企业活动的特点,评价其业绩,发现其问题。因此,财务报表分析的对象是财务报表所反映的企业基本活动。

企业的目的是扩大股东财富,为了扩大股东财富,企业必须在市场上进行经营活动;经营活动需要以资产为物质条件,企业必须为取得资产而进行投资活动;投资活动需要使用资金,企业必须为投资而进行筹资活动。

1. 筹资活动

筹资活动是指筹集企业投资和经营所需要的资金,包括发行股票和债券、取得借款,以及利用内部积累资金等。筹资活动的结果,一方面是取得运用现金(有时也包括非现金资产)的权利,它们反映在资产负债表的左方(资产);另一方面是产生对债权人和所有者的义务,它们反映在资产负债表的右方(负债及所有者权益)。运用资产进行经营活动可以取得经营收益,它们反映在利润表的上半部分;履行义务需要支付利息和分配股利,它们反映在利润表的下半部分。筹资活动的过程(不是结果)是现金流入企业,以及向资金提供者回流现金(包括本金、利息和股利),它们反映在现金流量表的第三部分(筹资活动产生的现金流量)。通过财务报表分析,人们可以看出企业的理财方针和筹资业绩。

2. 投资活动

投资活动是指将所筹集到的资金分配于资产项目,包括购置各种长期资产和流动资产。筹资活动是投资活动的"前置"部分,投资决定了经营活动的规模、类型和具体方式,经营活动是投资活动的"延续"部分。因此,投资活动决定了企业持有资产的总量及其构成,影响企业的生产经营能力、组织结构、成长能力和经营风险,并制约筹资和经营活动。投资活动的直接结果是取得非现金资产，它们反映在资产负债表的左方（未投资的部分按现金报告）。投资活动的最终结果是运用资产赚取的收益，它们反映在利润表上。投资活动的过程，是现金流出企业（同时非现金资产流入企业）以及收回投资时现金流入企业（同时非现金资产流出企业），它们反映在现金流量表的第二部分（投资活动产生的现量）。通过财务报表分析，人们可以看出企业投资的方针和业绩。

3. 经营活动

经营活动是在必要的筹资和投资前提下，运用资产赚取收益的活动，它至少包括研究开发、采购、生产、销售和人力资源管理五项活动，经营活动的关键是使这五项活动适当组合，使之适合企业的类型和市场定位。经营活动的直接后果是取得收入和支出成本，它们反映在利润表的上半部分。经营活动占用的资源是资产，它们反映在资产负债表的左方。经营活动会引起现金流动，它们反映在现金流量表的第一部分（经营活动产生的现金流量）。

三、财务报表分析的内容

结合报表分析的主体与对象，财务报表分析的内容主要包括偿债能力分析、资产运用效率分析、获利能力分析、投资报酬分析、现金流动分析等几个方面。

（一）偿债能力分析

偿债能力是企业偿还债务和支付本金的能力，偿债能力的强弱直接影响企业资金的安全性和盈利水平。偿债能力分析包括短期偿债能力分析与长期偿债能力分析两个方面。

（1）短期偿债能力是指公司以流动资产支付流动负债的能力，一般又称为支付能力。它主要取决于流动资产和流动负债的比例关系，以及流动资产的变现能力。

（2）长期偿债能力分析是指公司偿还债务本金和支付债务利息的能力，一般又称财务能力。它既与资本结构有关，也与公司的收益能力有关。

通过偿债能力分析，报表分析人员能够判断企业财务风险的高低，了解企业经营的安全性以便做出科学合理决策。

（二）资产运用效率分析

资产运用效率是指公司单位资产创造营业收入的能力，它反映企业经营活动的运行状态和资产管理水平的高低。资产运用的效率既影响偿债能力，又影响收益能力。通过对企业资产运用效率的分析，有助于判断企业是否存在提高获利水平的空间，财务风险是否有改善的可能，未来企业成长壮大的可能性，等等。

（三）获利能力分析

获利能力是指企业运用资产赚取利润的能力，即企业能够从其经营活动、投资活动中获得回报的多少。通常，同一规模的企业获得的回报越高则获利能力越强。企业存在的基础是生产经营有所回报，这些回报构成了社会财富的基础，因此所有的报表分析人员都会关注企业的获利能力，判断企业获利能力的发展趋势。

（四）投资报酬分析

投资报酬分析是从股东角度评价公司的收益能力，是企业投资者所特别关注的。股东投资报酬的高低，不仅取决于获利能力，还受资本结构的影响。通过对投资报酬的分析可以评价企业管理者的能力和业绩，了解企业投资回报的高低。

（五）现金流动分析

现金流是公司价值的最终驱动力，股东对未来现金流的预期是确定股东价值的基础。通过现金流动状况的分析，可以了解一项业务（生产经营、投资或筹资）产生或消耗现金的程度，并且对利润的质量做出判断。

由于报表分析是针对特定的报表使用者，是与报表使用者的目的相关联的，那么如果从企业自身的角度来看，报表分析的内容还应包括涉及企业单位财务管理及相关活动的各个过程，概括起来主要有以下几个方面。

1. 分析单位预算的编制和执行情况

主要是分析单位的预算编制是否符合国家有关方针政策和财务制度规定、企业计划和工作任务的要求，是否贯彻了量力而行、尽力而为的原则，预算编制的计算依据是否充分可靠；在预算执行过程中，则要分析预算执行进度与企业计划进度是否一致，与以前各期相比，有无特殊变化及其变化的原因。

2. 分析资产、负债的构成及资产使用情况

主要是分析单位的资产构成是否合理，固定资产的保管和使用是否恰当，账实是否相符，各种材料有无超定额储备，有无资产流失等问题；分析单位房屋建筑物和设备等固定资产利用情况；分析流动资产周转情况；分析负债来源是否符合规定，负债水平是否合理以及负债构成情况等。通过分析，及时发现存在的问题，有针对性地采取措施，保证资产的合理有效使用。

3. 分析收入、支出情况及经费自给水平

一方面，要了解掌握单位的各项收入是否符合有关规定，是否执行了国家规定的收费标准，是否完成了核定的收入计划，各项应缴收入收费是否及时足额上缴，超收或短收的主客观因素是什么，是否有能力增加收入；另一方面，要了解掌握各项支出是否按进度进行，是否按规定的用途、标准使用，支出结构是否合理等，找出支出管理中存在的问题，提出加强管理的措施，以节约支出，提高资金使用效益。在分析了收入、支出有关情况的同时，还要分析单位经费自给水平，分析单位组织收入的能力和满足经常性支出的程度，分析经费自给率和变化情况及原因。

第三节　财务报表分析的职能与任务

一、财务报表分析的职能

在社会主义市场经济体制下，企业的理财环境发生了深刻的变化，企业的财务关系日趋纷繁复杂，财务报表分析的任务也逐渐变得多样化。财务报表分析要为国家宏观管理和企业微观管理以及企业外部其他相关者与投资人提供必要的信息，开展多层次服务。

现代财务报表分析要求以分析企业的财务能力指标为重点，财务报表分析的改革必须适应这一新的要求。现代财务报表分析应在继续总结传统分析的基础上，多角度、全方位地研究和解决现代财务报表分析中可能出现的各种新问题，以充分满足企业内外各方面对企业财务状况深刻认识的客观要求。财务报表分析的职能是指财务报表分析的功能，财务报表分析要体现为国家宏观管理、企业微观管理和企业外部及其他相关者与投资者提供必要的决策信息，其主要职能有评价、预测、发展、协调四项。

（一）基本职能

评价与预测职能是财务报表分析的基本职能，是对财务能力所做的客观表述，也称之为静态职能。评价职能是预测职能的基础和前提，预测职能则是评价职能的补充和外延。

1. 评价职能

所谓评价职能，是指对企业财务指标的实现情况、财务能力、财务状况、影响因素和结果所做的公允性、客观性描述及评估。评价职能的基本要求是结论公允，强调客观性。传统的财务报表分析主要是分析企业财务计划以及各项经济指标的完成情况，因而已经较好地表现了评价职能。

2. 预测职能

所谓预测职能，是指在进行总结评论的同时，揭示财务能力指标的变化前景和发展趋势。通常是以各种动态数列（或时间数列）为依据，利用一定的预测方法，计算分析相关指标的发展趋势，也可以从财务活动过去和现在的组成要素预测未来要素的角度来研究财务活动的各种现象和过程。预测职能的基本出发点是承认继承性，即承认财务指标从上期到本期，又从本期到下期都会发生变动的事实，强调过去和现在各种要素的辩证统一，目的是要从中找到在未来能起决定性作用的稳定要素。

（二）扩展职能

扩展职能是在基本职能基础上发展而来的，有发展职能与协调职能。两者主要是主观地改善企业财务能力的状况，也称之为财务报表分析动态职能。

1. 发展职能

所谓发展职能，是指通过分析诸因素变动对财务能力指标的影响，挖掘企业财务能力的潜能，并将潜力当作提高工作效率和增强财务能力的机会。所谓潜力，是指增加效益的可能性。现代财务报表分析应克服传统财务报表分析中为分析而分析的形式主义做法，变被动分析为主动分析，强调财务报表分析的能动性和效益性。为此，也提出了迅速提供分析资料和及时处理分析信息的要求。

2. 协调职能

所谓协调职能，是指通过一定的分析方法综合地研究各项财务能力指标之间及其影响因素之间的相互联系，适时地调整它们的比例关系，使之协调配合，以达到最佳财务能力的状态。由于反映财务状况的各指标、各因素是互为条件、不可分割的，协调职能利用这种依存性要求财务报表分析不仅要单独分析，而且要综合分析，要及时发现并克服消极因素，巩固积极因素，使之平衡协调。由于平衡是相对的，不平衡是绝对的，即使构成某一财务指标的诸因素强弱程度暂时平衡了，也会因为其中一个因素的变动，要求其他因素相应地变动。若不及时调整，消极因素就会制约积极因素。协调功能的发挥，正是为了从整体上进行宏观调控，促进财务状况不断改善。

二、财务报表分析的任务

财务报表分析的任务是由财务报表分析的对象和内容所决定、制约的。概括地讲，财务报表分析的任务主要有：

第一，评估企业报告期的经营绩效。企业用于管理决策的信息，大部分来自会计信息，企业的财务报表则包含了最集中、最全面、最系统的信息，它们是管理决策的主要信息来源。通过财务报表分析对企业财务状况和经营成果进行实事求是的评价，肯定成绩，提出问题，并将企业实绩与以前各期、与同类企业、与计划指标进行比较，以判明企业在报告期的管理水平与经营绩效。

第二，分析影响企业财务状况变动的因素。企业报告期的经营绩效为财务报表使用者提供了衡量企业目前财务状况的基础。目前的财务状况既是过去经营绩效的延续，又是未来发展前景的基石。因此，衡量判断目前的财务状况并分析说明其影响因素成为财务报表分析的重要任务。通过财务报表分析，对各项分析指标的性质及其指标之间的相互关系进行研究，寻找影响财务状况变动的因素，然后采用相应的方法计算各因素变动的程度，以便分清主次、区别利弊，采取措施挖掘潜力。

第三，预测企业未来的发展趋势。财务报表分析不仅要认真地评价过去与现在，而且要科学地规划未来，提出改进工作的合理化建议与发展方案，为企业经营管理提供决策资料。通过财务报表分析，采用一些技术方法可对企业未来的财务状况和经营成果进行合理的预计和认真的测算。预测是决策的前提，预测分析的准确性直接决定着财务报表使用者的决策结果。

上述三项主要任务体现了财务报表分析必须注重事前、事中和事后分析相结合，这对整个财务报表分析方法体系都是适用的。

首先，财务报表分析应为企业经营决策提供依据，决策方案的选择要建立在对目标预测的基础上。企业财务报表分析的任务之一是对企业未来财务能力进行预测，并根据预测结果选择最优或较优方案供决策参考，以便据以编制财务计划，达到企业外部环境、内部条件、经营目标三方面的动态平衡。

其次，在财务计划执行过程中，企业的外部环境和内部条件随时都可能发生变化，因此，有必要进行事中控制分析，即根据变化了的或者可能发生变化的外部环境和内部条件重新进行预测，为决策提供新的情况和建议，使企业适应新的情况，提高应变能力，并及时调整各种比率关系，使企业财务能力得到充分的发挥。

除此以外，对企业财务活动过程及其结果进行事后分析评价，是财务报表分析最主要的任务。通过总结经验，提出改进措施，可不断改善企业财务能力指标。从一定意义来说，事后分析是下一个财务活动循环的事前分析。因此，前、中、后分析并非有严格的界限，它们可以相互依存、相互转换。

第四节 财务报表分析的原则与要求

一、财务报表分析的原则

财务报表分析的原则,既是财务报表分析工作内在要求的集中反映,也是财务报表分析所提供信息的使用者对财务报表分析工作基本要求的集中体现。财务报表分析原则来源于财务报表分析工作实践经验的提炼概括,而一旦财务报表分析的原则确定下来,便成为财务报表分析工作的指导规范。

研究财务报表分析原则的意义在于既可以进一步丰富与发展财务报表分析的理论,又可以有效地指导财务报表分析的实践。有了财务报表分析原则,对分析工作者来说,便有了一个明确的工作方向、统一的操作标准,便于独立地思考与解决各种具体问题。

财务报表分析工作有较强的灵活性,这在很大程度上增添了确定财务报表分析原则的难度。此外,财务报表分析原则的研究还是一个新课题,甚至对于财务报表分析有无原则,是否需要制定原则,都尚无定论。人们常说,"无规矩不成方圆",既然财务报表分析活动是客观存在的,财务报表分析又是一项技术性很强的工作,尽管参与财务报表分析的主体各异,具体要求有别,对财务报表分析的基本方面有一个统一的要求无疑是十分必要的。例如,分析必须讲求时效性,财务报表分析指标的计算分析必须讲求前后一贯性(前后期指标选择应一贯)及上下的关联性(指标中分子、分母的经济内涵应具有内在联系),这些都是财务报表分析的基本要求。背离这些基本要求,财务报表分析也便失去了存在的意义。

基于以上分析,根据长期实践工作经验的总结概括,财务报表分析应遵循的基本原则包括实事求是原则、系统分析原则、成本效益原则、可理解性原则。

1. 实事求是原则

所谓实事求是原则,就是要从企业实际财务状况出发进行财务报表分析。这是财务报表分析最基本的要求之一。实事求是原则要求在进行财务报表分析时做到以下几点:

(1) 对财务报表的信息进行认真审查与选择。这是保证财务报表信息真实性的重要环节,决定分析结论的可用性与决策的有效性。由于在会计计量、会计处理方法选择等方面难免存在一些主观因素的干扰,会使财务报表所提供的信息有时并不能真实反映企业财务状况和经营成果。因此,财务报表分析在利用这些信息时,应首先对其进行认真的审查与选择,有时还要求运用资产评估、净现值分析等技术对财务报表中的有关数据进行适当的修正与调整。

(2) 由于财务报表不可能十分全面地反映企业财务状况和经营成果,因此财务报表分析工作者应深入实际,尽量多地掌握第一手资料。实事求是原则还要求财务报表分析工作者具备客观、公正的优秀品质,要敢于面对现实,充分揭露问题,注重让事实说话。

(3) 具体问题具体分析,具体情况具体对待。实事求是原则要求在尊重事实的基础上,充分考虑分析对象的特殊性,善于把分析对象与其所处的特殊环境结合起来,全面、深入分析影响分析对象的各种不同因素,找出使其发生增减变动的具体原因,最后得出比较客观、公正、合理的分析结论。

2. 系统分析原则

系统分析原则是指把企业财务活动看成一个错综复杂,既有内部相互牵制,又有外部广泛联系的有机整体，以此为出发点，尽量全面地研究财务系统内部各个层次的构成要素及其相互联系，仔细考查它们在系统总体中的地位与作用，以展现财务活动的全貌。该原则要求做到：

(1) 全面综合分析问题。全面综合分析是指对企业财务活动的一切方面、一切环节展开分析，全面研究财务系统中各种因素之间的因果依存关系，针对企业财务报表体系的各项内容进行相互联系的整体性分析，全面考查财务报表系统内部的各个层次及联系。

(2) 加强重点分析问题。在全面分析时，有针对性地抓住财务报表分析系统中的主要矛盾，针对企业内部管理者和外部利害关系者最关心的问题，突出重点，进行深入的解剖。

简言之，系统分析原则要求在全面分析的基础上抓住重点，在作重点分析的同时力求全面。

3. 成本效益原则

组织任何一项简单或复杂的财务报表分析工作，总会花费一定的人力、物力和财力。成本效益原则要求在开展财务报表分析工作中，讲求成本较低，效益最佳。例如，在收集分析资料的过程中，经常需要作大量的调查研究，尤其是当财务报表分析所依据的报表资料不够真实、准确时，常需花费很大功夫重新确认数据。财务报表分析工作者应十分重视每一项分析工作所费成本与其可能取得效果间的对比关系。该原则要求做到：

(1) 当某一具体分析对象在系统中无足轻重，而分析起来却费时太多时，可舍弃对这一具体对象的分析。

(2) 当有些资料难以收集或某个数据难以认定时，可视情况从简处理。

(3) 由于事物的普遍联系性，任何一个分析对象都可能受若干不同因素的影响。因此，在做因素分析时应抓住重要因素进行分析。

(4) 注意定性分析与定量分析相结合，对某些难以定量的问题，可采取定性的分析方法。

(5) 注重时效性。对于财务活动中出现的新情况、新问题，要及时分析，以便尽快解决；在企业进行财务决策时，要配合可行性分析的需要，筛选出优化方案；当经营期临近结束时，要及时对该期间财务状况进行总结分析，以便及时发现问题，总结经验，为下一阶段更有效地开展各项理财工作提出建设性意见。

4. 可理解性原则

财务报表分析是对财务信息深度加工与转换的过程，财务报表分析的主要目的是为企业内部管理者和外部利害关系者提供更具有使用价值的决策信息。显然，这些信息应该是容易被广泛理解的。如果分析指标复杂、烦琐，或似是而非，或深奥莫测，就不易被使用者所接受，从而也就丧失了财务报表分析应有的效能。

可理解性原则是指在财务报表分析中的分析结论应尽量简明、通俗易懂、直观醒目，不仅能为有关专业人员所理解，也能为广大非专业人士所接受，有利于债权人、投资者、企业管理者、综合管理部门等共享分析结果，提高财务报表分析信息的利用效率。

二、财务报表分析的要求

为了完成财务报表分析的各项任务，保证会计信息的质量，财务报表分析工作应遵循以下具体要求。

1. 明确报表使用者的要求，制订分析计划

财务报表分析的总目的是要评价与研究企业财务能力，包括对企业偿债能力和企业盈利能力的评估。财务报表的使用者，无论是企业管理者还是企业外部有关方面，都有自己特定的目的，他们都希望从报表中获取对决策有用的信息。财务报表的分析资料，有的是可以通用的，有的则只适用于特定的使用者。因此，报表分析人员应当深入了解不同报表使用者的不同目的，突出企业分析期间的工作重点，确定应进行财务报表分析的范围和问题，制订财务报表分析计划。在分析工作计划中，应规定分析的具体目的和要求、分析工作的组织分工、采取的分析形式与分析程序，安排分析工作的进度和确定分析的资料的种类和来源等。分析工作应按计划分步骤进行，但在实际分析过程中可以根据具体情况对计划进行调整、修改和补充。

2. 搜集必要的分析材料

财务报表分析的基本依据是企业编制的财务报表。但是，为了正确评价企业的经营成果与财务状况，报表分析人员应该尽可能搜集其他相关资料，以满足报表使用者的决策需要。

对报表使用者来说资料的来源渠道有企业内部与外部两个方面。企业的投资者、债权人等财务报表使用者，可以从证券交易管理机构等取得上市公司的报表及有关资料，经济新闻媒介的相关信息也可以作为报表分析的参考依据。在银行向企业提供贷款前，银行也可以要求企业提供较公开的财务报表和更为详细的资料。

3. 采用灵活多样的分析形式及有效的分析方法

从不同角度来看，财务报表分析可以有多种形式。其主要形式有：

(1) 全面分析和专题分析。全面分析是指对整套财务报表进行系统的分析，以全面评价企业的财务能力。专题分析是根据某方面的专门目的与要求，对某种或某几种财务报表进行局部分析，以突出重点，解决主要矛盾。

(2) 专业分析和群众分析。专业分析是指财会部门分析工作人员进行的分析。群众分析是指广大职工群众参加的范围较广的分析。群众分析是基础，专业分析是骨干。在财务报表分析时，一般应将二者结合起来进行，但有时也根据具体情况有所侧重。

(3) 定期分析和不定期分析。定期分析是按一定日期(月、季、年)进行的分析，一般是全面分析。不定期分析也称为日常分析，一般是根据某些重大的财务经济问题进行的专题分析，以便及时发现财务活动中的薄弱环节，抓住关键问题，及时加以解决。

为了按时按质按量地完成财务报表分析工作计划，可以根据不同的分析目的、不同的分析对象、不同的工作条件分别采用适当的分析形式。

事实证明，定期召开会计分析工作会议，将领导的检查与群众的监督结合起来，将财务部门的分析与其他职能部门的分析结合起来，是一种行之有效的分析形式。

财务报表分析的方法也有很多种，各种方法都有其特定的用途。这就要求在明确报表使用者的目的和需要的前提下，选择适当、有效的分析方法。

4. 确定适当的评价标准

不论采用什么方法进行报表分析，都必须有明确的评价标准，以便对分析的结果做出判断。常用的标准有以下两种：

(1) 企业过去的绩效。将当期的报表数据同前期的报表数据进行比较，可以评价和揭示企业某方面的变化情况及变化趋势，也可以据以预测未来。

(2) 同行业先进(或平均)水平。将企业的某方面数据与同行业平均水平或某种预定的标准进行比较，可客观评价企业在同行业中所处的水平。

5. 注意财务报表分析局限性的影响

为了保证实现财务报表分析的工作计划，应尽可能完整地收集整理分析资料。对收集的财务报表等资料应进行必要的整理，分析时应注意其可能出现的偏差与不足。一是某些报表中的数据可能是通过估计与判断得出，因此应注意分析结果的近似性。二是要考虑物价波动对报表中数据的影响，尤其是对于历史报表资料的数据应结合市价予以适当调整。三是报表资料以数字为主，无法表达用非货币量表示的有关资料，如企业内外部条件以及经营管理水平等情况，它们对企业财务状况往往能产生较大的影响。四是会计信息时效性的问题，财务报表中的数据一般是企业过去经济活动的结果和总结，用于预测未来的发展趋势，只具有参考价值，加之报表编报送达时间的延误使报表资料可能缺乏时效性。

考虑到以上情况的存在，财务报表分析本身不可避免地存在局限性。报表分析的局限性势必通过对分析资料、分析指标、分析方法等诸方面的影响，导致财务报表分析结论缺乏正确性。因此，在财务报表分析过程中，应根据情况对分析结果做出必要的调整。通过调整，使分析结论更加符合客观实际，以正确评价企业的财务状况和经营成果，防止信息失真、决策失误。

第五节 财务报表分析的组织和程序

一、财务报表分析的组织

财务报表分析组织是指企业机构或个人对企业财务活动进行分析的组织，即财务报表分析小组。财务报表分析组织主要包括财务报表分析小组人员的配备与分工。这种配备和分工应注意人员之间的专业搭配和特长发挥，同时协调好内外关系，以便财务报表分析工作的顺利进行。

财务报表分析小组应同企业的规模和治理结构相适应。一般而言，分析组织应由企业主管人员负责领导和组织；设有总会计师的企业，可由总会计师负责领导和组织。实行“统一领导，分级管理”，按企业内部管理层次分级组织财务报表分析工作。企业内部各职能部门可根据工作范围和岗位责任，由专业人员负责本部门的分析工作。财务部门作为全面、综合核算和监督企业经济活动的综合部门，负有对企业经营活动进行全面分析的责任。

随着现代企业制度的建立，企业的财务报表分析工作将逐步走上制度化、规范化的道路，企业必须建立完善的财务报表分析组织体系，及时、系统、全面地分析企业的经营状况和财务状况。在财务报表分析组织中，应以财务部门为核心，进行比较全面、综合的分析，横向各部门单位，纵向各车间、班组也应进行专题分析。企业的财务报表分析组织并不一定只对本企业的财务状况和经营状况进行分析，在现代企业制度下，企业不仅仅关心自身的经营，而且可能作为投资者、债权人与其他企业发生交易和往来，因此，对其他企业的财务状况进行分析，也是财务报表分析组织的一项重要任务。只有建立健全各级分析组织，才能保证财务报表分析工作的顺利、有效进行。

二、财务报表分析的依据

财务报表分析的直接依据是企业的各项财务报表，财务报表是对企业财务活动的总结与概括，来源于企业日常会计核算的记录，而企业的会计核算必然受到相关的会计法律法规的约束与规范。这些会计的法律、法规、政策、制度也是财务分析的依据，是进行财务分析时必须遵循的。

我国会计法规体系框架随着会计改革而不断变化，目前正在向国际惯例靠近，从总体上说主要有以下五个层次：

第一层次是全国人民代表大会及常务委员会颁布的法律，如《会计法》《公司法》《注册会计师法》和《税法》等。

第二层次是国务院制定或颁布的法规，如《企业财务与会计报告条例》《总会计师条例》《企业会计准则——基本准则》《事业单位会计准则》等。这些法规主要涉及会计核算中所必须遵守的基本要求，以及会计工作中所涉及和运用到的基本概念，一般不具备直接指导实务的作用。

第三层次是由财政部或财政部与其他部委联合制定与颁布的法规，包括会计核算制度、会计监督制度、会计机构会计人员管理制度、会计工作管理制度，如《企业会计准则（具体准则）》《企业财务通则》《企业会计制度》《事业单位会计制度》《行政单位会计制度》《民间非营利组织会计制度》《会计基础工作规范》《会计从业资格管理办法》《会计档案管理办法》《企业内部会计控制规范》等。这些法规是指根据企业会计基本准则的框架和原则，针对不同的具体经济业务或报表项目有可能发生的各种确认和计量以及披露问题做出的处理规范。

第四层次是地方政府、主管部委和非政府机构制定的法规，如上海市人民政府发布的《上海市证券交易管理办法》《注册会计师协会制定的法规》《证券交易委员会制定的法规》《行业协会制定的财会制度》等。

第五层次是企业、非营利组织、行政单位内部财务与会计管理制度，如企业内部控制制度、内部财务管理制度、内部会计管理制度、成本管理制度、资金管理制度等。这些制度是在遵守各种法规的前提下，将企业或单位的实际情况与法规原则相结合而形成的行为守则。

三、财务报表分析的基本程序

财务分析是一项比较复杂的工作，必须按科学的程序进行，才能保证分析的效率和效果。财务报表分析的程序，亦称财务报表分析的一般步骤，是指进行财务报表分析所应遵循的一般规程。研究财务报表分析程序是进行财务报表分析的基础与关键，它为开展财务报表分析工作、掌握财务报表分析技术指明了方向。

财务报表分析的任务与步骤如下。

（一）确立分析目的，明确分析内容

由于不同的财务分析主体有着不同的财务分析目的，而同一财务分析主体在不同情况下的分析目的也不完全相同。财务分析的目的是财务分析的出发点。报表分析人必须首先明确分析目的。分析目的因人而异，它决定了后续的分析内容和分析结论。明确了分析目的，才能决定分析范围的大小、搜集信息的内容和多少、分析方法的选用等一系列问题。

财务报表分析主体不同，分析的目也不相同，不同分析目的对应的主要分析内容会有所不同。投资分析目的、信用分析目的、经营决策分析目的是最为常见的。投资分析目的进行财务分析是为了未来具有优良业绩和成长性的投资对象，回避投资风险；信用分析目的的分析人员主要企业的偿债能力，保证在未来安全收回本金和利息；经营决策分析目的的内容是企业的能力分析、生产结构分析、内部投资项目分析、成本费用构成分析等，它们是财务分析的主要内容。

（二）设计分析程序，确定评价标准

财务分析的内容很多，但并不是每一次财务分析都必须完成所有的内容，只有根据不同的分析目的确定不同的分析范围和分析内容，才能提高财务分析的效率，更好地符合成本效益原则。针对企业的哪个方面或哪些方面展开分析，分析的重点放在哪里，这些问题必须在开始搜集信息之前确定下来。

所以，在每一次进行财务分析时，明确了分析目的、分析内容之后，要根据分析目的确定分析的层次及范围；确定主要的财务评价指标；确定应采用分析方法；确定比较、评价时采用的标准（同行业、本企业历史或计划预算等）。

确定的财务评价指标、分析的方法、层次及评价标准，都应以需要达到的分析目的为依据，避免盲目扩大分析范围和层次，避免为分析而分析，分析方法应尽量选择能够充分利用报表数据进行分析的数学方法和数学模型，以强化分析结果的客观性、可靠性，并尽量减少分析人员的主观影响。由于每种分析方法都有自身的优点和局限性，因此需要财务分析人员根据分析目的和可能得到的分析资料进行分析方法的比较，选择最优的方法，以得出客观全面的结论。

（三）收集分析所需要的相关资料并进行分析

明确了分析目的、确定分析范围后，财务报表分析人员应当按照准备实施的内容收集所需的资料、信息。财务报表分析信息是财务报表分析的基础，信息搜集整理的及时性、完整性、准确性对分析的正确性具有直接的影响。信息的搜集、整理应根据分析的目的和计划进行，但这并不是说不需要经常性、一般性的信息搜集与整理。其实，只有平时多积累各种信息，才能根据不同的分析目的及时提供所需信息。

财务分析所依据的最主要的资料是以企业对外报出的财务报表及附注为代表的财务信息。这些信息既包括财务报表资料，也包括非财务报表资料；既有财务信息，也有与分析目的相关联的其他经济信息。财务信息主要包括企业定期的财务报告、企业财务预算、企业内部的成本费用计算资料等，非财务信息主要包括审计报告、企业产品市场状况和行业信息以及宏观经济情况等方面的信息。

财务分析中应搜集充分的信息，但并不是越多越好。搜集多少信息，搜集什么信息，应完全服从于分析的目的和范围。对搜集到的相关信息，还应对其进行鉴别、整理、检查和核实，尤其需要核对财务报告数据的真实性，仔细查看审计报告，确定注册会计师是否出具了非标准审计报告。此外，还需要对数据的时间序列进行检查，观察企业是否存在某一年变化特殊事项，核实事项的可靠性，从而保证分析结论的有效性。在对数据的真实性核查之后，要按照选定的分析方法开始分析。

（四）选择恰当的分析方法

不同的财务分析方法各有特点，没有绝对的优劣之分，最适合分析目的、分析内容和所搜集信息的方法就是最好的方法。财务分析的目的不一样，财务分析的内容范围不相同，为财务分析所搜集的资料不一样，所选用的分析方法也会有所差别。常用的分析方法如比较分析法、比率分析法、因素分析法等，各有特点，有时需要结合使用。利用这些分析方法，通过计算分析相应财务数据和财务指标，可以对企业的财务状况、经营成果和各方面财务能力做出评价。在财务分析中，既可以选择某一种分析方法，也可以将多种方法结合应用。

（五）形成综合评价结论，撰写财务分析报告

企业财务报表分析的最后一步就是根据上述分析的结果，进行归纳整理，对照评价标准给予客观公正的判断与评价，包括对企业过去期间经营绩效的评判与企业未来财务前景的评估两个方面，做出综合性的分析结论。分析结论应当体现分析对象定性与定量的内容，既有对财务报表项目内容分析的文字描述，又有对数据分析的配合说明，以便明确存在的问题，提出解决问题的措施与建议。

对于各决策服务主体的财务报表分析来说，还需将这种分析结论以书面形式出具评价报告，即财务报表分析报告，财务报表分析报告将财务报表分析的基本问题、财务报表分析结论以及针对问题提出的措施、建议以书面的形式表示出来，为财务报表分析主体及财务报表分析报告的其他受益者提供决策依据。财务报表分析报告是对财务报表分析工作的总结，还可作为历史信息，供后来的财务报表分析者参考，以保证财务报表分析的连续性。

撰写财务分析报告时需要注意以下问题。

1. 突出重点、兼顾一般，切忌泛泛而谈

编写财务报表分析报告，必须根据分析的目的和要求，突出分析的重点，不能面面俱到。突出重点并不意味着可忽视一般。企业经营活动和财务活动都是相互联系、互相影响的，在对重点问题进行分析时，兼顾一般问题，有利于做出全面、正确的评价。

2. 要深入剖析，切忌浅尝辄止

财务报表分析报告的每一部分都要观点明确，指出企业经营活动和财务活动中取得的成绩和存在的问题，并抓住关键问题进行深入分析，分析主观原因和客观原因。

3. 注重时效、客观公正

财务报表分析报告作为一种信息媒体，必须十分注重时效性。财务报表分析报告的客观公正、真实可靠，既取决于财务报表分析基础资料的真实可靠性，又取决于财务报表分析人员运用正确的分析方法，客观公正地进行分析评价。

4. 报告清楚、文字简练，注重通用性和专用性的结合

财务报表分析报告必须结构合理，条理清晰，论点和论据清楚，结论清楚，言简意赅，简明扼要。企业财务报表分析报告应围绕企业领导和职工、外部的利益相关者最关心的热点问题和实际工作中遇到的新问题展开，展示对领导和各利益相关者的决策和控制有用的信息。

本章知识点小结

本章主要讲授财务报表分析的概念等基础理论，需要掌握的核心知识点梳理如下：

1. 财务报表分析的概念

财务报表分析是以财务报表等资料为依据，运用一定的分析方法和技术，对企业相关情况进行分析，以帮助决策者做出经济决策的过程。

2. 财务分析的主体与目的

财务分析的主体是与企业存在现实或潜在的利益关系，为了特定目的，对企业的财务状况、经营成果、现金流量状况等进行分析和评价的组织或个人。

财务报表分析主体是指投资者财务报表分析、经营者财务报表分析、债权人财务报表分析，而服务对象相应表现为投资者、经营者、债权人、政府机构等。不同的报表使用者其财务报

表分析的目的是不同的。

财务分析的目的是满足不同分析主体对财务信息的不同需求,分析主体不同,分析的目的也就不同。

3. 财务分析的内容

财务分析的内容与财务分析的目的有着密切的关系。分析目的不同,分析内容的侧重点也会有差别。财务分析的内容包括偿债能力分析、营运能力分析、盈利能力分析、其他能力分析以及综合分析等。

4. 财务报表分析应遵循原则

财务报表分析应遵循的基本原则包括实事求是原则、系统分析原则、成本效益原则、可理解性原则。

5. 财务分析的基本程序

财务分析的基本程序包括以下几个步骤:确立分析目的,明确分析内容;设计分析程序,确定评价标准;收集分析所需要的相关资料并进行分析;选择恰当的分析方法;形成综合评价结论,撰写财务分析报告。

思考与练习

一、单项选择题

1. 财务报表分析最早被银行用于对借款人进行(　　),并借以判断客户的偿债能力。

A. 盈利分析　　B. 信用分析　　C. 周转分析　　D. 发展分析

2. 通过财务报表分析,了解企业的过去、评价现在和预测未来,向有关利益各方提供决策有用的信息是财务报表分析的(　　)。

A. 主体　　B. 客体　　C. 目的　　D. 方法

3. 与企业有利益关系,并希望通过对企业的财务报表分析而获得对其决策有用的财务信息的单位或个人是财务报表分析的(　　)。

A. 主体　　B. 目的　　C. 程序　　D. 方法

4. 债权人更主要关注企业是否具有(　　)。

A. 盈利能力　　B. 发展能力　　C. 资产周转能力　　D. 偿债能力

5. (　　)职能是财务报表分析的基本职能。

A. 发展与协调　　B. 评价与预测　　C. 分析与预测　　D. 分析与评价

二、多项选择题

1. 企业财务报表分析的目的主要有(　　)。

A. 评价企业财务状况　　B. 评价企业盈利能力

C. 评价企业资产管理水平　　D. 评价企业未来发展能力

2. 财务报表分析的主体包括(　　)。

A. 投资者　　B. 债权人　　C. 经营管理人员　　D. 利益相关者

3. 财务报表分析的内容有(　　)。

A. 分析偿债能力　　B. 分析资产营运能力

C. 分析资产盈利能力　　D. 评价财务业绩

4. 财务分析报告按其内容、范围不同，可分为（　　）。

A. 全面分析报告　　B. 专题分析报告

C. 简要分析报告　　D. 定期分析报告

5. 以下属于财务报表分析原则的有（　　）。

A. 实事求是　　B. 系统性分析　　C. 平衡关系　　D. 动态分析

三、思考题

1. 常见的财务分析主体有哪些？各个财务分析主体的分析目的分别是什么？

2. 财务分析的内容主要有哪些？财务分析内容与财务分析目的是否相关？

3. 如何理解财务报表分析的职能？

4. 财务报表分析的任务有哪些？

5. 财务报表分析的程序包括哪几个步骤？

第二章　财务报表分析方法

本章知识体系框架

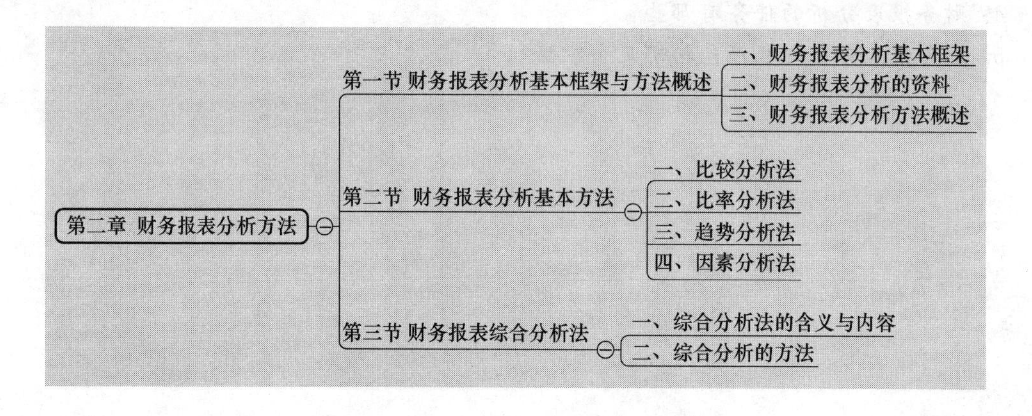

【引导案例】

世界级"天才理财家"沃伦·巴菲特说过"市场通常是有效率的,但并不总是有效率的"。他认为人的分析能力是有差异的,不同的分析者对同一财务报表的阅读与分析可以得出不同的见解,因此,通过超越他人的分析能力可以获得超越他人的股票投资业绩。

巴菲特经常关注和阅读大量上市公司的年度财务报表。他根据企业所在行业的发展前景,产品的产销信息以及企业经理人员经营管理水平和应用资源的能力,对企业财务报表进行认真的分析,判断企业的内在价值、评价企业的财务状况和盈利能力,来预测和确定股价的走势。巴菲特从1956年开始的35年内股票投资达到29%的投资收益率,远远超过当时股票市场的平均回报,他以其成功的投资实践证明了投资者通过财务报表分析可以获得在股市上超越他人的优势。

由此可见,对财务报表的深入分析对投资者而言是至关重要的。那么如何有效地进行财务报表分析?作为企业的投资者、债权人、管理者及其监督管理部门,能够通过公开财务报表了解到哪些他们所关注的信息?能够运用哪些方法来对财务报表的信息进行整理和分析呢?本章将会对财务分析的基本方法进行介绍,为后续结合案例进行的财务报表分析奠定基础。

第一节　财务报表分析基本框架与方法概述

一、财务报表分析的基本框架

企业经济活动受经营环境和经营战略的影响，作为反映企业经济活动体的财务报表，其信息质量既受企业经营环境和经营战略的影响，也受会计环境和会、选择的影响。进行财务分析时，必须了解企业所面临的经营环境和经营战略，了解企业的会计环境和会计选择，才能把握企业经济活动的本质，对企业的财务状况和经营成果做出合理解释。因此，进行财务分析时首先要了解企业所处的经营环境和企业的经营战略，分析企业的竞争优势和劣势，识别企业的机会和风险，对企业盈利能力和发展能力的可持续性做出判断。其次是进行会计分析，评价企业的资产结构、资本结构、盈利结构和现金流动情况，判断企业的盈利基础和盈利质量。然后进行财务效率分析，揭示企业的偿债能力、盈利能力、营运能力和发展潜力，评价企业目前的经营业绩。最后对企业的经营业绩进行综合分析，判断其未来的发展前景。

财务报表分析的框架可以从偿债能力、盈利能力、营运能力和发展潜力等财务能力的角度来构建，利用相关财务报表对这些能力进行分析；也可以以资产质量、盈利质量、现金流量为逻辑思路，对公司的风险、盈利能力与增长情况展开分析。

本书紧扣财务报表分析的核心，站在财务报表使用者的角度（而不区分特定的利益相关者主体）对财务报表分析的框架进行组织，即当报表分析者面对资产负债表、利润表、现金流量表、股东权益变动表等公开财务报表时，该如何对企业的财务状况、经营成果、现金流量等进行分析，如何对企业的综合财务实力进行评价。因此，全书的框架结构是直接以资产负债表、利润表、现金流量表、股东权益变动表等公开财务报表为分析的切入点，通过财务报表所反映出的企业盈利质量、资产质量和现金流量的信息，围绕偿债能力、营运能力、盈利能力、发展能力及财务综合能力等进行分析。

本书的体系框架如图 2-1 所示。

二、财务报表分析的资料

财务报表分析资料是财务报表分析的原材料。财务报表分析使用的主要资料是对外发布的财务报表，但财务报表不是财务报表分析唯一的信息来源。公司还以各种形式发布补充信息，分析时经常需要查阅这些补充来源的信息。在进行比较分析时还要使用行业数据，在进行预测分析时还要使用宏观经济信息等。

（一）财务报表分析资料的来源渠道

财务报表分析资料的主要来源渠道包括公司财务报表及报表附注；公司年度报告、中期报告；公司重大公告；行业报告；高等院校和科研、咨询机构报告；政府机构和中介机构报告；新闻媒介，尤其是财经、商业类的报刊、网站、电台、电视台等，都会及时报道甚至分析有关行业的经济指标，这常常是同业比较分析的依据；公司自己的研究机构及人员报告；等等。

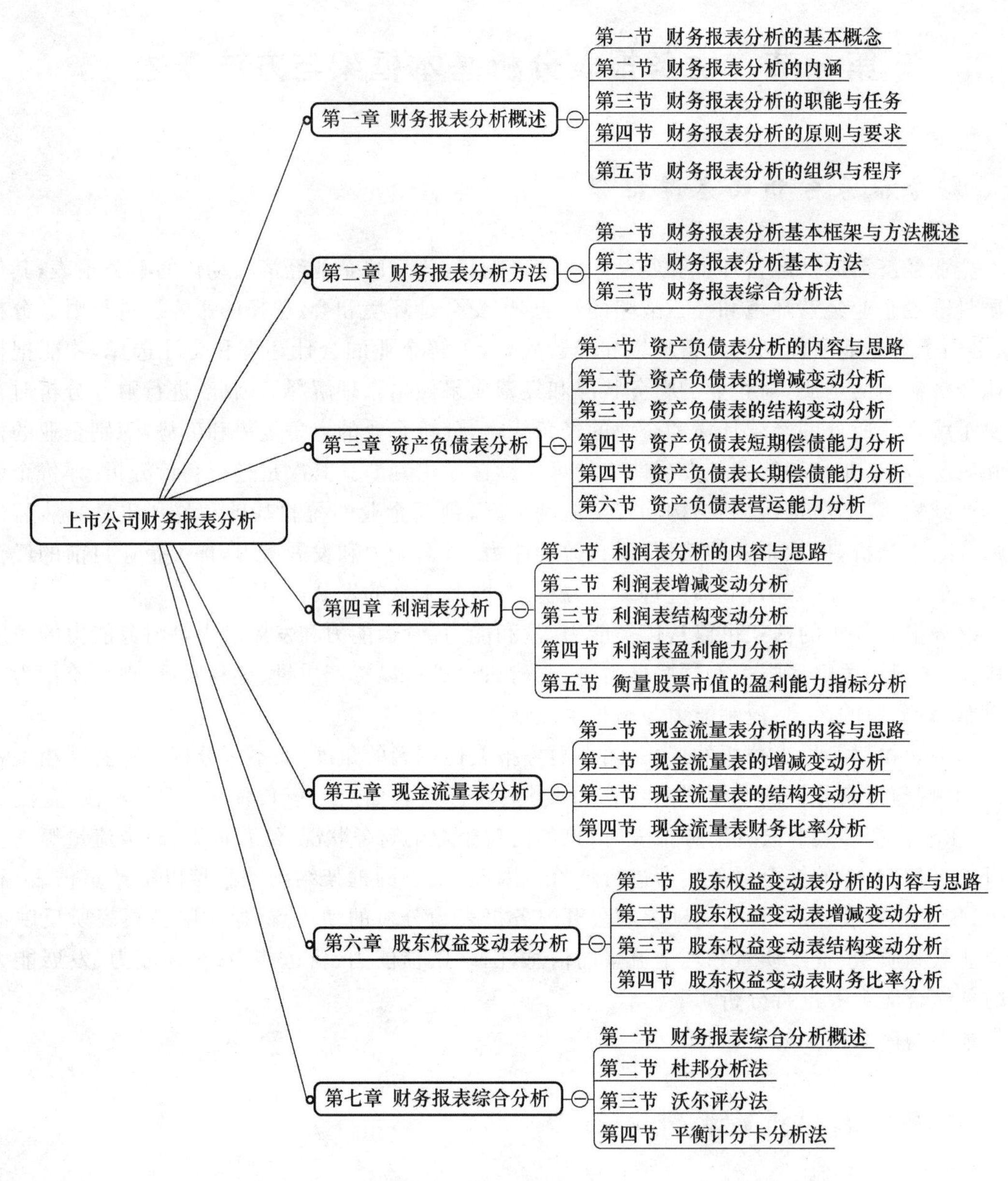

图 2-1 本书体系框架图

(二) 财务报表分析的基本资料

财务报表分析的基本资料是根据会计准则编制,并经过注册会计师审计的反映公司财务状况、经营成果及现金流量的财务报表。

财务报表分析的基本资料包括资产负债表、利润表、现金流量表、股东权益变动表、财务报表附注等。

(三) 其他报表分析资料

1. 公司其他报告

公司其他报告是指除了财务报表之外的公司年度报告与中期报告。公司报告是一个比财务报表更广泛的概念，它不仅包括财务报表，还包括其他传输信息的手段。公司其他报告是财务报表分析所需信息的一部分，如公司公告、招股说明书、新闻发布稿、管理当局的预测或计划等，分析人员应当给予足够重视。

2. 审计报告

报表分析人员无法自己证实公司财务报告的可靠性，他们必须依赖审计人员的意见。注册会计师根据审计结果和被审计单位对有关问题的处理情况出具的审计报告有以下四种基本类型。

(1) 无保留意见的审计报告

无保留意见是指注册会计师对被审计单位的财务报表依据独立审计准则的要求进行检查后，确认被审计单位采用的会计处理方法遵循了会计准则及有关规定；财务报表反映的内容符合被审计单位的实际情况；财务报表内容完整，表达清楚，无重大遗漏；报表的分类和编制方法符合规定要求，因而对被审计单位的财务报表无保留地表示满意。无保留意见的审计报告使财务报表分析人员可以信赖该单位的财务报表，也是其最希望看到的审计报告，分析人员可以直接使用报表数据开始自己的分析工作。

(2) 保留意见的审计报告

保留意见的审计报告是指注册会计师认为被审计单位的报表总体上恰当，但对某些事项有保留意见而发表的审计报告。保留意见不影响财务报表的总体使用价值，但是某个重要局部的数据不具有可信度。

(3) 否定意见的审计报告

否定意见的审计报告是与无保留意见报告相反的审计报告。注册会计师出具否定意见的审计报告出于以下两种原因：一是会计处理方法的选用严重违反了企业会计准则及国家其他有关财务会计的规定，而且被审计单位拒绝调整；二是会计报表严重歪曲了被审计单位的财务状况、经营成果和现金流量，被审计单位拒绝调整。出具否定意见的审计报告，意味着注册会计师认为被审计单位的财务报表不具有使用价值。这种财务报表不能作为财务报表分析的依据。

(4) 无法表示意见的审计报告

无法表示意见是指注册会计师对被审计单位的会计报表不能发表意见，包括肯定、否定或保留的审计意见。无法表示意见不是注册会计师不愿意发表意见，而是由于某些限制未对某些重要事项取得证据，没有办法完成取证工作，从而无法判断问题的归属，无法对财务报表整体发表审计意见。

三、财务报表分析方法概述

财务报表分析方法是财务报表分析过程中运用数据收集、整理、归类、计算、比较、评价与预测等手段来揭示企业财务能力的一种方式与手段。财务报表的分析应当客观公正地反映和评价企业的财务状况、经营业绩和现金流量。财务报表分析的基本资料是根据会计准则编制，并经过注册会计师审计的反映公司经营成果、财务状况及现金流量状况的财务报表，包括资产负债表、利润表、现金流量表、股东权益变动表、财务报表附注等。

财务报表分析的基本方法包括比较分析法、趋势分析法、比率分析法和因素分析法、杜邦分析法等，其中比较分析法、比率分析法是最基本、应用最广泛的分析法。在实际应用中具体采用什么样的分析方法，要根据分析目标、分析内容来确定。总之为了科学合理地评价企业财务状况和经营成果，必须运用科学、有效的分析方法。

运用财务报表分析方法应遵循的基本原则如下。

1. 传统分析方法与现代分析方法相结合

传统分析方法是指以指标计算及因素分析为代表的方法，它们在分析评价计划完成情况中起到了很好的作用，因此继承、总结与改进传统分析方法是财务报表分析方法的主要内容之一。现代分析方法是指以数学学科、计算机学科为特征的分析方法，在财务报表大量的数据分析中，运用数理统计、数学逻辑函数分析、Excel等学科原理与财务报表分析内容相结合，进一步完善了财务报表分析方法。

2. 单项分析与综合分析相结合

单项分析是指对财务报表内容的某个方面进行分析，如对流动资产营运方面分析、短期偿债能力某个方面进行分析等。综合分析是将财务活动各项指标综合起来，总体评价企业财务某个方面乃至整体财务状况的分析方法。将两者结合起来分析，有利于客观、公正、全面地评价企业财务报表反映的经营状况及财力状况，为决策提供依据。

3. 全面分析方法与重点分析方法相结合

全面分析是对企业全面财务状况与经营活动内容进行的分析，是对企业财务报表体系内容完整、系统的分析。重点分析是对财务报表的某个部分或指标的分析，有针对性地去解决问题。在具体分析过程中，要注意全面分析方法与重点分析方法相结合。

4. 定量分析与定性分析相结合

定量分析是将财务报表内容的数据进行技术分析处理，从数据的变化中分析财务报表的质量趋势；而定性分析要求结合定量分析结论，对其反映的经济现象进行逻辑推理和科学判断。在逻辑分析中，要运用演绎与归纳，即由一般前提推出一般性结论的分析方法，由一般性较小前提推出一般性较大结论的推理方法。定性分析法通常以部分分析对象研究结论为依据，来概括财务指标及其财务活动状况、特点及发展趋势。

第二节　财务报表分析的基本方法

一、比较分析法

比较分析法是指将实际达到的数据同特定的各种标准相比较，从数量上确定其差异，并进行差异分析或趋势分析的一种分析方法。比较分析法是财务报表分析中最常用、最基础的一种分析方法。通过比较分析，发现差距，寻找产生差异的原因，进一步判定企业的经营成绩和财务状况；通过比较分析，确定企业生产经营活动的收益性和企业资金投向的安全性，说明企业是否在健康地向前发展；通过比较分析，既能够发现企业的不足，也能够看到企业发展的潜力。

用于比较的数据既可以是趋势分析中的绝对数额、环比变动百分比和定基变动百分比，也可以是结构分析中的结构百分比，还可以是各种财务比率。因此，严格地说，比较分析法并不是一种独立的分析方法，而是与其他分析方法相结合的一种辅助技术。

比较分析法按照其比较基数的不同，有实际与计划比较、不同时期比较、同行业企业间比较等形式。将财务指标实际数据与计划数值比较，能够检查财务指标的计划完成情况；将同行业企业之间的相同财务指标数据比较，能够洞悉企业的发展前景。

（一）比较分析法常用的比较标准

要比较就必须有比较的标准，常见的比较标准有历史标准、行业标准、预算标准、经验标准等。

1. 历史标准

所谓历史标准，就是以企业的历史数据作为标准。历史数据可以是历史最佳水平、历史平均水平或特定历史期间的水平，如前一个期间的水平或选定的基期水平等。将企业当期情况与以往情况进行比较，属于一种纵向的比较。通过纵向比较，可以确定项目增减变动的方向和幅度。纵向比较有利于把握企业发展的态势，预测企业未来的状况，还有利于进一步找到企业的财务状况和经营成果发生变化的原因，并及时做出决策，以保持良好的发展趋势，遏制不利的发展趋势。上述趋势分析运用的就是纵向比较。

2. 行业标准

所谓行业标准，就是以企业所在行业的数据作为标准。行业数据可以是行业平均水平、行业先进水平或行业中特定企业的水平，如竞争对手的水平等。将本企业情况与所在行业情况进行比较，属于一种横向的比较。通过横向比较，可以确定企业在行业中所处的地位，找出企业与行业先进水平、竞争对手水平等之间的差异，并进一步分析差异的原因，为企业今后的发展指明方向。

3. 预算标准

所谓预算标准，就是以企业的预算数据作为标准。由于预算水平往往反映了企业预定的目标，因此预算标准又称为目标标准。将企业当期的实际情况与预算情况进行比较，可以对企业完成预算的情况进行评判，找到与预算的差异以及差异的原因。对于由企业内部管理和控制造成的差异在今后应及时调整。对于由市场等外部环境造成的差异，企业应积极应对。

4. 经验标准

所谓经验标准，就是以经验数据作为标准。经验数据是在较长的时间内积累起来的、被很多人认同的一种水平。例如，从经验上认为流动比率在 2 左右比较合理，于是在财务分析中就经常将企业实际的流动比率与 2 进行比较。将企业实际情况与经验水平进行比较，有利于判断企业的状况是否处于经验上的合理范畴内，如果差异很大，则需要相应调整。需要注意的是，经验并不一定就正确，而且对不同的环境、不同的行业、不同的企业，有关经验数据也未必是放之四海而皆准的。因此，在运用经验标准时要慎重，不能简单照搬，要具体情况具体分析。

（二）比较分析法采用的形式

采用比较分析法，可以根据比较对象的形式，选择绝对数比较或百分比变动比较。

1. 绝对数比较

绝对数比较是将取得的财务报表数据与比较基准直接比较。绝对数比较最常见的形式是比较财务报表，将两期或多期的财务报表予以并行列示，进行对比，进而观察各个报表项目数据的变动情况和变动趋势。

2. 百分比变动比较

百分比变动比较是指将财务报表项目数据计算出百分比形式进行比较。用百分比变动比较，可以反映不同规模分析对象之间的差异。

比较分析方法有 3 个基本指标计算参数，即差异额（或绝对额）、差异率和变动率。

（1）差异额

差异额是将分析期该项指标实际数与该项指标基准数相减后的差额。比较时可以进行两期或多期财务报表指标并列对比，观察其增减变动，分析其变动的经济含义。

$$差异额=该项指标实际数-该项指标基准数$$

其中，该项指标基准数根据分析的需要可以是目标基准、计划基准、上年基准、预算基准、行业基准、历史基准、历史先进水平等。

（2）差异率

差异率也称为变动百分比、增长速度，用差异额与指标基准数的比值表示，是用来判断财务指标变动水平或增减幅度的指标。

$$差异率=\frac{差异额}{该项指标基准数}\times 100\%$$

（3）变动率

变动率也称为发展速度，是分析期该项指标实际数与该项指标基准数的比值，是用以判断财务指标变动速度的指标。

$$变动率=\frac{该项指标实际数}{该项指标基准数}\times 100\%$$

比较分析法的主要作用在于揭示被分析对象客观存在的某一方面的差距或优势以及形成这种差距或优势的原因，帮助报表分析人员发现问题或者揭示企业投资价值，有利于报表分析人员做出正确的判断。

比较分析法是各种分析方法的基础，报表中的绝对数要通过比较才能说明问题，即使是相对值指标也要与有关资料进行对比才有意义，因为只有通过比较（与计划预算比较；与上期比较；与行业平均水平比较；与主要竞争对手的数据比较；等等），才能帮助报表分析人员做出正确、合理的判断。

（三）横向比较法与纵向比较法

在财务报表分析中最常用的比较分析法是横向比较法和纵向比较法。

1. 横向比较法

横向比较法又称水平分析法，是指将实际达到的结果同某一标准作比较，如某一期或数期财务报表中的相同项目的实际数据作比较，或用企业与其他企业财务报表中的相同项目的实际数据作比较。可以用绝对数作比较，也可以用相对数作比较。

横向比较分析法经常采用的一种形式是编制比较财务报表。为了便于分析者进行分析，易于掌握变化动向，比较财务报表除列示各期报表金额，通常还列示增减金额及增减百分比。

由于横向分析可用于企业与其他企业的比较，在企业兼并与收购中所做的目标公司估价、管理层的业绩评估与报酬计划、财务危机预测以及超额利润税的公共政策制定等领域，往往需要进行横向分析。

2. 纵向比较法

纵向比较分析法又称垂直分析法或动态分析法。纵向比较法通常是指仅就同一考察期间内的财务报告有关数据资料，计算总体与部分之间的比例，对于某报表项目构成及各项目所占总体的比重进行分析。纵向比较法也是对财务报表进行分析的一种常用方法，财务报表按照纵向比较法加工后，据以得到的分析资料，通常被称为同比报表（即共同比报表），或同度量报表。

相对于横向比较法而言，纵向比较并不是将企业报告期的分析数据直接与基期进行对比求出增减变动量和增减变动率，也不是其他同类项之间的比较，而是一种构成分析，考察的是相关结构安排情况。其基本点是通过计算报表中各项目占总体的比重或结构，反映报表中的项目与总体关系情况及其变动情况。会计实务中常见的同比资产负债表、同比利润表等，都是应用垂直分析法得到的。

纵向比较分析除了有助于发现趋势，从而借以预测未来外，在管理层业绩评价等方面，纵向分析也是有用的(借以观察利润变化的多少百分比是由于公司以外的因素导致的)。财务报表信息的纵向分析关键问题：结构变化问题、会计方法变更问题、会计分类问题、极端观察值的处理等。

(四) 运用比较分析法应注意的问题

在运用比较分析法进行分析时，必须注意指标之间的可比性。如果对本来就不可比的指标进行分析比较，肯定会得出错误的结论。所谓指标的可比性是指所对比的同类指标之间在指标内容、计算方法、计价标准、时间长度等方面完全一致。如果在不同公司之间对指标进行比较，还必须注意公司行业归类、财务规模的一致性。具体说来：

(1) 实际财务指标与标准指标的计算口径必须保持一致。所谓计算口径一致，是指实际财务指标所包含的内容、范围要与标准指标保持一致，否则，二者不具可比性。

(2) 实际财务指标与标准指标的时间宽容度必须保持一致。所谓时间宽容度一致，是指实际财务指标的计算期限要与标准指标保持一致，如果实际指标是年度指标，那么标准指标也应是年度指标，否则，二者不可比。

(3) 实际财务指标与标准指标的计算方法必须保持一致。这里说的计算方法不仅是指计算指标的程序，还包括影响指标的各项因素，否则，二者不可比。

(4) 绝对数指标比较与相对数指标比较必须同时进行。因为绝对数指标与企业生产经营规模的大小有直接关系，采用绝对数指标比较虽然能反映出财务指标的表面差异，但不能深入揭示其财务现象的内部矛盾，而采用相对数指标比较则能做到这一点。

另外，需要注意价格水平与会计政策不同也会影响指标之间的可比性。由于不同地区的价格水平存在差异，各公司业务关系在区域上又不尽相同，必然导致不同公司的价格水平存在差异，从而使之缺乏可比性。价格水平的波动尤其削弱了不同时期的数据间可比性。会计政策也会导致指标之间失去可比性，如固定资产折旧方法的不同，必然导致公司资产价值、成本费用大小和利润高低的不同，使相关指标不可比；存货计价有加权平均法、先进先出法等多种方法可供选择，两个公司或同一公司在不同时期，即使实际情况完全相同，只因采用不同计价方法，也将对期末存货与公司利润产生重大影响。

二、比率分析法

比率分析法是利用两个指标间的相互关系，通过计算比率来分析、评价企业财务状况的一种方法。比率分析法是会计报表分析的最基本和最重要的方法。

比率是两数相比所得的值，任何两个数字都可以计算出比率，要使计算的比率具有意义，计算比率的两个数字必须具有相互联系。在财务报表中这种具有重要联系、有一定意义的相关数字很多，这种比率通常称为财务比率。

（一）比率分析法与比较分析法的异同

比率分析法与比较分析法都是财务分析中最为常用的方法，是相互区别又相互联系的两种方法，其共同之处是要将两个数据进行对比分析，但是二者仍存在明显的不同，其主要区别在于：

(1) 比率分析法主要是将不同质但相关的不同指标进行比较，揭示二者的相互关系；比较分析法主要是对同质的指标进行比较，考察其变动的情况。

(2) 比率分析法的分析结果则纯粹以相对数值表示，以说明指标数值之间的相互关系；比较分析法的分析结果只强调绝对差异的大小，相对差异只是绝对差异的辅助说明。

(3) 比率分析法往往需要结合比较分析方法使用，通过将不同时期的比率与评价基准比较进行分析评价。

（二）比率指标的类型

比率指标可以有不同的类型，主要有构成比率、效率比率、相关比率三类。

1. 构成比率

构成比率又称结构比率，它是某项财务指标的各组成部分数值占总体数值的百分比，反映部分与总体之间的关系，其计算公式为

$$构成比率=\frac{某项指标数值}{总体数值}\times 100\%$$

在实际工作中比较常见的构成比率分析是编制共同比财务报表，即计算报表的各个项目占某个相同项目的比率(例如，资产负债表各个项目占总资产的比率，利润表各项目占主营业务收入的比率，等等)，以此观察企业整体财务指标的结构是否合理，以及盈利能力的来源是否发生变动等。这种构成比率分析可以有效剔除规模的影响，便于大型和小型企业之间的相互比较。

2. 效率比率

效率比率是某项财务活动中所费与所得的比率，反映投入与产出的关系。一般而言，涉及利润的有关比率指标基本上均为效率比率，这里的效率不是衡量建设的快慢的，而是评价投入与产出之间的关系。例如，将利润项目与营业成本、营业收入、资本金等项目加以对比，可以计算出成本利润率、营业净利率以及资本金利润率等利润率指标，可以从不同角度观察比较企业盈利能力的高低及其增减变化情况。

3. 相关比率

相关比率分析是根据经济活动客观存在的相互依存、相互联系的关系，将某个项目和与其相关但又不同的项目进行对比得出的比率，反映有关经济活动的相互关系。

企业财务报告中的项目数据不仅独自具有一定的经济意义，项目之间往往也是相互关联的，将两个相互关联的项目数据构建一个比率，可以揭示两个单独数据不能揭示的信息，有助于使用者做出决策。

在财务报表中依据相关比率的内容和途径不同，相关比率有以下几类。

(1) 成果比率

成果比率是指资金运用的成本与效益成果的比率，基本公式为

$$成果比率=\frac{成果指标}{成本投入指标}\times 100\%$$

该类指标还包括毛利率、利润率、成本费用利润率等。

（2）对应关系比率

对应关系比率是反映对应关系的比率，指比较指标与被比较指标分属两类不同的指标体系，但两者之间存在互相适应和相对平衡的关系。它们主要体现资产方与权益方两大指标体系对应指标之间的依存关系与适应程度。主要公式为

$$对应关系比率=\frac{一类项目指标}{另一类项目指标}\times 100\%$$

该类指标主要有流动比率、速动比率、资产负债率、权益比率等。

（3）周转关系比率

周转关系比率就是反映周转关系的比率，是指一定时期内某项资产指标与它完成业务量指标的比值。其比值越大，说明工作效率越高或周转速度越快，是企业经营能力强的表现。分析反映周转关系的比率，有利于加速企业资金周转，提高企业资金的利用效果。基本公式为

$$周转比率=\frac{销售收入(或营业成本)}{某项资产项目的平均资金占用额}\times 100\%$$

该类指标主要有存货周转率、应收账款周转率、流动资产周转率等，则对应的“某项资产的平均资金占用额”分别是存货平均余额，应收账款平均余额、流动资产平均余额等。

从广义上说，所有的财务比率都是相关比率，因为所有的财务比率都是两个相关项目相除得到的相对数。我们这里所说的相关比率是狭义的相关比率，它指的是除构成比率、效率比率之外，反映两个相关项目之间关系的财务比率，如流动资产除以流动负债得到的比率、主营业务收入除以平均资产总额得到的比率，等等。

需要注意的是，比率分析法中运用的财务比率并不是固定不变的。从比率分析法出现至今，财务比率在不断地变化和发展，并且越来越丰富。选取什么样的项目来计算财务比率，关键在于其经济意义和分析主体的分析目的。只要两个项目相除计算出的相对数具有一定的经济意义，并能够实现分析主体的分析目的，这个相对数就是一个有价值的财务比率。但同时应注意，并不是任意两个项目相除得到的相对数都具有经济意义。例如，将企业的交易性金融资产与主营业务成本相除，就不具有明显的经济意义，因而也就没有这样一个财务比率。因此，对于财务比率，不仅要会计算，更重要的是能够解释，即通过计算出的比率反映一定的情况，说明一定的问题。

企业的财务项目繁多，容易使分析者抓不住重点、理不清关系。比率分析法通过将两个相关项目进行对比计算出一个相对数，能够揭示出很多重要的、有意义的经济关系，为了解和评价企业的财务状况和经营成果提供线索。财务比率中用来进行对比的财务项目既可以是同一期间的数据，也可以是不同期间的数据；既可以是同一张财务报表中的项目，也可以是不同财务报表中的项目，甚至可以是财务报表以外的财务数据。因此，财务比率能够揭示的经济关系非常广泛，涉及企业的方方面面。正是由于上述原因，比率分析法是应用最为广泛的一种财务分析方法。

在后续章节中，我们会结合实例通过计算很多重要财务比率，对企业的财务状况、经营成果等进行分析。

（三）应用比率分析法还应注意的问题

比率分析法的优点是计算简便，计算结果也比较容易判断，而且可以是某些指标在不同规模的企业之间进行比较，甚至也能在一定程度上与相同行业间的企业进行差异分析。但在应

用比率分析法时还应当注意以下几个问题：

第一，比率的构建应根据分析需要而定，构建比率时注意分子、分母两个指标应当具有经济关系，不能随意将两个指标拼凑为一个比率。分析时还要注意比率之间说明问题的一致性。分析人员最重要的是要通过财务比率分析了解企业的全貌，不应仅仅根据某一个比率来做出判断。

第二，不同企业的会计政策和经营方针会影响不同企业间财务比率的可比性。因为在会计准则中有许多会计处理方法可供选择，不同的会计处理方法会产生不同的资产、负债、所有者权益以及当期损益，进而影响财务比率的数值及可比性。而且，同行业不同企业采用的经营方式不同，也会造成财务比率数值的不同，从而影响可比性。

第三，由于财务报表的期间不同，采用比率指标来对比资产负债表和利润表数据存在一些不可比因素。资产负债表是时点报表，表示某一时刻的财务状况，而利润表和现金流量表是期间报表，表示一定期间内的经营成果和现金流量，两者有一定区别。因此当构建比率的两个指标之一来自于资产负债表数据，另一个指标来自于利润表或现金流量表时，应当将资产负债表数据采用期间内的平均数。

第四，应用比率分析法进行行业比较时，多元化大公司很难找到一个行业作为标准，最好的比较对象是主要竞争对手。因为在判断许多财务比率合理性方面，行业平均水平往往并不是理想的标准。

三、趋势分析法

趋势分析法是根据企业连续几年或几个时期的分析资料，通过计算趋势比率及指数，形成一系列具有可比性的百分数或指数，以确定分析期各有关项目的变动情况和趋势的一种财务报表分析方法。

趋势分析是一种动态的比较分析方法，通过分析连续数期的财务报表项目的情况，能够反映出企业财务状况和经营成果的变动方向，发现这种变动趋势的性质是有利的还是不利的，趋势分析法既可用于对财务报表的整体分析，即研究一定时期报表各项目的变动趋势，也可对某些主要指标的发展趋势进行分析。趋势分析法又叫水平分析法，该方法运用时要将比较分析法、比率分析法结合运用，故将其单独列出。

在财务报表分析中，通常应对营业收入、总资产进行趋势分析以衡量公司规模发展状态，对净利润进行趋势分析以衡量公司长期盈利能力。

(一) 趋势分析法运用的方式

1. 重要财务指标的比较

重要财务指标的比较是将不同时期财务报表总的相同指标或比率进行比较，直接观察其增减变动情况及变动幅度，考察其发展趋势，预测其发展前景。

趋势分析中对不同时期财务指标的比较，一般包括增长量指标和发展速度指标两大类。

(1) 增长量指标

增长量指标反映某项财务指标在一定时期所增长或减少的绝对数额，它是比较期数值与基期数值的绝对差异。由于作为比较标准的时期不同，增长量指标分为逐期增长量(即以相邻上期作为移动基期)和累积增长量(即以某一选定时期作为固定基期)。

(2) 发展速度指标

发展速度指标表明某种财务指标在一定时间内的发展速度。它是全部时间动态数列中各个比较期数值与基期数值的相对比率或相对差异。同样,由于作为比较标准的时期不同,发展速度指标分为定基发展速度和环比发展速度两种。

定基发展速度是各期数值与固定基期数值之比率,一般用以分析发展情况;环比发展速度是连续地用比较期数值与相邻上期数值比较得出的相对比率,用以分析各期之间的发展变动情况。

定基发展速度与环比发展速度的主要区别是两者选定的基期不同,但从长期来看,两者是相互联系的,即最后一期的定基发展速度(即全时间动态数列中的总定基发展速度)等于各环比发展速度的连乘积。

定基发展速度是以某一时期数额为固定基期数额而计算的动态比率,也称定基动态比率。其计算公式为

$$\text{定基动态比率}=\frac{\text{分析期数额}}{\text{固定基期数额}}\times 100\%$$

通过将所有分析期间的项目数额与一个固定基期项目数额进行比较,计算比率,观察每期之间比率的差异。以此计算出的一列数据就是定基动态比率,用它可以观察企业财务指标的总体变化趋势。

环比发展速度是以每一分析期的前期数额为基期数额而计算的动态比率,也称环比动态比率。其计算公式为

$$\text{环比动态比率}=\frac{\text{分析期数额}}{\text{前期数额}}\times 100\%$$

通过将每期项目数据与上期项目数据进行比较,计算比率,观察每期比率之间的差异。因为其分母以上期数为基数,即移动基数,因此也称为环比。

2. 财务报表的比较

财务报表的比较是将连续数期的财务报表金额并列起来,比较其相同指标的增减变动金额和幅度,据以判断企业财务状况、经营成果和现金流量发展变化的一种方法。财务报表的比较,具体包括资产负债表比较、利润表比较和现金流量表比较等。比较时,既要计算表中有关项目增减变动的绝对值,又要计算该增减变动的百分比。

(二) 运用趋势分析法应注意的问题

(1) 如果存在前后各期的会计政策不一致的现象,则需要对各期相关项目的数据进行调整,以避免造成各期间的趋势分析被歪曲。

(2) 如果趋势分析涉及的期限较长时,物价水平变动对各期财务数据的影响程度较大,必要时可以剔除物价变动因素后再做趋势分析。

(3) 在趋势分析中,应注意一些重大事项和环境因素对各期财务数据的影响。

(4) 究竟对哪些项目进行趋势分析,要根据分析的目的而定,并不需要面面俱到。

(5) 在趋势分析中,应结合比较分析法对计算出的一列趋势数据进行分析说明。实际应用时可以目测指标变动说明其变化规律,或者利用统计图表(Excel 作图)、坐标图等工具,使分析结果能够更加直观地表达变化趋势。

(6) 可以进一步利用分析结果进行相关分析的趋势预测。根据趋势数列对企业未来财务

状况和财务成果做出数量分析预测，如运用量本利、回归直线等方法建立数学模型公式进行预测。

四、因素分析法

因素分析法又称为因素替换法，或连环替代法。它是根据财务指标与其影响因素之间的关系，确定各个影响因素对指标差异的影响方向和程度的一种分析方法。采用这种分析方法的前提是当有若干个因素对分析对象发生影响时，若分析其中某一个因素则假定其他各因素都不变化，从而确定需分析的这个因素单独发生变化所产生的影响。

企业的财务活动是十分复杂的，很多财务指标往往是由多个相互联系的因素共同决定的。当这些因素发生不同方向、不同程度的变动时，对相应的财务指标会产生不同的影响，一些综合性经济指标往往是由于受多种因素影响而发生变动的。比如，在生产性企业中，利润的变动受到产品生产成本、销售数量和价格、销售费用和税金等多种因素的影响。因此，对这些财务指标的差异分析，可以不只局限在财务指标本身与比较标准的差异上，还可以进一步从数量上测定每一个影响它的因素对差异的影响方向和程度，从而抓住主要矛盾，找到解决问题的线索。因素分析法从影响因素入手，分析各种影响因素对经济指标变动的影响，并在此基础上查明指标变动的原因，这对企业做出正确的经营决策和改进管理是极为有益的。

因素分析法弥补了比较分析法不能查明某项综合指标变化差异原因的局限，有利于深入分析综合指标的差异受何种因素的影响，及其各个因素对其影响的程度如何。因素分析法既可以全面分析若干因素对某一经济指标的共同影响，又可以单独分析其中某个因素对某一经济指标的影响，在财务报表分析中应用十分广泛。因素分析法适用于多种因素构成的综合性指标的分析，如成本、利润、资产周转率等方面的指标。

（一）因素分析法的类型

因素分析法一般包括比率因素分解法和差异因素分解法。

1. 比率因素分析法

比率因素分析法是把一个比较核心的财务比率分解成若干个影响因素的方法。著名的杜邦分析体系就是采用比率因素分析法的典型代表。该体系将资产报酬率分解为资产周转率和销售利润率的乘积，表明资产报酬率受资产周转率和销售利润率的影响。

2. 差异因素分析法

为了分析实际数额与目标标杆值之间差额产生的原因，可以采用差异因素分析法。根据计算差异方式的区别，差异因素分析法又可以分为定基替代法和连环替代法。

(1) 定基替代法

定基替代法是以目标标杆值为基础，然后分别用实际数额代替标杆值，来确定在实际工作中各因素对指标的影响。

例如：

预算销售收入＝预计销售量×预计价格

销售差异＝实际销售量×实际价格－预计销售量×预计价格

我们知道了销售差异，但要想知道差异产生的因素，则：

数量因素的影响＝实际销售量×预计价格－预计销售量×预计价格

价格因素的影响＝预计销售量×实际价格－预计销售量×预计价格

需要注意的是，这种分析方法只能得到财务因素的影响，但企业经济指标除了受这些因素影响之外还受其他因素（比如内外部环境）的影响。

（2）连环替代法

连环替代法是以目标标杆值为基础，然后依照特定顺序分别用实际数额代替标杆值，来逐一确定在实际工作中各因素对指标的影响。因素分析法中应用得最广泛的就是连环替代法。

连环替代法计算与分析有以下几个步骤：

① 建立数学模型（或建立综合指标的计算公式），确定各个因素值与总指标之间的数量关系。

② 确定分析对象，运用比较方法，将分析对象的指标与选择的基准进行比较，求出差异。

③ 根据不同类型进行连环顺序替代。连环顺序替代就是以基期指标公式为计算基础，用实际指标公式中的每一因素的实际数顺序地替代其相应的基期数，每次替代一个因素，替代后的因素被保留下来。有几个因素就替代几次，直到基期因素全部被替换为实际数为止。

④ 比较各因素的替代结果，确定各因素对分析指标的影响程度。该过程与前面连环替代顺序结合，分别用后一替代结果与前一替代结果相减，其差即为后一替代因素对分析对象的影响程度。而差额计算则是连环替代的一种简化形式，该方法将步骤③与步骤④合二为一，即把逐个替换公式与替换相邻两个公式相减步骤合为一个公式计算出结果。

⑤ 验证分析结果。验证分析结果是将各因素分析指标的影响额相加，即步骤④各结果之和，其代数和应等于分析对象。如果二者相等，说明分析结果基本正确，否则分析结果一定错误。

⑥ 最后根据分析的影响因素说明由于某因素变化对总指标影响的程度，并提出建议。

假设某综合财务指标为 P，其分别由 a、b、c 三个因素的乘积构成，其基本关系式为 $P=a\times b\times c$，且基期因素为 a_0、b_0、c_0，实际因素为 a_1、b_1、c_1，则连环替代法各步骤的计算公式如下。

① 建立数学模型

基准指标：

$$P_0=a_0\times b_0\times c_0$$

实际指标：

$$P_1=a_1\times b_1\times c_1$$

② 确定分析对象

$$N_0=p_1-p_0$$

③ 连环替代各因素

在基期公式基础上替代：

$$P_0=a_0\times b_0\times c_0$$

第一次替代：

$$P_2=a_1\times b_0\times c_0$$

第二次替代：

$$P_3=a_1\times b_1\times c_0$$

第三次替代：

$$P_1=a_1\times b_1\times c_1$$

④ 比较替代结果

用各替代换算公式的后式减前一算式，确定各因素的影响程度。

②－① $=N_1=P_2-P_0$　　N_1 即为 a_1 因素变动的影响程度

③－② $=N_2=P_3-P_2$　　N_2 即为 b_1 因素变动的影响程度

④－③ $=N_3=P_1-P_3$　　N_3 即为 c_1 因素变动的影响程度

⑤ 验证

$$N_1+N_2+N_3=N_0$$

即：

$$(P_2-P_0)+(P_3-P_2)+(P_1-P_3)=P_1-P_0$$

在连环替代法的使用过程中需要关注：第一，构成因素具有相关性，对指标具有解释作用，否则单纯的定量分析就失去了经济意义；第二，因素替代的顺序要恰当，并依次进行；第三，计算分析程序的连环性，在计算分析每一个因素的影响时，都是在前一个因素变动的基础上进行的连环替代，逐一确定各个因素的影响力。

在实际经济生活中，比较分析法和因素分析法往往结合使用，在比较中分析寻找差异产生的原因，在因素分析的过程中比较结果的不同，财务分析工作是由很多个比较和因素分析过程构成的。

（二）运用因素分析法应注意的问题

在应用因素分析法时，必须注意以下几方面的问题：

第一，因素分解的关联性。即确定构成经济指标的因素，必须是客观上存在着的因果关系，要能够反映形成该项指标差异的内在构成原因，否则就失去了其存在价值。

第二，因素替代的顺序性。替代因素时，首先必须按照各因素的依存关系，排列成一定的顺序并依次替代，不可随意加以颠倒，否则就会得出不同的计算结果。一般而言，确定正确排列因素替代程序的原则是，按分析对象的性质，从诸因素相互依存关系出发，并使分析结果有助于分清责任。

第三，顺序替代的连环性。连环替代法在计算每一个因素变动的影响时，都是在前一次计算的基础上进行，并采用连环比较的方法确定因素变化影响结果。因为只有保持计算程序上的连环性，才能使各个因素影响之和等于分析指标变动的差异，从而全面说明分析指标变动的原因。

第四，计算结果的假定性。连环替代法计算的各因素变动的影响数，会因替代计算顺序的不同而有差别，因而计算结果不免带有假定性，即它不可能使每个因素计算的结果都达到绝对准确。它只是在某种假定前提下的影响结果，离开了这种假定前提条件，也就不会是这种影响结果。为此，财务人员应力求使这种假定合乎逻辑，并且具有实际经济意义。这样，计算结果的假定性，才不至于妨碍分析的有效性。

第三节　财务报表综合分析法

一、综合分析法的含义与内容

前面介绍的方法大多是进行单一指标的分析和比较，在实际工作中，单独分析任何一类财务指标,都不能全面评价企业的财务状况和经营成果,只有对各种财务指标进行系统、综合的分析,才能全面掌握企业的真实状况。

财务综合分析,就是将各项财务指标作为一个整体,系统、全面、综合地对企业财务状况和经营情况进行剖析、解释和评价,说明企业整体财务状况和效益的好坏,这是财务报表分析的最终目的。显然,要达到这样的分析目的,只测算几个简单的、孤立的财务比率,或者将一些孤立的财务报表分析指标堆垒在一起,彼此毫无联系地进行分析,是不可能得出合理、正确的综合性结论的,有时甚至会得出错误的结论。因此,只有将企业偿债能力、营运能力、盈利能力及发展趋势等各项分析指标有机地联系起来,相互配合使用,才能对企业的财务状况做出系统的综合评价。

综合分析与评价至少应包括以下两方面内容。

1. 综合分析企业的财务状况和收益能力

企业财务目标是资本增值的最大化。资本增值的核心在于资本收益能力的提高,而资本收益能力的提高要受到企业各方面、各环节财务状况的影响。因此,综合分析企业财务状况及收益能力,是以分析、衡量企业资本收益能力作为着眼点的。衡量企业资本收益能力的指标有多种,其中净资产收益率最为重要。综合分析的做法之一,是以净资产收益率为核心,通过对净资产收益率指标的层层分解,找出企业经营各环节中影响其收益能力的多种因素,综合评价企业各环节及各方面的经营业绩,进而达到改善企业经营,提高管理水平,实现企业财务目标的目的。

杜邦财务分析体系是综合分析的最基本方法。

2. 综合评价企业的经营业绩和管理业绩

虽然将财务目标与财务环节联系起来进行分析,可以弥补单项指标分析或单方面分析的不足,但还不能对相互关联指标的表现做出综合定量评价。因此,往往难以准确得出公司经营业绩改善与否的定量结论。企业经营业绩综合评价正是为解决这一问题产生的。利用业绩评价的不同方法对企业经营业绩及管理业绩进行量化分析,可以得出企业经营业绩评价的综合量化结论。

综合业绩评分方法中最经典的是沃尔评分法。在此基础上又形成了多种由不同的指标和评价方法构成的评价体系。

二、综合分析的方法

综合分析使用的方法有许多,其中最主要的有杜邦分析法、沃尔比重评分法、平衡计分卡等。

本部分只对综合分析的方法进行介绍,在后续章节中将会运用这些方法结合实际案例进行具体计算和分析。

(一)杜邦分析法

杜邦分析法亦称杜邦财务分析体系,由美国杜邦公司首创,是一种比较实用的财务比率分析体系,是从财务角度评价公司盈利能力和股东权益回报水平,评价企业绩效的经典方法。

杜邦财务分析法从评价企业绩效最具综合性和代表性的指标——净资产收益率出发,将反映企业盈利状况的总资产净利率、反映资产营运状况的总资产周转率和反映偿债能力状况的资产负债率按其内在联系有机结合起来，并将这些财务比率指标层层分解为多项财务指标，形成一个完整的指标体系，揭示指标变动的原因和趋势，使分析者对企业财务情况的分析有一个全局的视野，满足分析者全面分析和评价企业财务能力和经营绩效的需要。在指标层层分解的基础上，再结合财务分析的其他方法，可以对影响净资产收益率的原因做出深入的揭示。

从图 2-2 可以看出，杜邦分析图的左边部分，主要分析公司的盈利能力和营运能力，并展示出公司盈利能力和营运能力两者之间的内在联系；杜邦分析图的右边部分，主要分析公司的资本结构。资产投资收益能力和资本结构共同影响净资产收益率的水平。因此，净资产收益率（权益净利率）是杜邦分析体系的核心比率，它有很好的可比性，可以用于不同企业之间的比较。同时该指标又是股东极为重视的指标，它能反映出公司为股东创造的净收益的水平。此外，这是一个综合性最强的财务指标，反映公司财务管理目标的实现情况，通过分解和分析它，可以帮助管理层更加清晰地看到净资产收益率的决定因素，以及销售净利率与总资产周转率、资本结构之间的关系，给管理层提供了一幅考察公司资产管理是否使股东投资回报最大化的路线图。

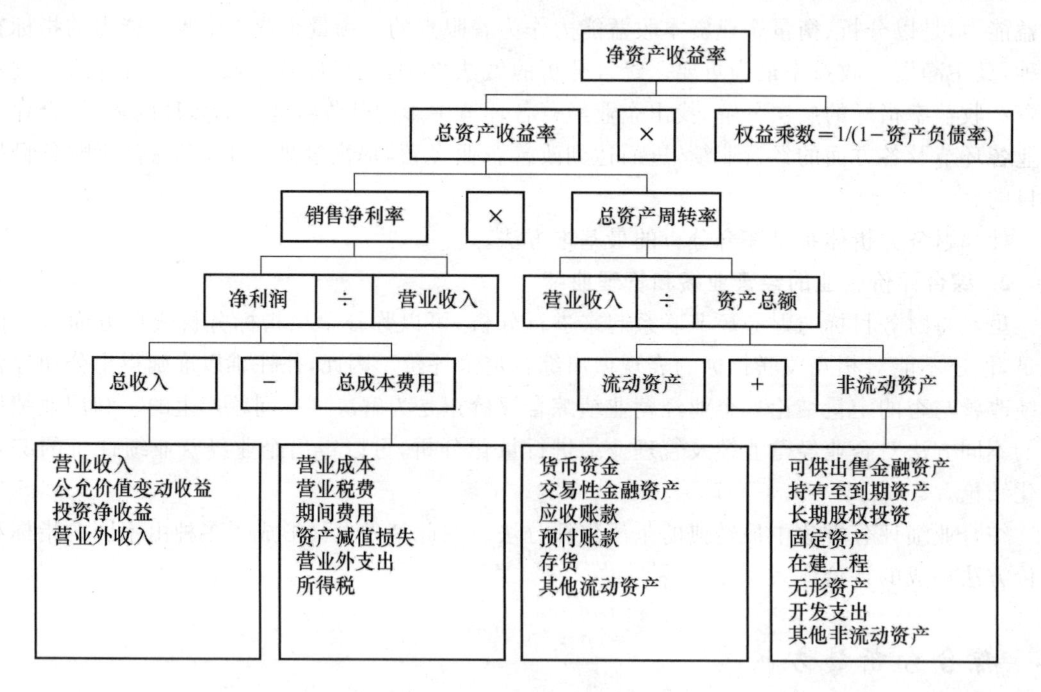

图 2-2　杜邦分析图

杜邦分析法是对公司财务状况的综合分析，它通过几个主要财务比率之间的关系，全面、系统、直观地反映出公司的财务状况，不仅节省了财务报表使用者的时间，而且有利于分析者深入到企业经营管理的不同层面，发现问题，解决问题，提高效益。

利用杜邦分析图进行分析需要注意以下几方面：

(1) 净资产收益率是一个综合性最强的财务分析指标，是杜邦分析体系的龙头。财务管理的目标是使股东财富最大化。净资产收益率反映公司所有者投入资本的盈利能力，说明公司筹资、投资、资产营运等各项财务及其管理活动的效率。不断提高净资产收益率是使股东财富最大化的基本保证，这一财务分析指标是公司所有者、经营者都十分关心的。净资产收益率高低的决定因素主要有三个，即销售净利率、总资产周转率和权益乘数。这样分解之后，就可以将净资产收益率这一综合指标发生升降变化的原因具体化，比只用一项综合性指标更能说明问题。

(2) 销售净利率是反映公司商品经营盈利能力最重要的指标，是实现净资产收益率最大化的保证。要想提高销售净利率：一是要增加营业收入；二是要降低成本费用。增加营业收入具有重要意义，它既有利于提高销售净利率，又可提高总资产周转率。降低成本费用是提高销售净利率的一个重要因素，从杜邦分析图可以看出成本费用的基本结构是否合理，从而找出降低成本费用的途径和加强成本费用控制的办法。如果公司财务费用支出过高，就要进一步分析其负债比率是否过高；如果是管理费用过高，就要进一步分析其资产周转情况，等等。为详细了解公司成本费用的发生情况，在具体列示成本总额时，还可根据重要性原则，将那些影响较大的费用(如利息费用等)单独列示，以便为寻求降低成本的途径提供依据。

(3) 影响总资产周转率的一个重要因素是资产总额。它由流动资产与非流动资产组成，它们的结构合理与否将直接影响资产的周转速度。一般而言，流动资产直接体现公司的偿债能力和变现能力，而非流动资产则体现公司的经营规模和发展潜力，两者之间有一个合理的比率关系。如果发现某项资产比重过大，影响资金周转，就应深入分析原因。例如，若公司持有的货币资金超过业务需要，就会影响公司的盈利能力；如果公司占有过多的存货和应收账款，既会影响盈利能力，又会影响偿债能力。因此，还应进一步分析各项资产的占用数额和周转速度。

(4) 权益乘数主要受资产负债率指标的影响。负债比率越大，权益乘数就越高，说明公司的负债程度比较高，给公司带来了较多的杠杆利益，同时，也带来了较多的风险。对权益乘数的分析要联系营业收入分析公司的资产使用是否合理，联系权益结构分析公司的偿债能力。在资产总额不变的条件下，适当开展负债经营可以减少所有者权益所占的份额，从而达到提高净资产收益率的目的。在权益总额及权益结构相对稳定的情况下，加速资金周转也可以提高公司的偿债能力和盈利能力。

杜邦分析法的作用是解释指标变动的原因，为采取措施指明方向。应当指出，杜邦分析是一种分解财务比率的方法，并不是另外建立新的财务指标，因而它可以用于各种财务比率的分析。也就是说，杜邦分析法和其他财务分析方法一样，关键不在于指标的计算，而在于对指标的理解和运用。通过杜邦分析法自上而下地分析，不仅可以了解公司财务状况的全貌以及各项财务分析指标间的结构关系，还可以查明各项主要财务指标增减变动的影响因素及存在的问题。杜邦分析法提供的上述财务信息，较好地解释了指标变动的原因，不仅为进一步采取具体措施指明了方向，还为决策者优化资产结构和资本结构，提高公司偿债能力和经营效率提供思路。

杜邦分析法作为一种综合分析方法，从结果倒推原因，若与其他分析方法相结合，不仅可以弥补自身的缺陷和不足，也可以弥补其他方法的缺点，使分析结果更完整、更科学。比如以杜邦分析法为基础，结合专项分析，进行一些后续分析，可以对有关问题形成的原因有更深入、更细致的了解；也可结合比较分析法和趋势分析法，将不同时期的杜邦分析结果进行对比，从而形成动态分析，找出变化的规律，为预测、决策提供依据；或者与一些公司财务风险分析方法结合，进行必要的风险分析，为管理者做决策提供依据。从公司绩效评价的角度来看，杜邦分析法只包括财务方面的信息，不能全面反映公司的实力，有很大的局限性，在实际运用中需要加以注意，分析时必须结合公司的其他信息。

杜邦分析法的缺陷主要表现在以下方面：

(1) 对短期财务结果过分重视,有可能助长公司管理层的短期行为,忽略公司长期的价值创造。

(2) 财务指标反映的是公司过去的经营业绩,在反映未来的公司财务状况方面具有一定的局限性。在目前的信息时代,顾客、供应商、雇员、技术创新等因素对公司经营业绩的影响越来越大,而杜邦分析法在这些方面无能为力。

(二) 沃尔评分法

沃尔评分法的先驱者之一是亚历山大·沃尔。他在20世纪初出版的《信用晴雨表研究》和《财务报表比率分析》中提出了信用能力指数的概念。他把选定的流动比率、产权比率、固定资产比率、存货周转率、应收账款周转率、固定资产周转率、权益(即所有者权益)资本周转率等七项财务比率用线性关系结合起来,并分别给定各自的分数比重,总和为100分。然后通过与标准比率进行比较,确定各项指标的得分及总体指标的累计分数,从而对公司的财务状况做出综合评价。沃尔评分法是一种综合评价公司信用能力的方法。

沃尔评分法的步骤如下:

(1) 选定若干财务比率,按其重要程度给定一个分值,即重要性权数,其总和为100分。

(2) 确定各个指标的标准值。财务指标的标准值,可以采用行业平均值、企业的历史先进数、国家有关标准或国际公认的基准等。

(3) 计算出各指标的实际值,并与所确定的标准值进行比较,计算一个相对比率,将各项指标的相对比率与其重要性权数相乘,得出各项比率指标的指数。

(4) 将各项比率指标的指数相加,最后得出企业的综合指数,即可以判明企业财务状况的优劣。

从理论上讲,沃尔评分法有一个明显的问题,就是不能证明为什么要选择这七个指标,而不是更多或更少,或者选择别的财务比率,以及不能证明每个指标所占比重的合理性。从技术上讲,沃尔评分法也有一个问题,就是当某一个指标严重异常时,会对总分产生不合逻辑的重大影响。这个缺陷是由财务比率与其比重相乘引起的。财务比率提高一倍,评分增加100%;财务比率缩小一半,评分只减少50%。在采用此方法进行财务状况综合分析和评价时,应注意这方面的问题。尽管沃尔评分法在理论上有待证明,在技术上也不完善,但在实践中仍然被广泛应用。

(三) 平衡计分卡分析法

平衡计分卡(Balame Score Card,缩写为BSC)是综合考虑了财务因素与非财务因素的业绩评价系统。相比其他方法,它更强调非财务指标的重要性。通过对财务、顾客、业务流程、学习与成长等各有侧重、互相影响的四个方面来沟通企业目标、战略重点和企业经营活动,实现短期和长期利益、局部和整体利益的均衡,使得公司在了解财务结果的同时,对自己未来发展能力的增强和无形资产方面取得的进展进行监督。其中,财务是最终目的,顾客是关键,业务流程是基础,学习与成长是核心。

平衡计分卡将结果(如财务目标)与原因(如顾客或员工满意)联系在一起,从而使其成为一个以因果关系为纽带的战略实施系统,有助于衡量、培植和提升企业核心竞争能力,实现企业的可持续发展。鉴于这些优点和特点,平衡计分卡也可用来对企业进行财务报告综合分析。

1. BSC的框架体系

平衡计分卡围绕企业的战略目标,从财务、顾客、业务流程、学习与成长这四个方面对企业进行全方位测评和综合分析。

(1) 顾客:在买方市场下,如何吸引客户,如何让客户满意,对企业的生存和发展至关重要。现在公司能否从客户角度出发去改进生产经营方式是企业成功与否的关键。如何评价客户满意度,怎样使这一目标转化为实际的行动?平衡计分卡在此发挥重要作用。

(2) 业务流程:以往的业务流程是以产定销式,它所注重的是改善已有的流程;现在的过程却是以销定产式,常常要创造新的流程,它循着"调研和寻找市场—产品设计开发—生产制造销售与售后服务"的轨迹进行。平衡计分卡中衡量业务流程的指标正是建立在这种再造了的流程之上的。

(3) 学习与成长:学习与成长部分的绩效评价指标是为了衡量企业的长期发展潜力。其中最关键的因素有雇员能力、信息系统、组织程序。一些企业的经理人员注意到,一旦以短期财务标准来衡量他们的业绩,他们就难以获得新的投资以加强员工、信息系统等方面的建设。通常,削减这类投资对企业来说是增加短期财政收入的方便手段。而且短期内弊端不会显现,一旦发现,则为时已晚。平衡计分卡制度强调对未来进行投资的重要性,即企业必须对其基础设施——员工、信息系统、组织程序进行大量投资。

(4) 财务:财务评价系统是其他几个衡量方面的出发点和落脚点。一套好的平衡计分卡应该反映企业战略的全貌,从财务目标开始,然后将它们同其他方面(包括客户、业务流程、学习和成长)同一系列行动相联系,最终实现长期经营目标。

2. BSC 的特点和意义

BSC 代表了国际上最前沿的管理思想,它的一个最为突出的特点是:集测评、管理与交流功能于一体。

(1) 综合测评:BSC 通过使用大量的超前和滞后指标来评价企业是否向着其战略目标的方向前进。特别是超前指标的运用,对于可能引起的财务状况下降的当前活动做出提示。

(2) 管理控制:BSC 把企业测评与企业战略联系起来,清楚地将企业目标展示给管理者,使管理者注意对未来产生影响的活动,增强有利于企业成功的因素对财务结果的推动作用。

(3) 交流:BSC 使员工明白他们的表现会如何影响到企业的成功,也可使管理者了解影响企业进步的日常因素,从而帮助企业作为一个整体从管理集团到一线员工对外界变化做出更快的响应。面对当前变化迅速的市场,这一点尤为重要。

此外,平衡计分卡中四个方面的因果联系还说明了部门之间应如何协作共同努力实现企业的目标,而不是仅实现某一部门的目标。它把企业看成一个有机联系的整体。每个员工都可以找到自己的位置,了解其工作是怎样影响财务指标的,不仅便于策略的传达,而且会使员工有认同感和成就感,增强其积极性和主动性。平衡计分卡由于包含了许多非财务指标,不仅能提高信息的及时性和客观性,而且能反映导致财务指标变动的深层次原因。因此,平衡计分卡更注重对未来利润的推动而不是对过去利润的统计,人们在财务报告综合分析时,不仅仅是看到数字,更多的是考虑数字背后的策略。

3. 实施 BSC 应注意的问题

(1) 要清楚平衡计分卡的中心和实质是战略管理体系,而非单纯测评体系。

平衡计分卡作为一种绩效测评和财务报告综合分析方法,可以起到激励和评价绩效的作用,但它的实质绝不仅仅是一种测评和综合分析方法,它的首要价值在于它能够把企业战略和分析评价有机地结合在一起,它的实质是战略管理体系,而非单纯的测评体系。

平衡计分卡要求企业先制订战略,并找到与企业战略相一致的战略衡量指标。同时,注意每一个企业由于其经营范围、发展阶段的不同会得出不同的 ESC,即使同一类型的企业,也会由于具体战略目标的不同而得到不同的 ESC。

(2) 切勿照抄照搬其他企业的模式和经验。

不同的公司有不同的背景和战略任务,所以平衡计分卡四个层面的目标及其衡量指标皆不同,即使相同的目标也可能采取不同的指标来衡量。因此,每个企业都应开发具有自身特色的平衡计分卡,如果盲目模仿其他公司的指标设置,不但无法充分发挥平衡计分卡的长处,反而会影响对企业业绩的正确评价。

(3) 要谨慎选择测评指标,同时注意测评体系是一个动态的模型。

测评指标选择的正确与否会影响到公司战略目标的实现,因此,需慎重选择各项测评指标,并随着企业策略目标的不同而不断进行调整。

具体而言,对顾客角度的测评指标应选择能真正反映与顾客有关的各项因素的指标;对业务流程测评指标应选择对顾客满意度有较大影响的业务程序;学习与成长测评指标要集中于度量公司迅速开发和引入新产品的能力;财务绩效测评指标更要能显示公司战略及执行结果是否有利于股东价值的增加。此外,测评指标的数量不应过多,一般而言,四个角度的测评指标加起来不应超过 20 个。并且,测评指标还必须是客观的和可量化的,需要有人为之负责。当企业的战略或结构发生变化时,还需要重新修订平衡计分卡。

(4) 要提高企业管理信息质量的要求和企业信息的精细度。

与欧美企业相比,我国企业信息的精细度和质量要求都相对偏低,这会在很大程度上影响平衡计分卡应用的效果。因为信息的精细度不够与质量的要求不高,会影响企业实施平衡计分的效果,如导致所设计与推行的考核指标过于粗糙或不真实准确,从而无法有效衡量企业的经营业绩。此外,由于无法正常发挥平衡计分卡的应有作用,还会挫伤企业对其应用的积极性。

(5) 正确对待平衡计分卡实施时投入成本与获得效益之间的关系。

平衡计分卡的四个层面是相互联系、相互影响的,要提高财务层面首先要改善其他三个方面,要改善就要有投入,所以实施平衡计分卡首先出现的是成本而非效益问题。更严重的是,效益的产生往往是滞后的,使得投入与产出、成本与效益之间有一个时间差,因而往往会出现客户满意度、员工满意度和效率都提高了,而财务指标却下降了。关键的问题是在实施平衡计分卡的时候一定要清楚,非财务指标的改善所投入的大量投资,在可以预见的时间内,可以从财务指标中收回,不要因为实施了一段时间没有效果就没有信心了,应该将眼光放得更远些。

(6) 平衡计分卡的执行要与奖励制度相结合,注意沟通的重要作用。

公司中每个员工的职责虽然不同,但使用平衡计分卡会使大家清楚企业的战略方向,有助于群策群力,也可以使每个人的工作更具有方向性,从而增强工作能力和效率。为充分发挥平衡计分卡的效果,需在重点业务部门及个人等层次上实施平衡计分卡,使各个层次的注意力集中在各自的工作业绩上。这就需要将平衡计分卡的实施结果与奖励制度挂钩,注意对员工的奖励与惩罚。同时,企业在运用平衡计分卡的时候,沟通非常重要。为了达到共同的目标,企业领导者应该与员工进行充分沟通,让他们理解企业的战略及组织希望他们怎样去表现,从而达到大家共同的目标。企业管理者应当非常清楚地向员工传递企业战略,为员工设立简单而明确的绩效目标。

4. 平衡计分卡分析法的步骤

平衡计分卡增加了许多非财务性衡量指标,弥补了企业因过分依赖财务指标可能引起的短期行为的缺陷;它努力找出各指标间的因果关系,分析哪些是完成企业使命的关键成功因素,并不断检查和审核这一过程,使企业战略得以贯彻落实。运用平衡计分卡进行财务报告综合分析的基本步骤如下。

第一步:定义企业战略。

BSC应能够反映企业的战略,因此有一个清楚明确的能真正反映企业愿景的战略是至关重要的。由于BSC的四个方面与企业战略密切相关,因此,这一步骤是设计一个好的BSC进行财务报告综合分析的基础。

第二步:就战略目标取得一致意见。

由于各种原因,管理集团的成员可能会对目标有不同的意见,但无论如何必须在企业的长远目标上达成一致。另外,应将BSC的每一个方面的目标数量控制在合理的范围内,仅对那些影响企业成功的关键因素进行测评。

第三步:选择和设计分析与测评指标。

一旦目标确定,下一个任务就是选择和设计判断这些目标是否能够达到。指标必须能准确反映每一个特定的目标。BSC中的每一个指标都是表达企业战略的因果关系链中的一部分。在设计指标时,不宜采用过多的指标,一般BSC中的每一个方面使用三四个指标就足够了。这也体现了财务报告综合分析指标设计的简明原则和有效性原则。

第四步:制订实施计划。

要求各层次的管理人员均参与测评;将BSC的指标与企业的数据库和管理信息系统相联系,在全企业范围内运用。

第五步:监测和反馈。

每隔一定时间就要向最高主管人报告BSC的测评情况。在对设定的指标进行一段时间的测评,并且认为已经达到目标时,就要设定新的目标或对原有目标设定新的指标。BSC应该被用作战略规划、目标制订以及资源配置过程的依据之一。不断地监测和反馈使财务报告分析具有了动态性,有助于企业适应竞争激烈的市场经济。

本章知识点小结

本章主要讲授财务报表分析的方法,需要掌握的核心知识点梳理如下。

1. 财务报表分析的方法

在财务分析中,分析主体可以根据不同的目的选用不同的方法。财务分析的基本方法主要有比较分析法、比率分析法、趋势分析法、因素分析法等。在财务分析中,既可以选择某一种分析方法,也可以将多种方法结合应用。

2. 财务报表分析的资料

财务报表分析的基本资料是根据会计准则编制,并经过注册会计师审计的反映公司经营成果、财务状况及现金流量状况的财务报表,包括资产负债表、利润表、现金流量表、股东权益变动表、财务报表附注等。此外,还要关注其他公司报告与审计报告。在进行比较分析时还要使用行业数据,在进行预测分析时还要使用宏观经济信息等。

3. 财务报表综合分析的方法

财务报表综合分析的方法有杜邦分析法、沃尔比重评分法、平衡计分卡等。其中,杜邦分析法、沃尔比重评分法最为常用。

4. 杜邦分析法

杜邦分析法(亦称杜邦财务分析体系)是从财务角度评价公司盈利能力和股东权益回报水平,评价企业绩效的经典方法。杜邦财务分析法从评价企业绩效最具综合性和代表性的指标——净资产收益率出发,将反映企业盈利状况的总资产净利率、反映资产营运状况的总资产周转率和反映偿债能力状况的资产负债率按其内在联系有机结合起来,并将这些财务比率指标层层分解为多项财务指标,形成一个完整的指标体系,揭示指标变动的原因和趋势。

思考与练习

一、单项选择题

1. 根据各因素的相互关系,依次测算各因素对某一财务指标影响程度的方法是(　　)。

A. 比较分析法　B. 比率分析　C. 因素分析法　D. 差额分析法

2. 财务报表分析方法中最基本、最主要的方法是(　　)。

A. 趋势分析法　B. 因素分析法　C. 比率分析法　D. 比较分析法

3. 编制比较财务报表通常采用(　　)。

A. 因素分析法　B. 趋势分析法

C. 现金流量分析法　D. 构成比率分析法

4. (　　)是指同行业其他企业在相同时期内有关财务指标达到的水平。

A. 目标标准　B. 行业标准　C. 历史标准　D. 先进标准

5. (　　)是指通过将相关经济指标选定的标准进行比较,以确定指标与标准间差异的分析方法。

A. 比较分析法　B. 比率分析法　C. 趋势分析法　D. 因素分析法

6. (　　)是运用动态比率数据对企业某些同类经济现象各个时期的变化情况加以对比分析,以掌握其发展规律和发展趋势的分析方法。

A. 比较分析法　B. 比率分析法　C. 趋势分析法　D. 综合分析法

二、多项选择题

1. 相关比率中的对应关系比率指标主要有(　　)等。

A. 流动比率　B. 成本费用利润率　C. 资产负债率　D. 权益比率

2. 比较分析方法的基本指标计算参数,包括(　　)。

A. 差异额　B. 差异率　C. 变动率　D. 增长率

3. 比率指标可以有不同的类型,主要有(　　)。

A. 构成比率　B. 效率比率　C. 成长比率　D. 相关比率

4. 财务报表分析常用的分析标准有(　　)。

A. 目标标准　B. 行业标准　C. 预算标准　D. 历史标准

5. 财务报表分析的方法主要有(　　)。

A. 比较分析法　B. 比率分析法　C. 趋势分析法　D. 主观分析法

三、思考题

1. 财务分析的基本方法有哪些?怎样应用?

2. 比较分析法与比率分析法有什么不同?
3. 因素分析法有什么应用?
4. 财务报表分析的资料有哪些?
5. 横向比较法与纵向比较法有什么不同?
6. 比率分析的指标有哪些类型?

第三章　资产负债表分析

本章知识体系框架

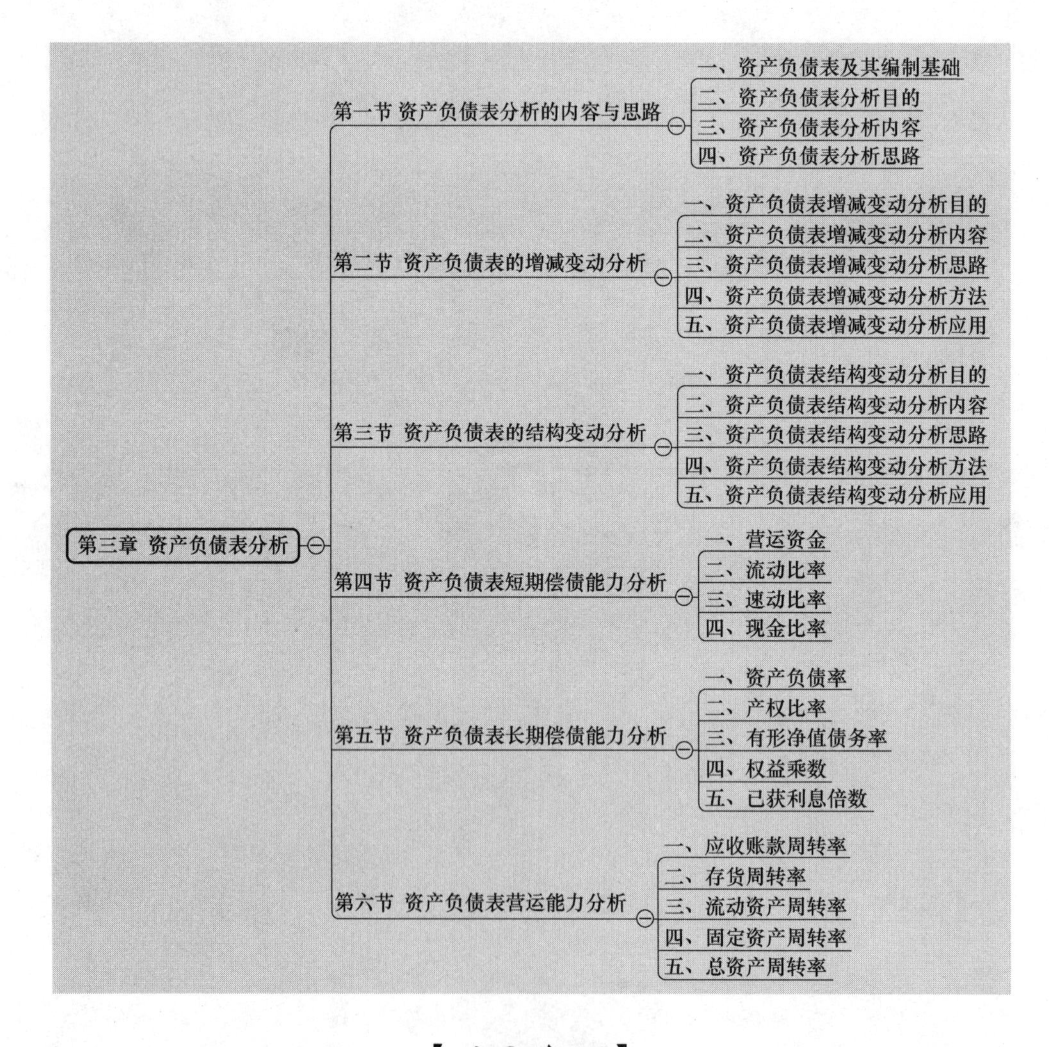

【引导案例】

中电广通股份有限公司从事的主要业务为：集成电路（IC）卡及模块封装业务和计算机系统集成与分销业务。

IC卡及模块封装业务由控股子公司中电智能卡有限责任公司承担，经营模式为生产加工服务。主要产品包括：各种IC卡、接触式模块、非接触式模块、双界面模块、大容量卡，同时提供多芯片封装服务。主要产品应用于身份识别、金融支付、移动通信、交通、城市公共服务等领域。智能卡在我国经过二十多年的发展，现已成为我国集成电路产业中自主可控、应用最广泛的产品。公司在智能卡和模块的生产技术及产品质量方面始终处于领先地位。受国内外整体经济疲软的影响，智能卡市场在2015年呈现下滑状态，市场竞争激烈。

计算机系统集成与分销业务由控股子公司北京中电广通科技有限公司承担，经营模式为代理分销和技术服务，主要代理产品为IBM服务器及软件，为电信、银行、铁路等行业性客户服务。报告期内，IBM服务器分销资格已被取消，集成资质由二级降为三级。由于信息安全产品自主可控的要求，以及服务器产品的更新换代，该业务市场需求大幅萎缩。

2015年12月31日中电广通(股票代码:600764)公司的合并资产负债表，如表3-1所示。

表3-1　合并资产负债表

编制单位：中电广通股份有限公司　　　　单位：人民币元

项目	2015年12月31日	2014年12月31日
流动资产		
货币资金	118 294 392.00	148 596 135.07
以公允价值计量且其变动计入当期损益的金融资产		
应收票据	5 860 556.40	11 954 868.05
应收账款	121 574 450.07	194 987 046.33
预付款项	29 165 406.58	37 867 712.13
应收利息		
应收股利		
其他应收款	11 767 807.37	10 869 890.28
存货	138 051 661.31	268 549 963.85
划分为持有待售的资产	177 230 000.00	
其他流动资产	2 539 143.53	3 692 574.34
流动资产合计	604 483 417.26	676 518 190.05
非流动资产		
可供出售金融资产		191 960 666.23
长期股权投资	446 803 590.93	420 010 386.39
长期应收款	35 032 010.78	36 083 282.42
固定资产	96 928 714.19	85 125 995.95
在建工程	345 561.24	3 253 778.37
工程物资		
无形资产	26 396 935.15	20 040 881.45
开发支出	611 320.75	
长期待摊费用		
递延所得税资产	11 532 813.37	11 635 683.25
其他非流动资产	1 908 484.45	
非流动资产合计	619 559 430.86	768 110 674.06
资产总计	1 224 042 848.12	1 444 628 864.11
流动负债		

续表

项目	2015年12月31日	2014年12月31日
短期借款	265 814 727.54	366 681 340.36
应付短期债券		
应付票据	139 000 180.99	138 208 955.83
应付账款	63 316 838.53	59 927 092.44
预收款项	41 009 450.94	37 969 766.59
应付职工薪酬	5 777 213.16	1 350 906.35
应交税费	210 129.96	1 313 669.08
应付利息		
应付股利	2 728 667.05	2 728 667.05
其他应付款	66 048 900.35	65 277 341.78
一年内到期的非流动负债		
其他流动负债		
流动负债合计	583 906 108.52	673 457 739.48
非流动负债		
长期借款		
应付债券		
长期应付款		
长期应付职工薪酬		
其他非流动负债(递延收益)	37 838 450.20	42 388 821.63
递延所得税负债		
非流动负债合计	37 838 450.20	42 388 821.63
负债合计	621 744 558.72	715 846 561.11
股东权益		
股本	329 726 984.00	329 726 984.00
资本公积	39 293 005.35	41 922 073.58
其他综合收益	−9 583 541.52	−14 623 612.52
盈余公积	63 251 821.03	63 251 821.03
未分配利润	59 464 507.44	187 755 083.21
外币报表折算差额		
归属母公司股东权益合计	482 152 776.30	608 032 349.30
少数股东权益	120 145 513.10	120 749 953.70
股东权益合计	602 298 289.40	728 782 303.00
负债和股东权益总计	1 224 042 848.12	1 444 628 864.11

资料来源:上海证券交易所中电广通(股票代码600764)2015年度年报。

面对中电广通所披露的上述资产负债表,公司的财务状况如何?可以获取哪些财务信息?中电广通的各项资产、负债和所有者权益的变动情况如何?如何透过该资产负债表评价该公司的资本结构?该公司是否有足够的资金偿还债务人的本息,是否存在财务风险?公司的营运能力如何,资产质量是否较好?

要解决这些问题，就需要进行资产负债表分析。

本章从回答上述问题入手，逐步讲授编制资产负债表分析的相关理论知识，并运用实例阐述如何分析资产负债表。

（案例来源：中电广通在上海证券交易所披露的2015年度年报。）

第一节　资产负债表分析的内容与思路

资产负债表分析的对象是资产负债表，因此，在进行资产负债表分析之前，应了解资产负债表是一张什么样的报表，它的编制基础是什么，为什么要对资产负债表进行分析，分析的目的是什么，在此前提下，才能更进一步理解资产负债表分析的内容，理清资产负债表分析的思路。

一、资产负债表及其编制的基础

（一）资产负债表的含义

资产负债表是反映企业在某一特定日期财务状况的财务报表。而财务状况，则是指企业在某一时点上的资产、负债、所有者权益及其之间的相互关系。

资产项目，分为流动资产和非流动资产，且流动性大的排在前；负债项目，分为流动负债和非流动负债，到期日近的排在前；所有者权益项目，永久性大的排在前。资产项目，借方为增加额，贷方为减少额；负债项目，借方为减少额，贷方为增加额；所有者权益项目，借方为减少额，贷方为增加额。

（二）“借贷记账法”是资产负债表编制的理论基础

借贷记账法，是以“借”和“贷”二字作为记账符号，与之相对应的账户结构为“借方”和“贷方”。借贷记账法规定账户的左方为“借方”，右方为“贷方”。借贷记账法的记账规则为：有借必有贷，借贷必相等。“借”与“贷”是相反方向的记录，如果依据账户的性质和反映的经济内容，规定该账户借方用来登记增加额，那么贷方就用来登记减少额；如果规定借方用来登记减少额，那么贷方就用来登记增加额。

根据企业经济活动的特点，从会计的角度将企业全部的经济活动最终归结为：资产、负债、所有者权益、收入、费用、利润六个会计要素。

资产、负债和所有者权益，这三个要素成为编制资产负债表的依据，即资产负债表的编制依据为

资产＝负债＋所有者权益

收入、费用和利润这三个要素，构成编制利润表的依据，即利润表的编制原理为

收入－费用＝利润

也就是说，企业全部的经济活动都可以归结为上述六个因素的经济活动。

“资产＝负债＋所有者权益”这个平衡公式表明，有多少数量的资产，就必然有相对应数量的负债和所有者权益，反之亦然。也就是说，每一笔经济业务的记账，其借方、贷方金额是平衡的。一定时期的所有账户的借方、贷方的金额也是平衡的；一个会计年度的所有账户的借方、

贷方余额的合计数同样是平衡的。其次，左边的资产发生增减变化时，右边的负债或所有者权益必然发生增减变化，以维持等式的平衡关系。也就是说，在应用借贷记账法记录经济业务时：记录资产账户的同时，必然同时记录负债或所有者权益账户，记录负债或所有者权益账户的同时，必然要同时记录资产账户，两边是步调一致，一一对应的；从借贷记账法所规定的账户结构来看，资产类账户借方记录增加额，贷方记录减少额；负债和所有者权益类账户贷方记录增加额，借方记录减少额。

因此，按照上述依据，会计上设计了资产负债表，其编制的依据为：资产＝负债＋所有者权益。编制完成的资产负债表，一定是左边的资产总计等于右边的负债和所有者权益总计，这就是借贷记账法的“有借必有贷，借贷必相等”的反映，也是会计恒等式所反映的账户特点的反映，因此，可以说，借贷记账法是编制资产负债表的根基。

（三）资产负债表编制目的

如果没有一个科学的信息系统，记录和反映企业的经济活动，那么再精明的投资者或者决策者，也很难对企业的经营成果和财务状况有一个非常清晰和准确的评判，当然也很难做出正确的决策。因为，企业的活动不仅包括日常的经营活动，还涉及筹资活动、投资活动等各种经济活动，涉及人、财、物以及供、产、销等各个方面，编制资产负债表的主要目的，是以报表的形式记录上述企业的经济活动，将企业的经济活动浓缩在一张报表中，使企业的内外部财务信息的使用者，能够透过资产负债表了解到企业的资产、负债与所有者权益的结构以及规模，进一步分析和判断企业当前的偿债能力、营运能力以及企业经营的安全性等，为下一步决策提供依据。

具体来说，编制资产负债表的目的，包括以下几个方面。

（1）以报表形式浓缩企业复杂的经济活动信息

资产负债表左方提供某一日期资产占用总额及其结构信息，表明企业拥有或控制的资源总量及其分布情况，即企业有多少资产，资产的种类以及分布如何，反映的是企业资产的配置状况。

资产负债表右方提供某一日期资金来源的总额及其结构，资金来源的体现形式在资产负债表中表现为负债和所有者权益。负债表明企业未来需要用资产或劳务清偿的债务，是企业的借入资本；所有者权益表明企业所有者所拥有的权益，是企业的永久性资本。

（2）为企业的内外部财务信息使用人提供有用的财务信息

企业的利益相关者，包括股东、债权人、购买者和顾客、企业内部管理人员、内部职工、政府、社会公众以及媒体等，这些利益相关者要了解企业的财务信息，需要通过一定的渠道，而资产负债表可以提供各利益相关者所需要的信息，因为通过分析资产、负债、所有者权益的变动情况，能够了解企业的财务状况，预测企业未来的财务趋势，掌握变动规律，预测企业发展趋势。

（3）综合反映企业的财务状况

透过资产负债表，编制相关增减变动分析表，可以分析企业各项资产、负债和所有者权益的变动增减情况，从中发现异常并提出警示；根据资产负债表的数据，计算相关指标，并据以判断企业的短期偿债能力、长期偿债能力以及营运能力等。

二、资产负债表分析的目的

资产负债表的编制基础和目的，是进行资产负债表分析的依据，资产负债表分析的目的决定了资产负债表分析的内容。因此，在确定资产负债表分析的内容之前，应先明确资产负债表分析的目的，具体如下：

(1) 对资产负债表进行分析，能够揭示和评价企业所采用的会计政策是否合理。

因为，企业的会计核算是在企业会计准则指导下，按照企业会计制度进行的，虽然企业必须遵循会计准则，必须按照会计制度进行核算，但企业会计准则和企业会计制度提供了在会计政策选择和会计处理方法上的多种灵活性的选择，如存货计价方法、固定资产折旧政策等，不同的会计政策和会计处理方法，体现在资产负债表上的结果往往不同，企业选取何种方法，所选取的方法是否符合本企业的实际情况，企业是否利用会计政策选择达到某种会计目的，所有这些，通过深入分析资产负债表，分析不正常项目和指标的不正常变动，可以揭示企业的倾向，评价企业的会计政策，消除会计报表外部使用者对企业会计信息的疑惑。

(2) 通过资产负债表分析，可以评价企业短期和长期的偿债能力，对财务风险做出预警，避免财务状况恶化。

偿债能力分析又称企业偿债风险状况分析或安全性分析，是指企业利用经济资源偿还所欠债务本金和利息的能力。根据资产负债表，计算相关比率，并对相关比率进行比较分析，确定企业偿债能力的现状，无论是对于企业的债权人或其潜在的债权人，判断是否能及时收回本金，保障自身的权益，均能提供重要的判断依据。同时，对企业自身为了及时偿还债务、降低财务风险来说，同样有重要的意义。

(3) 通过资产负债表分析，可以评价企业的营运能力，发现资产管理中的问题，提高资产管理质量。

资产只有在周转运用中才能带来收益。当企业的资产处在静止状态时，根本就谈不上什么收益，只有当企业运用这些资产进行经营时，才可能有收益的产生。企业资产的运营效率越高，资产的流动性越高，企业获得预期收益的可能性就越大。虽然企业资产营运能力的高低，取决于多种因素，但对企业内部管理层来说，通过对企业资产营运能力的分析，可以了解企业资产的周转情况是否存在资金占用不合理，造成资产流动性差的情况。例如，应收账款是否及时收回，存货管理是否合理等，从而提高资产的管理效率。

(4) 通过资产负债表分析，可以发现企业异常财务状况的变动情况及变动原因。

在企业经营过程中，企业资产规模和各项资产会不断发生变动，与之相适应的是资产来源也会发生相应的变动，而资产负债表只是静态地反映变动后的结果。企业的资产、负债及股东权益在经过一段时期的经营后，发生了怎样的变化，变动的原因是什么，只有通过对资产负债表进行分析才能了解，在此基础上，可以对企业财务状况的变动情况及变动原因做出合理的解释和评价。

三、资产负债表分析的内容

根据资产负债表分析的目的，确定资产负债表分析的内容。具体包括以下方面：

(一) 编制资产负债表增减变动分析表，进行增减变动分析

资产负债表增减变动分析，是指通过对企业各项资产、负债和股东权益各不同年度增减变动的对比分析，揭示企业增减变动的异常变动值，从而分析与揭示企业生产经营活动、经营管理水平、会计政策及会计变更对企业的影响。

（二）编制资产负债表结构变动分析表，进行结构变动分析

资产负债表结构变动分析表，是指通过将资产负债表中各项目与总资产或权益总额的对比，分析企业的资产构成、负债构成和股东权益构成，揭示企业资产结构和资本结构的合理程度，探索企业资产结构优化、资本结构优化及资产结构与资本结构适应程度优化的思路。

（三）计算评价偿债能力的指标，进行偿债能力分析

企业的偿债能力包括两个方面，即短期偿债能力和长期偿债能力。短期偿债能力是指企业偿还流动负债的能力。分析企业短期偿债能力，是衡量企业财务实力和反映企业财务状况的重要标准。长期偿债能力，是指企业偿付未来到期的长期债务的能力，是一个企业保证未来到期长期债务及时偿还的可靠程度。长期偿债能力的强弱是反映企业财务安稳定程度的重要标志。分析长期偿债能力，可以了解企业的财务状况，了解企业承担的财务风险程度。

（四）计算评价营运能力的指标，进行营运能力分析

企业的营运能力反映的是企业资产的周转速度，反映的是企业资产的管理质量。营运能力分析就是通过对反映企业资产营运效率和效益的指标进行计算分析，从而评价企业资产利用的有效性和充分性，为制定各项资产管理政策提供依据。

四、资产负债表分析的思路

资产负债表的编制依据是“资产＝负债＋所有者权益”。资产包括流动资产和非流动资产，负债包括流动负债和非流动负债，所有者权益包括股本、资本公积、盈余公积、未分配利润等。根据资产负债表的结构和编制的依据，在分析时，按照如下思路进行分析，这样才能层层剖析，深入挖掘资产负债表所反映的财务状况。

首先，编制资产负债表增减变动分析表，并对所编制的增减变动分析表从总体到具体的思路进行分析。

其次，编制资产负债表结构变动分析表，并对所编制的结构变动分析表从流动资产与非流动资产占总资产的比例、固定资产与流动资产占总资产的比例、经营性资产与非经营性资产占总资产的比例等方面，进行重点分析。

第三，计算短期和长期偿债能力指标，并根据指标的计算结果与国际标准和国内标准进行比较，进行分析；同时，根据历年的指标计算结果，进行趋势分析。

第四，计算营运能力指标，并根据指标的计算结果与同行业对比，进行比较分析；同时，根据历年的指标计算结果，进行本企业的趋势分析。

第五，重点关注异常变动值，并对异常变动值的项目和年度进行重点分析。

第二节　资产负债表增减变动分析

资产负债表的增减变动分析，是指通过编制资产负债表的增减变动分析表，直接观察企业的资产、负债和所有者权益的金额或比率变动数额或变动幅度，挖掘企业经济活动的动态、存在的问题和变动的趋势，揭示企业筹资与投资过程的差异，从而分析与揭示企业生产经营活

动、经营管理水平、会计政策及会计变更对筹资与投资的影响。资产负债表各项目的增减变动，是企业的经济活动在资产、负债和所有者权益方面的综合反映。

一、资产负债表增减变动分析的目的

资产负债表增减变动分析的目的，是从总体上了解资产、负债和股东权益的变动情况，揭示资产、负债和股东权益变动的差异，透过差异进一步分析差异产生的原因，为企业未来的经济活动提供数据信息，为企业管理层进行决策提供合理的建议。

资产负债表增减变动分析的依据是资产负债表，通过增减变动分析，将资产负债表的实际数与选定的标准进行比较，编制资产负债表增减变动的比较分析表，并在此基础上进行分析评价。

具体来说，资产负债表增减变动分析的目的，包括如下几个方面：

第一，从总体上了解企业资产、负债和所有者权益的变动情况，揭示资产、负债和股东权益变动的差异，分析差异产生的原因。

第二，分析评价企业资产各项目的变动情况及变动的合理性。

第三，分析评价企业负债的变动情况及变动的合理性。

第四，分析评价企业股东权益的变动情况及增长的合理性。

二、资产负债表增减变动分析的内容

对企业资产负债表进行增减变动分析，要通过资产和权益总量的变动情况，分析其规模增长的速度是否合理，财务状况的发展趋势是否有利。资产、权益分别列示在资产负债表左右两方，反映企业的基本财务状况，对资产负债表增减变动情况的分析评价也应当从这两大方面进行。

(一) 从投资或资产角度进行分析评价

第一，分析总资产规模的变动状况以及各类、各项资产的变动状况，揭示资产变动的主要方面，从总体上了解企业经过一定时期经营后资产的变动情况。

第二，发现变动幅度较大或对总资产变动影响较大的重点类别和重点项目。

分析时，首先，要注意变动幅度较大的资产类别或资产项目，特别是发生异常变动的项目。其次，要把对总资产影响较大的资产项目作为分析重点。某资产项目变动自然会引起总资产发生同方向变动，但不能完全根据该项目本身的变动来说明对总资产的影响。该项目变动对总资产的影响，不仅取决于该项目本身的变动程度，还取决于该项目在总资产中所占的比重。

第三，要注意分析资产变动的合理性与效率性。

第四，注意考察资产规模变动与股东权益总额变动的适应程度，进而评价企业财务结构的稳定性和安全性。

第五，注意分析会计政策变动的影响。

(二) 从筹资或权益角度进行分析评价

第一，分析权益总额的变动状况以及各类、各项筹资的变动状况，揭示权益总额变动的主要方面,从总体上了解企业经过一定时期经营后权益总额的变动情况。

第二,发现变动幅度较大或对权益总额变动影响较大的重点类别和重点项目,为进一步分析指明方向。

第三,注意分析评价表外业务的影响。

三、资产负债表增减变动分析的思路

资产负债表的增减变动分析,按照以下思路进行分析与评价。

第一,编制资产负债表增减变动的比较分析表,进行资产负债表各要素的横向比较分析。

第二,根据所编制的增减变动分析表,比较所选择的标准(基期)与上年实际数之间的差异,分析资产负债表实际变动情况、分析产生实际差异的原因;或者选择资产负债表的预算数或计划数,分析影响资产负债表预算或计划执行情况的原因。

第三,在进行分析时,要先从总体结构进行分析,然后再分析具体的各个报表项目。即按照如下线索进行分析。

(1) 分析总的资产和总的负债和所有者权益的增减变动情况,从总体上评价企业的资产、负债和所有者权益的变动是否合理。

(2) 进一步分解总资产为流动资产和非流动资产,分别分析流动资产合计数和非流动资产合计数的增减变动情况,评价流动资产和非流动资产的增减变动是否合理,是否存在异常等情况。

(3) 进一步分解流动资产,分析构成流动资产每个项目的增减变动情况,评价每个项目的增减变动是否合理,是否存在异常变动。

(4) 进一步分解非流动资产,分析构成非流动资产每个项目的增减变动情况,评价每个项目的增减变动是否合理,是否存在异常变动。

(5) 对异常变动值进行进一步的项目分析,查找会计报表附注等,分析异常变动的项目是否合理,是否存在隐患。

负债的分析同资产的分析思路一样,也是将负债分解为流动负债和非流动负债,然后按照先总体后个体的思路进行分析。

四、资产负债表增减变动分析的方法

资产负债表增减变动分析要根据分析的目的来选择比较的标准(基期),当分析的目的在于揭示资产负债表实际变动情况、分析产生实际差异的原因时,其比较的标准应选择资产负债表的上年实际参数。当分析的目的在于揭示资产负债表预算或计划执行情况、分析影响资产负债表预算或计划执行情况的原因时,其比较的标准应选择资产负债表的预算数或计划数。

资产负债表增减变动分析除了要计算某项目的变动额和变动率外,还应计算该项目变动对总资产或权益总额的影响程度,以便确定影响总资产或权益总额的重点项目,为进一步分析指明方向。某项目变动对总资产或权益总额的影响程度可按下式计算:

$$\text{某项目变动对总资产(权益总额)的影响} = \frac{\text{某项目的变动额}}{\text{基期总资产(权益总额)}} \times 100\%$$

资产负债表增减变动分析表的编制步骤如下:

首先，增减金额为本年度减去上年度的差额。

其次，增减比重为增加金额除以上年度的比值。

第三，对总资产的影响等于增减额除以上年度的总资产。

五、资产负债表增减变动分析的应用

【例 3-1】 以中国联通为例，说明资产负债表增减变动分析法的编制与分析。中国联通2010—2015 年的资产负债表的数据，如表 3-2 所示。

表 3-2　中国联通合并资产负债表

单位：人民币百万元

项目	2015 年12 月 31 日	2014 年12 月 31 日	2013 年12 月 31 日	2012 年12 月 31 日	2011 年12 月 31 日	2010 年12 月 31 日
流动资产						
货币资金	22 007	25 400	21 589	18 320	15 439	22 791
以公允价值计量且其变动计入当期损益的金融资产	106	13	0	0	0	0
应收票据	57	38	86	74	31	61
应收账款	16 811	16 632	15 312	14 300	12 439	10 408
预付款项	3 823	4 094	4 006	4 170	3 689	3 067
应收利息	120	1	0	0	2	2
应收股利						
其他应收款	9 621	4 801	5 643	5 419	1 925	1 617
存货	3 946	4 378	5 536	5 803	4 651	3 728
其他流动资产	3 267	1 262	161	154	696	620
流动资产合计	59 758	56 621	52 333	48 240	38 872	42 293
非流动资产						
可供出售金融资产	4 852	5 902	6 497	5 567	6 951	6 214
长期股权投资	32 975	3 057	53	50	47	48
长期应收款	18 363					
固定资产	355 651	377 765	370 674	367 281	325 436	304 423
在建工程	96 500	57 191	57 176	59 935	52 329	55 862
工程物资	996	1 375	1 797	1 965	2 337	3 367
无形资产	26 983	25 717	23 823	21 362	20 740	19 870
长期待摊费用	13 826	13 624	11 335	8 899	8 100	7 724
递延所得税资产	4 144	4 679	5 180	5 058	3 711	3 667
其他非流动资产	1 273	1 195	2 496	0	0	0
非流动资产合计	555 562	490 504	479 032	470 117	419 651	401 173
资产总计	615 319	547 125	531 364	518 357	458 524	443 466
流动负债						

续 表

项目	2015年 12月31日	2014年 12月31日	2013年 12月31日	2012年 12月31日	2011年 12月31日	2010年 12月31日
短期借款	85 196	93 321	95 766	69 175	32 322	36 727
应付短期债券	0		35 000	38 000	38 000	23 000
应付票据	24	112 373	406	285	1 046	585
应付账款	163 151	47 470	95 746	103 512	91 139	93 695
预收款项	48 934	6 873	50 352	43 083	36 621	29 971
应付职工薪酬	5 586	1 467	4 927	3 917	3 550	3 402
应交税费	3 163	766	2 634	1 832	1 233	1 484
应付利息	928	2	568	846	835	744
应付股利	2	7 426	2	9	9	24
其他应付款	8 414	11 380	9 081	8 960	8 607	8 077
一年内到期的非流动负债	2 856	9 979	210	32 193	128	184
其他流动负债	19 945				0	
流动负债合计	338 198	291 164	294 693	301 812	213 490	197 894
非流动负债						
长期借款	1 748	420	481	536	1 384	1 462
应付债券	38 928	23 460	13 002	2 000	33 118	33 558
长期应付款	271	120	255	331	88	162
长期应付职工薪酬	86	97	0	0	0	0
其他非流动负债(递延收益)	2 005	1 497	1 269	1 412	1 801	2 171
递延所得税负债	36	39	39	32	32	40
非流动负债合计	43 075	25 633	15 045	4 311	36 423	37 392
负债合计	381 273	316 797	309 738	306 123	249 913	235 286
股东权益						
股本	21 197	21 197	21 197	21 197	21 197	21 197
资本公积	27 812	27 812	28 024	26 776	27 159	27 819
其他综合收益	−2 167				0	
盈余公积	1 204	−1 468	919	824	746	685
未分配利润	30 637	1 045	26 027	23 525	21 945	21 153
外币报表折算差额	0	28 752		−24	−24	−18
归属母公司股东权益合计	78 682	77 337	74 859	72 297	71 024	70 836
少数股东权益	155 364	152 991	146 767	139 937	137 587	137 344
股东权益合计	234 046	230 328	221 626	212 234	208 611	208 180
负债和股东权益总计	615 319	547 125	531 364	518 357	458 524	443 466

资料来源:根据中国联通(股票代码600050)的年度财务报告数据整理。

要求:根据上述中国联通的合并资产负债表,编制中国联通2015年度和2014年度的合并资产负债表增减变动分析表,并进行分析。

根据表 3-2，选取中国联通 2015 年度和 2014 年度的数据，按照如下方法，编制资产负债表增减变动分析表 3-3。

首先，增减金额为本年度(2015 年度)减去上年度(2014 年度)的差额。

其次，增减比重为增加金额除以上年度(2014 年度)的比值。

第三，对总资产的影响等于增减额除以上年度(2014 年度)的总资产。

按照上述方法计算出来后，编制完成的资产负债表增减变动分析表如表 3-3 所示。

表 3-3 中国联通合并资产负债表增减变动分析表

单位：人民币百万元

项目	2015 年 12 月 31 日	2014 年 12 月 31 日	规模变动情况		对总资产的影响
			增减额	增减率(%)	
流动资产	①	②	③=①-②	④=③÷②	⑤=③÷②总资产
货币资金	22 007	25 400	-3 393	-13.36%	-0.62%
以公允价值计量且其变动计入当期损益的金融资产	106	13	93	723.84%	0.02%
应收票据	57	38	19	48.13%	0.00%
应收账款	16 811	16 632	179	1.08%	0.03%
预付款项	3 823	4 094	-271	-6.62%	-0.05%
应收利息	120	1	119	13 407.06%	0.02%
应收股利			0		
其他应收款	9 621	4 801	4 819	100.37%	0.88%
存货	3 946	4 378	-433	-9.88%	-0.08%
其他流动资产	3 267	1 262	2 005	158.81%	0.37%
流动资产合计	59 758	56 621	3 137	5.54%	0.57%
非流动资产					
可供出售金融资产	4 852	5 902	-1 050	-17.80%	-0.19%
长期股权投资	32 975	3 057	29 918	978.82%	5.47%
长期应收款	18 363	0	18 363		3.36%
固定资产	355 651	377 765	-22 114	-5.85%	-4.04%
在建工程	96 500	57 191	39 309	68.73%	7.18%
工程物资	996	1 375	-380	-27.60%	-0.07%
无形资产	26 983	25 717	1 266	4.92%	0.23%
长期待摊费用	13 826	13 624	202	1.49%	0.04%
递延所得税资产	4 144	4 679	-536	-11.45%	-0.10%
其他非流动资产	1 273	1 195	78	6.56%	0.01%
非流动资产合计	555 562	490 504	65 058	13.26%	11.89%
资产总计	615 319	547 125	68 195	12.46%	12.46%
流动负债	0	0	0		
短期借款	85 196	93 321	-8 125	-8.71%	-1.49%
应付短期债券					

续表

项目	2015年12月31日	2014年12月31日	规模变动情况		对总资产的影响
			增减额	增减率(%)	
应付票据	24	108	−84	−77.85%	−0.02%
应付账款	163 151	112 373	50 778	45.19%	9.28%
预收款项	48 934	47 470	1 463	3.08%	0.27%
应付职工薪酬	5 586	6 873	−1 287	−18.73%	−0.24%
应交税费	3 163	1 467	1 696	115.67%	0.31%
应付利息	928	766	162	21.20%	0.03%
应付股利	2	2	0	0.00%	0.00%
其他应付款	8 414	7 426	988	13.31%	0.18%
一年内到期的非流动负债	2 856	11 380	−8 524	−74.90%	−1.56%
其他流动负债	19 945	9 979	9 966		1.82%
流动负债合计	338 198	291 164	47 034	16.15%	8.60%
非流动负债					
长期借款	1 748	420	1 329	316.45%	0.24%
应付债券	38 928	23 460	15 468	65.94%	2.83%
长期应付款	271	120	151	125.42%	0.03%
长期应付职工薪酬	86	97	−11	−11.25%	0.00%
其他非流动负债(递延收益)	2 005	1 497	509	33.98%	0.09%
递延所得税负债	36	39	−3	−8.69%	0.00%
非流动负债合计	43 075	25 633	17 442	68.05%	3.19%
负债合计	381 273	316 797	64 476	20.35%	11.78%
股东权益					
股本	21 197	21 197	0	0.00%	
资本公积	27 812	27 812	0	0.00%	
其他综合收益	−2 167	−1 468	−699		−0.13%
盈余公积	1 204	1 045	159	15.24%	0.03%
未分配利润	30 637	28 752	1 886	6.56%	0.34%
外币报表折算差额	0	0	0		
归属母公司股东权益合计	78 682	77 337	1 346	1.74%	0.25%
少数股东权益	155 364	152 991	2 373	1.55%	0.43%
股东权益合计	234 046	230 328	3 718	1.61%	0.68%
负债和股东权益总计	615 319	547 125	68 195	12.46%	12.46%

从表3-3可以看出如下财务信息。

1. 从总量上看

中国联通2015年年末资产及负债和股东权益总量较2014年年末增加了69 195万元，增幅12.46%，说明2015年年末资产及负债和股东权益总量增加幅度很大，按照这个增长速度，中国联通8年的时间内将实现总量翻一翻。

2. 从资产项目看

流动资产和非流动资产都有所增加，流动资产增加了3 137百万元，增幅5.54%；非流动资产增加了65 058百万元，增幅13.26%。

非流动资产与流动资产相比，增幅大，表明企业资产的非流动性增强，需要进一步关注资金的流动性。非流动资产的增加主要集中在“长期股权投资”和“在建工程”两个项目上，“长期股权投资”2015年比2014年增加了29 918百万元，增幅达978.82%，如此高的增幅需要进一步查明原因，并密切关注和评估对外投资的风险性、收益性和合理性；“在建工程”2015年比2014年增加了39 309百万元，增幅达68.73%，说明中国联通2015年，在扩大基础设施方面的投入依然在增长，需要进一步关注基础设施投入的进度是否合理，进一步评估基础设施所带来的持续的增长和发展能力。

3. 从负债项目看

负债总量增加64 476百万元，增幅达20.35%。流动负债和非流动负债均有不同程度的增加。其中，流动负债增加47 034百万元，增幅16.15%；非流动负债增加17 442百万元，增幅达68.05%。

流动负债增加的主要原因：首先，“应付账款”2015年比2014年增加了50 778百万元，增幅达45.19%，说明中国联通可能存在流动资金不足，以致不能及时偿还欠款的可能性，应进一步关注并评估可能存在的信用风险；其次，“应交税费”2015年比2014年增加了1 696百万元，增幅达115.67%，应进一步查明原因，是合理的税费负担，还是存在税收筹划的漏洞，以进一步降低税费的费用支出。

非流动负债增加的主要原因：首先，“长期借款”2015年比2014年增加了1 329百万元，增幅达316.45%；其次，“应付债券”2015年比2014年增加了15 468百万元，增幅为65.94%，说明中国联通在筹资方面，2015年增加了长期筹资方式，增加了银行长期借款的比例，并扩宽发行债券筹集资金，但企业要随时关注借贷总额和偿还的利息，注意长期借款和应付债券利息的支付时间和支付能力，避免财务风险。

4. 从股东权益项目看

股东权益总量增加3 718百万元，增幅为1.61%。表明资产增长的资金来源主要是通过借债渠道取得资金，中国联通自身的留存积累增加不大。

5. 总体的初步评价

中国联通2015年度财务状况良好，但由于“长期借款”和“应付债券”等借债资金的增大，需要对企业的财务风险做进一步的评估。另外，由于非流动资产增幅较大，说明企业的生产经营还处于不断积累的上升时期，需要进一步建设基础设施；同时，由于非流动资产中的“长期股权投资”增幅很大，说明中国联通2015年增加了对外长期投资，需要关注长期投资的稳定性和收益性，避免投资损失。

第三节　资产负债表的结构变动分析

资产负债表结构，反映了资产负债表各项目间的相互关系以及各项目所占的比重。资产负债表的结构分析，就是指运用对比分析法，对资产负债表中的各项目占总资产或权益总额的比重进行分析，或者比较各项目间的年度变动额，从而分析与揭示企业生产经营活动、会计政策及会计变更对企业的影响，揭示企业资产结构和资本结构的合理程度，探索如何确定企业最优的资本结构。

一、资产负债表结构变动分析的目的

资产负债表结构分析的目的，包括如下几个方面：

第一，从总体上了解企业资产、权益的变动情况，揭示资产、负债和股东权益变动的差异，分析差异产生的原因。

第二，分析评价企业资产结构的变动情况及变动的合理性。

第三，分析评价企业资本结构的变动情况及变动的合理性。

第四，分析评价企业资产结构与资本结构的适应程度。

二、资产负债表结构变动分析的内容

（一）总量变动及发展趋势分析

对企业资产负债表进行综合分析要通过资产和权益总量的变动情况，分析其规模增长的速度是否合理，财务状况的发展趋势是否有利，即：总量变动看规模，结构变动看质量。

资产、权益分别列示在资产负债表左右两方，反映企业的基本财务状况，对资产负债表变动情况的分析评价也应当从这两大方面进行。

1. 从投资或资产角度进行分析评价

投资或资产角度的分析评价主要从以下几方面进行：

第一，分析总资产规模的变动状况以及各类、各项资产的变动状况，揭示资产变动的主要方面，从总体上了解企业经过一定时期经营后资产的变动情况。

第二，发现变动幅度较大或对总资产变动影响较大的重点类别和重点项目。分析时，首先，要注意变动幅度较大的资产类别或资产项目，特别是发生异常变动的项目。其次，要把对总资产影响较大的资产项目作为分析重点。某资产项目变动自然会引起总资产发生同方向变动，但不能完全根据该项目本身的变动来说明对总资产的影响。该项目变动对总资产的影响，不仅取决于该项目本身的变动程度，还取决于该项目在总资产中所占的比重。

第三，要注意分析资产变动的合理性与效率性。

第四，注意考察资产规模变动与股东权益总额变动的适应程度，进而评价企业财务结构的稳定性和安全性。

第五，注意分析会计政策变动的影响。

2. 从筹资或权益角度进行分析评价

第一，分析权益总额的变动状况以及各类、各项筹资的变动状况，揭示权益总额变动的主要方面，从总体上了解企业经过一定时期经营后权益总额的变动情况。

第二，发现变动幅度较大或对权益总额变动影响较大的重点类别和重点项目，为进一步分析指明方向。

第三，注意分析评价表外业务的影响。

（二）资本结构及其合理性分析

1. 资本结构的含义

资本结构有广义和狭义之分。广义的资本结构是企业全部资本的构成及其比例关系；狭义的资本结构是指长期资本的构成及其比例关系。

2. 资本结构的形成方式

企业的资本结构是由企业采用各种筹资方式筹资而形成的。各种筹资方式的不同组合类型决定着企业的资本结构及其变化。通常情况下，企业都采用债务筹资和权益筹资的组合。因此，资本结构问题，实质上就是债务资本比率问题，也就是债务资本在整个资本中占多大比例。

3. 资本结构分析的目的

资本结构决定企业的财务风险类型。资本结构分析的目标是资本结构的合理性，分析的实质是评价企业的筹资能力及其所而临的风险。

对企业经营者而言，资本结构分析的主要目的是优化资本结构和降低资本成本。优化资本结构表现为吸收更多的权益资本，保持企业良好的财务形象，降低财务风险，以便更好地筹资和投资。企业在提高承担财务风险的能力的同时，还应尽量降低筹资成本。由于债务利息率通常低于股票股利率，而且债务利息从税前支付，企业可以少交所得税，使得债务筹资可以降低企业资本成本，发挥财务杠杆的作用。但必须同时看到，它也会加大企业的财务风险。因此，只有在一定限度内合理提高债务资本的比例，才能在最大限度内规避财务风险，同时降低综合资本成本。

4. 资本结构的类型

不同企业或同一企业的不同时期，其资本结构是不同的，具体来说有以下三种类型。

（1）谨慎型资本结构

谨慎型资本结构是指企业的资金来源主要由权益资本和长期负债构成，亦即企业的长期资产和部分流动资产全部由主权资本和长期负债提供，流动负债只是满足于部分临时性流动资产占用所需资金。这种资本结构下，企业融资风险相对较小，而融资成本较高，因此股东的收益水平也就不高。

（2）风险型资本结构

风险型资本结构，是指企业的资金来源主要是由负债融资特别是流动负债融资组成，亦即流动负债融资除满足全部临时性流动资产占用需要，还用于大部分非流动资产，甚至被用于长期资产，而主权资本和长期负债只是满足于长期资本或部分非速动流动资产。在这种资本结构下，企业融资风险增大，但融资成本相对较低，因此收益水平也会增高。

（3）适中型资本结构

适中型资本结构是介于上述两种资本结构之间的一种形式，是指企业的资金来源主要根据资金使用的用途来确定，用于长期资产和非速动资产的资金由主权资本和长期负债来提供，而临时性流动资产所需资金由流动负债来满足。这种资本结构下，企业的融资风险、融资成本和收益水平都是处于中等水平。

三、资产负债表结构变动分析的思路

资产负债表结构，指的是资产负债表中各内容各要素间的相互关系，资产负债表的结构分析就是分析资产负债表中的各要素间的关系，从而对企业整体财务状况做出判断。

资产负债表的结构分析按照以下思路进行分析与评价。

第一，编制资产负债表结构变动的比较分析表，进行资产负债表各要素的纵向比较分析。

第二，根据编制的结构变动分析表，分析计算资产负债表中各项目占总资产或权益总额的比重，分析评价企业资产结构和权益结构的变动情况及合理程度。

第三，在进行分析时，要先从总体结构进行分析，然后再分析具体的各个报表项目。即按照如下线索进行分析：

(1) 关注流动资产和非流动资产的比重以及其中重要项目的比重。分析时，可通过与行业的平均水平或与企业历年度的资产结构相比较，对企业资产的流动性和资产风险做出判断，进而对企业资产结构的合理性做出评价。

(2) 关注经营资产与非经营资产的比例关系。如果非经营资产所占比重过大，企业的经营能力就会远远小于企业总资产所表现出来的经营能力。当企业资产规模增长时，从表面上看，似乎是企业经营能力增加了，但如果仅仅是非经营资产比重增加、经营资产比重反而下降，就不能真正提高企业的经营能力。

(3) 关注固定资产与流动资产的比例关系。企业固定资产和流动资产之间，只有保持合理的比例结构，才能够形成现实的生产能力。一般情况下，如果保持在平均水平，企业的盈利水平一般，风险程度一般；如果流动资产的比例较高，企业资产的流动性提高，资产风险会因此降低，但可能导致盈利水平下降；如果固定资产的比例较高，虽然会相应提高企业的盈利水平，但同时可能导致企业资产的流动性降低，而资产风险会因此提高。

(4) 关注流动资产的内部结构。流动资产内部结构，是指组成流动资产的各个项目占流动资产总额的比重。企业选择一个标准，将流动资产结构的变动情况与选定的标准予以比较，以分析流动资产变动的合理性。一般而言，应选择同行业平均水平或者财务计划中确定的目标为标准。同行业的平均水平具有代表性，应当认为是合理的。另外，分析流动资产结构还可以了解流动资产的配置情况、分布情况、资产的流动性及支付能力。

四、资产负债表结构变动分析的方法

资产负债表结构变动分析，是指通过将资产负债表中各项目与总资产或权益总额的对比，分析企业的资产构成、负债构成和股东权益构成，揭示企业资产结构和资本结构的合理程度，探索企业资产结构优化、资本结构优化及资产结构与资本结构适应程度优化的思路。

资产负债表结构变动分析可以从静态角度和动态角度两方面进行。从静态角度分析就是以本期资产负债表为分析对象，分析评价其实际构成情况。从动态角度分析就是将资产负债表的本期实际构成与选定的标准进行对比分析，对比的标准可以是上期实际数、预算数和同行业的平均数或可比企业的实际数，对比标准的选择视分析目的而定。

资产负债表结构变动分析表的编制步骤如下：

首先，将本年初和本年末的资产部分的所有项目除以总资产，得出各资产项目占总资产的比重。

其次，将本年初和本年末的负债和所有者权益部分的所有项目除以负债和所有者权益合计，得出各负债和所有者权益项目占负债和所有者权益总和的比重。

第三，用本年度资产负债表各项目占总资产（总负债和所有者权益）的比重减去上年度的比重，得出变动的差额。

五、资产负债表结构变动分析的应用

【例 3-2】根据表 3-2，选取中国联通 2015 年度和 2014 年度的数据，按照如下方法，编制资产负债表结构变动分析表 3-4。

首先，将 2015 年和 2014 年的资产部分的所有项目除以总资产，得出各资产项目占总资产的比重。

其次，将 2015 年和 2014 年的负债和所有者权益部分的所有项目除以负债和所有者权益合计，得出各负债和所有者权益项目占负债和所有者权益总和的比重。

第三，用 2015 年资产负债表各项目占总资产（总负债和所有者权益）的比重减去 2014 年的比重，得出变动的差额。

按照上述方法计算出来后，编制完成的资产负债表结构变动分析表，如表 3-4 所示。

表 3-4　中国联通合并资产负债表结构变动分析表

单位：百万元

项目	2015 年 12 月 31 日	2014 年 12 月 31 日	结构（占总资产的比重%）		
			2015 年	2014 年	变动情况
流动资产	①	②	③	④	⑤=③-④
货币资金	22 007	25 400	3.58%	4.64%	-1.07%
以公允价值计量且其变动计入当期损益的金融资产	106	13	0.02%	0.00%	0.01%
应收票据	57	38	0.01%	0.01%	0.00%
应收账款	16 811	16 632	2.73%	3.04%	-0.31%
预付款项	3 823	4 094	0.62%	0.75%	-0.13%
应收利息	120	1	0.02%	0.00%	0.02%
应收股利					0.00%
其他应收款	9 621	4 801	1.56%	0.88%	0.69%
存货	3 946	4 378	0.64%	0.80%	-0.16%
其他流动资产	3 267	1 262	0.53%	0.23%	0.30%
流动资产合计	59 758	56 621	9.71%	10.35%	-0.64%
非流动资产					
可供出售金融资产	4 852	5 902	0.79%	1.08%	-0.29%
长期股权投资	32 975	3 057	5.36%	0.56%	4.80%
长期应收款	18 363	0	2.98%	0.00%	2.98%
固定资产	355 651	377 765	57.80%	69.05%	-11.25%
在建工程	96 500	57 191	15.68%	10.45%	5.23%
工程物资	996	1 375	0.16%	0.25%	-0.09%

续 表

项目	2015年12月31日	2014年12月31日	结构(占总资产的比重%)		
			2015年	2014年	变动情况
无形资产	26 983	25 717	4.39%	4.70%	−0.32%
长期待摊费用	13 826	13 624	2.25%	2.49%	−0.24%
递延所得税资产	4 144	4 679	0.67%	0.86%	−0.18%
其他非流动资产	1 273	1 195	0.21%	0.22%	−0.01%
非流动资产合计	555 562	490 504	90.29%	89.65%	0.64%
资产总计	615 319	547 125	100.00%	100.00%	0.00%
流动负债					
短期借款	85 196	93 321	13.85%	17.06%	−3.21%
应付短期债券	0	0			0.00%
应付票据	24	108	0.00%	0.02%	−0.02%
应付账款	163 151	112 373	26.51%	20.54%	5.98%
预收款项	48 934	47 470	7.95%	8.68%	−0.72%
应付职工薪酬	5 586	6 873	0.91%	1.26%	−0.35%
应交税费	3 163	1 467	0.51%	0.27%	0.25%
应付利息	928	766	0.15%	0.14%	0.01%
应付股利	2	2	0.00%	0.00%	0.00%
其他应付款	8 414	7 426	1.37%	1.36%	0.01%
一年内到期的非流动负债	2 856	11 380	0.46%	2.08%	−1.62%
其他流动负债	19 945	9 979	3.24%	1.82%	1.42%
流动负债合计	338 198	291 164	54.96%	53.22%	1.75%
非流动负债					
长期借款	1 748	420	0.28%	0.08%	0.21%
应付债券	38 928	23 460	6.33%	4.29%	2.04%
长期应付款	271	120	0.04%	0.02%	0.02%
长期应付职工薪酬	86	97	0.01%	0.02%	0.00%
其他非流动负债(递延收益)	2 005	1 497	0.33%	0.27%	0.05%
递延所得税负债	36	39	0.01%	0.01%	0.00%
非流动负债合计	43 075	25 633	7.00%	4.68%	2.32%
负债合计	381 273	316 797	61.96%	57.90%	4.06%
股东权益					
股本	21 197	21 197	3.44%	3.87%	−0.43%
资本公积	27 812	27 812	4.52%	5.08%	−0.56%
其他综合收益	−2 167	−1 468	−0.35%	−0.27%	−0.08%
盈余公积	1 204	1 045	0.20%	0.19%	0.00%
未分配利润	30 637	28 752	4.98%	5.26%	−0.28%
外币报表折算差额	0	0	0.00%	0.00%	0.00%

续表

项目	2015年12月31日	2014年12月31日	结构(占总资产的比重%)		
			2015年	2014年	变动情况
归属母公司股东权益合计	78 682	77 337	12.79%	14.14%	−1.35%
少数股东权益	155 364	152 991	25.25%	27.96%	−2.71%
股东权益合计	234 046	230 328	38.04%	42.10%	−4.06%
负债和股东权益总计	615 319	547 125	100.00%	100.00%	0.00%

从表3-4中可以看出如下财务信息。

1. 资产方面

中国联通2015年年末的流动资产所占比重(9.71%)较年初(10.35%)有所减少,表明企业资产的流动性减弱,偿还能力、支付能力和应变能力均有所减弱;而且,非流动资产的比重2015年年末(90.29%)比年初(89.65%)又有所增加,占总资产的比重依然非常大。

非流动资产中,尤其应关注"固定资产"和"在建工程"两个项目,其中"固定资产"2015年年末占总资产的比重(57.8%)比2014年所占比重(69.05%)有所降低,但占总资产的比重依然非常大;"在建工程"2015年年末占总资产的比重(15.68%)比2014年所占比重(10.45%)增长幅度大,增长了5.23%,与固定资产相加,占总资产的比重依然非常大;可见,中国联通是一个技术密集型的工业企业,固定资产的投入比较大,说明扩建基站等固定资产的投入,依然是2015年中国联通投资的重点,而且从"在建工程"的增加来看,2015年投入了很多新的基础设施项目,表明企业未来的生产能力和产品质量均会得到显著提高。

2. 负债方面

从总量上看,中国联通2015年年末和年初的负债总额所占比重分别为61.96%和57.9%,明显高于年末和年初的权益资本38.04%和42.10%,并且年末比年初还有所增加,说明中国联通在生产经营方面的资金主要通过借债取得,从另一个侧面也反映了中国联通2015年正处在一个迅速扩张的阶段,需要大量的资金投入。但同时我们也看到中国联通2015年的股东权益比2014年有所下降,说明中国联通的权益资本积累在减少。

在债务资本内部,短期债务资本2015年年末为54.96%,比2014年的53.22%增加了1.75%;长期债务资本2015年年末比重为7%,比2014年的4.68%增加了2.32%,长期债务资本比短期债务资本增加的幅度还大,说明中国联通2015年的债务筹资在短期借款的基础上,增加了长期债务筹资,进一步分析发现,长期债务筹资的增加主要是"长期借款"和"应付债券"的增加,说明中国联通2015年的对外筹资渠道在扩大。

3. 所有者权益方面

在权益资本方面,盈余公积2015年比重为0.2%,比2014年的0.19%增加了0.01%,变化不大,而未分配利润2015年占比为4.98%,比2014年的5.26%减少了0.28%,说明中国联通的自有资金积累没有呈现出增长态势,可能由于"在建工程"等的投入,加大了企业的支出,企业需要进一步考虑资本结构是否合理,规避财务风险的能力是否减弱,这样才能更有利于吸收投资和开展筹资活动。同时应该注意,长期债务筹资中的应收债券筹资,数额的增大,偿还时势必会引起当期财务费用的增加。所以,中国联通也应关注企业的财务风险问题。

第四节　资产负债表短期偿债能力分析

短期偿债能力是指企业按时偿还到期短期债务的能力，它是反映企业财务状况和企业资信力的重要标志。在大多数情况下，短期债务需要用货币资金来偿还，因而各种资产的变现速度也直接影响着企业的短期偿债能力。

常用的分析短期偿债能力的指标包括营运资金、流动比率、速动比率和现金比率。

一、营运资金

（一）营运资金的含义

营运资金，是指流动资产超过流动负债的部分，该指标反映企业用流动资产偿还了流动负债后，还有多少可用于生产经营。

（二）营运资金的计算公式

营运资金的计算公式：

$$营运资金=流动资产-流动负债$$

（三）营运资金的评价标准

一般而言，营运资金越多则债权人的债务越有保障。当流动资产大于流动负债时，营运资金为正数，说明营运资金出现了剩余；当流动资产小于流动负债时，营运资金为负数，说明营运资本金出现了短缺。对营运资金指标的评价，应该结合企业当期的偿债能力状况、企业规模等因素进行评价，并不是营运资金越多越好，因为当营运资金为正数时，与营运资金相对应的流动资产的来源是长期负债或所有者权益，这样会造成资金成本的提高和资金的浪费；而营运资金为负数时，公司部分非流动资产以流动负债作为资金来源，公司不能偿债的风险很大。

公司应保持多少营运资金为宜？短期债权人当然希望营运资金越多越好，但过多地持有营运资金也不是什么好事。高额的营运资金持有意味着流动资产比流动负债多，而流动资产流动性强、风险小，但获利性差，因此流动资产过多不利于公司提高盈利能力。所以说，没有一个统一的标准来衡量营运资金保持多少是合理的，而且不同行业间差别很大。由于营运资金与经营规模之间有着一定的联系，所以即使同一行业不同公司之间，其营运资金也缺乏可比性，因此在实务中很少直接使用营运资金作为偿债能力的指标。

（四）营运资金的应用分析

【例 3-3】根据中国联通资产负债表（表 3-2）的资料，计算该公司营运资金的指标，计算结果如表 3-5 所示。

表 3-5　中国联通营运资金计算表(2010—2015 年)

单位:百万元

项目	2015 年 12 月 31 日	2014 年 12 月 31 日	2013 年 12 月 31 日	2012 年 12 月 31 日	2011 年 12 月 31 日	2010 年 12 月 31 日
流动资产合计	59 758	56 621	52 333	48 240	38 872	42 293
流动负债合计	338 198	291 164	294 693	301 812	197 894	197 894
营运资金	−278 441	−234 543	−242 360	−253 572	−159 021	−155 601

由表 3-5 可以看出,中国联通 2010—2015 年的流动资产均不能抵补流动负债,即营运资金出现短缺,而且短缺的资金数额很大。2010—2015 年的营运资金分别为−155 601 百万元、−159 021 百万元、−253 572 百万元、−242 360 百万元、−234 543 百万元和−278 441 百万元,短缺的资金数额基本呈逐年增长的态势,说明公司不能偿债的风险很大,公司短期偿债能力较弱。

根据上述计算结果,按照如表 3-6 所示的内容,绘制如图 3-1 所示中国联通 2010—2015 年的营运资金趋势分析图。

表 3-6　中国联通营运资金趋势分析表

单位:百万元

项目	2015 年	2014 年	2013 年	2012 年	2011 年	2010 年
营运资金	−278 441	−234 543	−242 360	−253 572	−159 021	−155 601

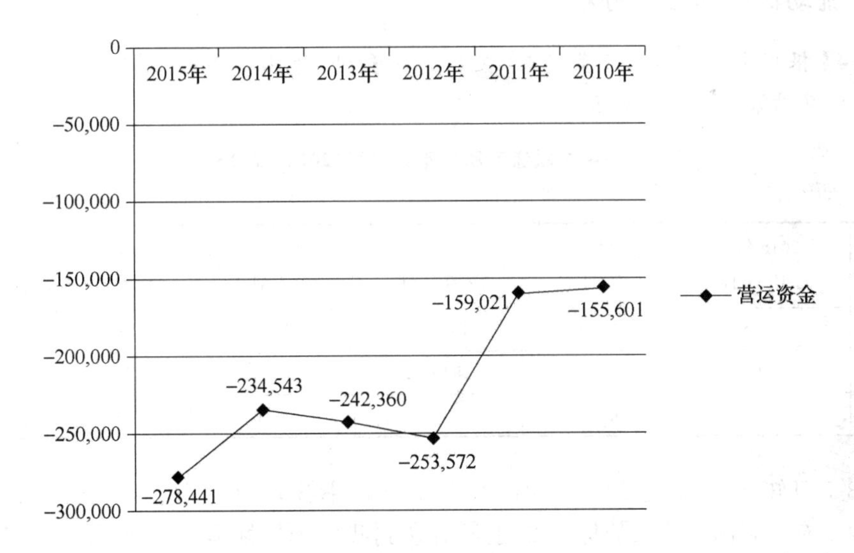

图 3-1　中国联通营运资金趋势分析图

由图 3-1 可知,中国联通营运资金除了 2013 年和 2014 年小幅回升外,基本呈逐年短缺资金不断增长的态势,说明中国联通的现金流量出现问题,流动资金严重不足,尤其是 2015 年和 2012 年,营运资本的短缺程度更加严重,因此,中国联通应密切关注营运资金的短缺问题,应多方考虑筹资渠道,缓解营运成本增长的势头,并需要密切关注财务风险,避免不能及时偿还短期债务的风险。

二、流动比率

(一)流动比率的含义

流动比率是流动资产与流动负债的比值,表示每1元流动负债有多少流动资产作为偿还的保障,是用来衡量企业的流动资产在短期债务到期以前,能够变现用于偿还负债的能力。

(二)流动比率的计算公式

$$流动比率=\frac{流动资产}{流动负债}$$

(三)流动比率的评价标准

该指标表示企业流动资产对流动负债的保证倍数,即平均每元流动负债相应地有多少流动资产作保证。国际公认的标准为2,我国较好标准为1.5。

虽然从债权人的角度来说,流动比率越大越好,因为企业的短期偿债能力越强,企业所面临的短期流动性风险越小,债权人安全程度越高。但从企业自身来讲,过高的流动比率将意味着企业资本成本的加大和获利能力的降低,影响企业的盈利能力。流动比率是相对数,排除了企业规模不同的影响,因此,更适合同业比较以及本企业不同历史时期的比较。

(四)流动比率的应用分析

【例3-4】根据中国联通资产负债表(表3-2)的资料,计算该公司2010—2015年的流动比率的指标,计算结果如表3-7所示。

表3-7 中国联通流动比率计算表(2010—2015年)

单位:百万元

项目	2015年12月31日	2014年12月31日	2013年12月31日	2012年12月31日	2011年12月31日	2010年12月31日
流动资产合计	59 758	56 621	52 333	48 240	38 872	42 293
流动负债合计	338 198	291 164	294 693	301 812	213 490	197 894
流动比率	0.18	0.19	0.18	0.16	0.18	0.21

由表3-7可知,中国联通2010—2015年的流动比率分别为0.21、0.18、0.16、0.18、0.19和0.18,均没有达到国际公认的标准2,也没有达到我国较好标准1.5,表明流动资产保证偿还流动负债的能力较低,中国联通短期偿债压力较大。其中,2012年为0.16,较2010年下降0.05,较2011年下降0.02,是6年中的最低点,虽然2013年和2014年,均有所提高,表明短期偿债能力有所改善,但仍然没有回到2010年的保障水平。

通过分析可知,2013年和2014年的流动资产增加使得流动比率增加,通过进一步分析中国联通的资产负债表(如表3-2所示),2014年流动比率增加的主要原因是应收账款的增加,达到了近六年的最高水平。因此应重点关注应收账款这一项目,预防和检测出现坏账的可能性,评估其风险性,做好应收账款的管理。

可见，由于应收账款或者存货等流动性较差的流动资产的存在，流动比率并不能完全反映企业的短期偿债能力，具有一定的局限性。

根据上述计算结果，按照如表 3-8 所示的内容，绘制如图 3-2 所示中国联通 2010—2015 年的流动比率趋势分析图。

表 3-8　中国联通流动比率趋势分析表

单位：百万元

项目	2015 年	2014 年	2013 年	2012 年	2011 年	2010 年
流动比率	0.18	0.19	0.18	0.16	0.18	0.21

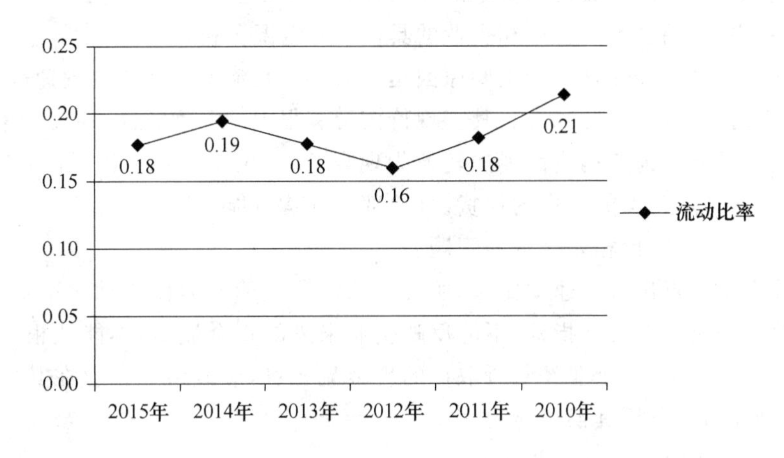

图 3-2　中国联通流动比率趋势分析图

由图 3-2 可知，中国联通流动比率，除了 2010 年为 0.21，是最高点，2012 年为 0.16，是最低点，其他年度波动不大，基本徘徊在 0.18～0.19 之间，均没有达到国际公认的标准 2，也没有达到我国较好标准 1.5，表明流动资产保证偿还流动负债的能力较低，中国联通短期偿债压力较大。

三、速动比率

（一）速动比率的含义

速动比率，是速动资产与流动负债之比，用来衡量公司流动资产可以立即变现偿付流动负债的能力，也称酸性试验比率。

该指标是从流动比率演化而来，表明企业每 1 元的流动负债有多少速动资产来保障，是衡量流动资产可以立即变现用于偿还流动负债的能力，常常和流动比率一起使用，用来判断和评价公司短期偿债能力。

（二）速动比率的计算公式

$$速动比率=\frac{速动资产}{流动负债}$$

其中，

速动资产＝流动资产－存货－预付账款－1年内到期的非流动资产－其他流动资产

（三）速动比率的评价标准

速动比率表示企业速动资产对流动负债的保证倍数，即平均每元流动负债相应地有多少变现速度较快的速动资产作保证。

国际公认的标准为1，我国较好标准为0.8。

一般认为，该指标越高，企业偿还流动负债的能力就越强，对债权人的保证程度越强。但是，由于速动比率表明的是能够及时变现的流动资产对流动负债的保障程度，该指标过高则说明企业拥有较多的速动资产，而速动资产的流动性强，而收益性差，因此会影响企业的收益能力。在实际应用中，应结合不同行业和企业的具体实际情况分析。

在计算速动比率时，剔除存货的主要原因是：(1)存货是流动资产中变现速度最慢的资产，而且存货在销售时受市场价格的影响，其变现价值带有很大的不确定性，在市场萧条或产品不对路的情况下，又可能成为滞销货而无法转换为现金。(2)由于某种原因，存货中可能含有已损失报废但还没作处理的不能变现的存货。(3)部分存货可能已抵押给某债权人。(4)存货估价还存在着成本与合理市价相差悬殊的问题。

因此，剔除存货计算出来的速动比率，所反映的短期偿债能力比流动比率更为准确、更加可信。但是，该指标是一个静态指标，不能反映企业未来的现金流量，不能从根本上表明企业偿还债务的资金来源是否是企业经营所取得的现金流入量，应该结合企业在其所处行业中的竞争地位及获利能力来分析其偿债能力。

（四）速动比率的应用分析

【例3-5】根据中国联通资产负债表（表3-2）的资料，计算该公司速动比率的指标，计算结果如表3-9所示。

表3-9　中国联通速动比率计算表（2010—2015年）

单位：百万元

项目	2015年12月31日	2014年12月31日	2013年12月31日	2012年12月31日	2011年12月31日	2010年12月31日
流动资产合计	59 758	56 621	52 333	48 240	38 872	42 293
流动负债合计	338 198	291 164	294 693	301 812	213 490	197 894
存货	3 946	4 378	5 536	5 803	4 651	3 728
速动比率	0.17	0.18	0.16	0.14	0.16	0.19

由表3-9可知，中国联通2010—2015年的速动比率分别为0.19、0.16、0.14、0.16、0.18和0.17，均没有达到国际公认的标准1，也没有达到我国较好标准0.8，而且远远低于我国和国际标准，说明中国联通变现速度较快的资产不能保证能够及时偿还负债，更进一步说明了其存在的财务风险，表明中国联通的流动资产结构不合理，速动资产占有较小比重，导致偿债能力下降，要想偿还所有的流动负债，必须变现大部分存货资产。

根据上述计算结果，按照如表3-10所示的内容，绘制如图3-3所示中国联通2010—2015年的速动比率趋势分析图。

表 3-10　中国联通速动比率趋势分析表

单位：百万元

项目	2015 年	2014 年	2013 年	2012 年	2011 年	2010 年
速动比率	0.17	0.18	0.16	0.14	0.16	0.19

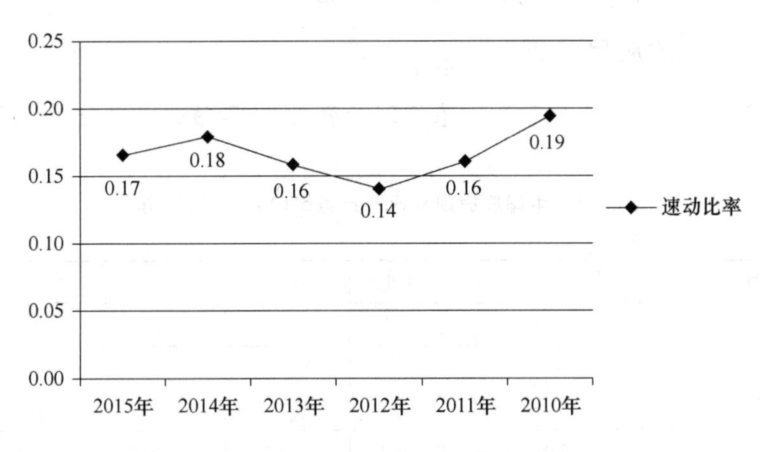

图 3-3　中国联通速动比率趋势分析图

由图 3-3 可知，中国联通速动比率 2010 年为 0.19，是最高点，2012 年为 0.14，是最低点，整体趋势波动不大，基本徘徊在 0.16～0.19 之间，均没有达到国际公认的标准 1，也没有达到我国较好标准 0.8，而且远远低于我国和国际标准。

四、现金比率

（一）现金比率的含义

现金比率也称为即付比率，是企业现金类资产与流动负债的比率，表明每 1 元的流动负债有多少现金类的资产能够作为偿还的保障，反映的是公司立即偿还到期债务的能力，代表着企业对流动负债支付的及时程度，是最能反映企业直接偿付流动负债的指标。

（二）现金比率的计算公式

$$现金比率=\frac{现金类资产}{流动负债}$$

其中，现金类资产是指现金及现金等价物，相当于资产负债表中“货币资金”和“以公允价值计量且其变动计入当期损益的金融资产”两项目相加的数额。

（三）现金比率的评价标准

一般而言，现金比率越高，说明企业能够随时偿还流动负债的能力越强，企业面临的短期偿债压力越小；反之，则说明企业的短期偿债压力较大。但是，对于这个指标，并不是越高越好，虽然对于债权人来说，较高的现金比率保护债权人的权益越强，但是，对企业来说，过高的现金比率可能反映出该公司不善于充分利用现金资源，存在现金闲置，无形中增加现金管理成本和机会成本，降低了企业的盈利能力。因此，对这个指标的分析，应结合企业的具体情况。

当然，过低的现金比率一定能反映出公司的支付能力存在问题，时间长了会影响公司的信用。

一般而言，现金比率控制在20%左右即可，但实际上不存在适合所有行业中所有企业的“标准”现金比率。

由于作为现金比率的分子中包含项目过少，单纯计算现金比率是没有意义的，因此，现金比率的计算与分析必须与流动比率、速动比率结合进行。

(四) 现金比率的应用分析

【例 3-6】根据中国联通资产负债表(表 3-2)的资料，计算该公司现金比率的指标，计算结果如表 3-11 所示。

表 3-11　中国联通现金比率计算表(2010—2015 年)

单位：百万元

项目	2015 年	2014 年	2013 年	2012 年	2011 年	2010 年
货币资金①	22 007	25 400	21 589	18 320	15 439	22 791
以公允价值计量且其变动计入当期损益的金融资产②	106	13	0	0	0	0
流动负债③	338 198	291 164	294 693	301 812	213 490	197 894
现金比率④=(①+②)/③	0.07	0.09	0.07	0.06	0.07	0.12

由表 3-11 可知，中国联通 2010—2015 年的现金比率分别为 0.12、0.07、0.06、0.07、0.09 和 0.07，相对于一般的衡量标准 0.2，中国联通的现金比率过低，说明中国联通及时变现偿还短期债款的能力较弱，存在一定的财务风险。

根据上述计算结果，按照如表 3-12 所示的内容，绘制如图 3-4 所示中国联通 2010—2015 年的现金比率趋势分析图。

表 3-12　中国联通现金比率趋势分析表

单位：百万元

项目	2015 年	2014 年	2013 年	2012 年	2011 年	2010 年
现金比率	0.07	0.09	0.07	0.06	0.07	0.12

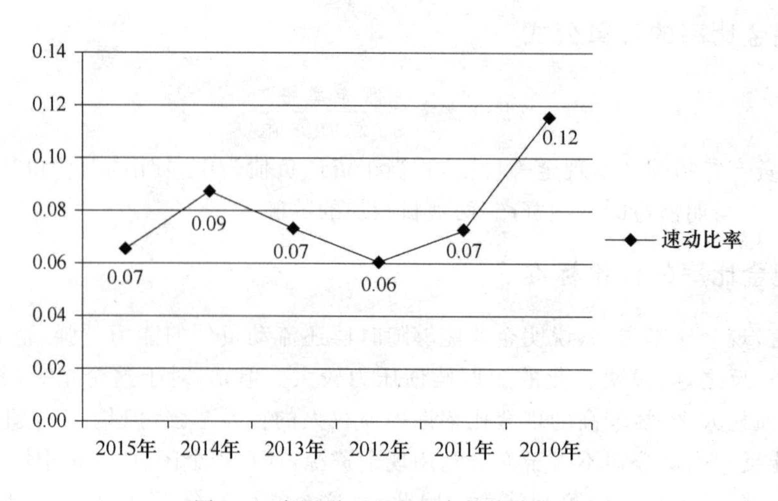

图 3-4　中国联通现金比率趋势分析图

由图 3-4 可知，中国联通的现金比率的趋势曲线，2012 年为最低点，表明 2012 年及时偿还流动负债的能力最差，2010 年为最高点，表明 2010 年中国联通及时偿还流动负债的能力是 6 年中最强的。2013 年和 2014 年，虽然有所提高，但 2015 年又下降了 0.02，说明 2015 年中国联通的短期偿债能力进一步下滑，面临着进一步的财务风险。

当然，除了进行上述指标分析外，企业在考察短期偿债能力时，还需要关注以下一些因素：

第一，银行的限制性条款，包括授信额度和补偿性余额。授信额度能够增强企业的流动性和短期偿债能力，因为这种条款赋予了企业在需要资金时随时可以从银行获取借款的权利；而补偿性余额则是对企业动用资金能力的限制，实际上是减弱了企业资金的流动性，因而在考察企业偿债能力时应将补偿性余额部分排除在流动资产之外。

第二，资产的变现能力，包括准备很快变现的长期资产。由于不同的企业所处行业的不同以及其自身的特点，会拥有不同的资产结构。资产结构不同，企业的偿债能力也会不同。短期可变现资产在总资产中所占的比重越高，企业的偿债能力越强；长期资产在总资产中所占的比重越高，企业的偿债能力相对越弱。因此，在进行企业长期偿债能力的分析时，一定要考虑资产变现能力的影响。另外，由于企业转变经营范围等特殊原因，企业有可能在近期内出售一些长期资产，这无疑将增强企业的流动性和短期偿债能力。

第三，公司的融资能力。上述短期偿债能力指标，是从理论上评价和判断一个公司的偿债能力。但是，在实践中，也存在有些公司各种偿债能力指标都很好，但却不能按期偿付到期债务的情况，这种情况的出现可能是公司的现金流出现问题，导致不能如期偿付债务；而另一些公司短期偿债能力指标都不乐观，但却有较强的融资能力，这与银行等金融机构保持良好的信用关系有关，虽然暂时短期偿债能力较弱，但由于拥有良好的信誉，因而能够随时能够筹集到大量的资金。可见，公司的融资能力也是影响偿债能力的一个重要因素。

第五节 资产负债表长期偿债能力分析

长期偿债能力是指企业偿付到期长期债务的能力。长期偿债能力包含具体偿还本金的责任和支付利息的责任。进行长期偿债能力分析应与企业的盈利能力分析结合起来。因为从长远观点来看，利润是企业货币资金的来源，货币资金的变动最终取决于企业利润的形成，还要和企业的资本结构结合起来。

常用的分析长期偿债能力的指标有：资产负债率、产权比率、权益乘数、有形净值债务率和已获利息倍数等。

一、资产负债率

(一) 资产负债率的含义

资产负债率是企业某时点的负债总额与资产总额的比率。它表明企业总资产中有多少是通过举债得到的，表明总资产对偿还全部债务的保障程度。

(二) 资产负债率的计算公式

$$资产负债率=\frac{负债总额}{资产总额}\times 100\%$$

其中,负债总额指企业的全部负债,不仅包括长期负债,也包括流动负债。特别需要说明的是,在计算资产负债率时,有时视具体情况,需要用平均总负债除以平均总资产。

(三)资产负债率的评价标准

一般情况下,资产负债率越小,表明企业长期偿债能力越强;反之,表明企业的长期偿债能力越弱。该指标的保守比率是不超过50%,国际公认的标准是不超过60%。

但是,从企业和股东的角度出发,资产负债率并不是越低越好,因为资产负债率过低往往表明企业没有充分利用财务杠杆的作用。由于负债经营可以获得杠杆收益以及避税等好处,一定程度上的负债经营有利于增加公司的价值。当然如果公司的负债规模超过了一定的限度,公司的财务风险就会加大,公司的长期偿债能力和短期偿债能力均会大幅降低,公司陷入财务危机或破产的可能性也会增大。因此,在评价资产负债率时,需要在收益与风险之间权衡利弊,充分考虑所在行业、企业内外部各种因素,以及外部市场环境,做出正确合理的判断。

(四)资产负债率的应用分析

【例3-7】根据中国联通资产负债表(表3-2)的资料,计算该公司资产负债率的指标,计算结果如表3-13所示。

表3-13　中国联通资产负债率计算表(2010—2015年)

单位:百万元

项目	2015年12月31日	2014年12月31日	2013年12月31日	2012年12月31日	2011年12月31日	2010年12月31日
负债合计	381 273	316 797	309 738	306 123	249 913	235 286
资产总计	615 319	547 125	531 364	518 357	458 524	443 466
资产负债率	61.96%	57.90%	58.29%	59.06%	54.50%	53.06%

由表3-13可知,中国联通2010—2015年的资产负债率分别为53.06%、54.5%、59.06%、58.29%、57.9%和61.96%,2010—2012年呈逐年上升趋势,2013年和2014年虽然有所降低,分别为58.29%和57.9%,但也均超过了该指标的保守比率。尤其是2015年达到61.96%,为六年来的最高点,超过了国际公认的标准60%,表明该公司债务负担有所增加,债权人承担的风险有所提高。当然,从中也可以看到,中国联通意识到了长期偿债能力的减弱,从2013年起,开始调整资本结构,虽然有所改观,但2015年又出现了不合理,应进一步关注资本结构的调整。

为进一步更加清晰地反映中国联通资产负债率的变动趋势,根据上述计算结果,按照如表3-14所示的内容,绘制如图3-5所示中国联通2010—2015年的资产负债率趋势分析图。

表3-14　中国联通资产负债率趋势分析表

单位:百万元

项目	2015年	2014年	2013年	2012年	2011年	2010年
资产负债率	61.96%	57.90%	58.29%	59.06%	54.50%	53.06%

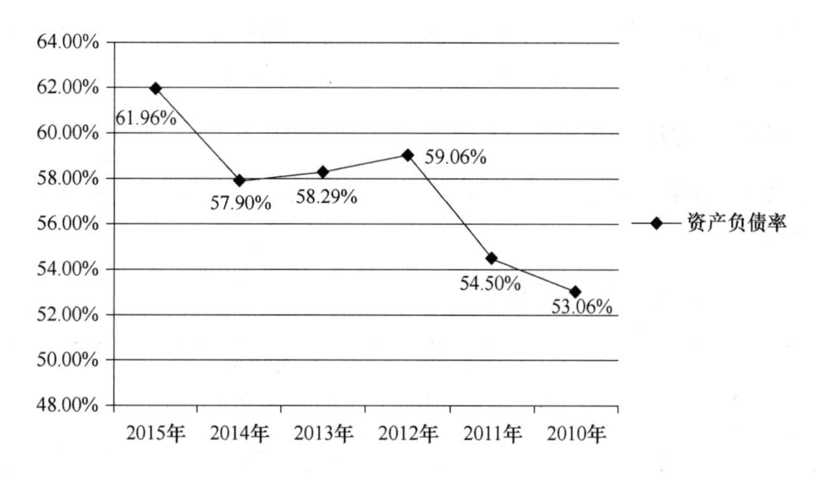

图 3-5　中国联通资产负债率趋势分析图

由图 3-5 可以看出，中国联通的资产负债率呈显著的不断上升的趋势，尤其是 2015 年，增长幅度达 4.06％，更超过了国际公认的资本结构的合理线 60％，由于资产负债率反映了在企业全部资金中有多大的比例是通过借债而筹集的，中国联通资产负债率的增加，反映了中国联通的借入资金在全部资金中所占的比重越来越大，存在的不能偿还负债的风险越来越高，每年的债务利息也越来越高。

因此，中国联通应高度关注因资产负债率过高导致的资本结构问题，关注可能存在的长期财务风险问题，面对 2015 年的资产负债率的突然恶化，则应进一步查找原因，看是由于资产规模下降，还是大量借债引起的，并及时找出改善的对策，以防止长期偿债能力进一步恶化，出现财务危机。

当然，中国联通还应该通过与同行业平均水平或竞争对手的比较，可以洞悉企业的财务风险和长期偿债能力在整个行业中是偏高还是偏低，与竞争对手相比是强还是弱，以便采取更进一步的决策。

二、产权比率

（一）产权比率的含义

产权比率，也称债务权益比率或净资产负债率，是企业某一时点的负债总额与所有者权益的比率，反映了债权人所提供资金与所有者提供资金的对比关系，反映了所有者权益对债务的保障程度，揭示了企业资本结构的合理程度以及资金成本的高低。

（二）产权比率的计算公式

$$产权比率=\frac{负债总额}{股东权益}\times 100\%$$

（三）产权比率的评价标准

一般而言，产权比率越高，说明企业偿还长期债务的能力越弱；反之，产权比率越低，表明公司的长期偿债能力越强，债权人承担的风险越小。但过低的产权比率不能充分发挥负债的财务杠杆效应；反之，当产权比率过高时，表明公司过度运用财务杠杆，从而增加了财务风险。因此，对产权比率的评价，要结合资产负债率等指标进行综合分析。

(四) 产权比率的应用分析

【例 3-8】根据中国联通资产负债表(表 3-2)的资料，计算该公司产权比率的指标，计算结果如表 3-15 所示。

表 3-15　中国联通产权比率计算表(2010—2015 年)

单位：百万元

项目	2015 年 12 月 31 日	2014 年 12 月 31 日	2013 年 12 月 31 日	2012 年 12 月 31 日	2011 年 12 月 31 日	2010 年 12 月 31 日
负债合计	381 273	316 797	309 738	306 123	249 913	235 286
股东权益合计	234 046	230 328	221 626	212 234	208 611	208 180
产权比率	162.90%	137.54%	139.76%	144.24%	119.80%	113.02%

由表 3-15 可知，中国联通 2010—2015 年的产权比率呈逐年增加趋势，分别为 113.02%、119.80%、144.24%、139.76%、137.54%和 162.90%，表明该公司财务结构风险进一步提高，股东权益对偿债风险的承受能力减弱，对债务的保障程度降低，公司的长期偿债能力降低。虽然 2012—2014 年略有下降，分别为 144.24%、139.76%和 137.54%，但 2015 年又达到了 162.9%，结合中国联通的资产负债率指标进行分析，中国联通的产权比率过高，所有者权益对债务的保障程度很弱，表明中国联通需要进一步调整资本结构，关注资金成本的高低，降低长期偿债能力的风险。

为进一步更加清晰地反映中国联通产权比率的变动趋势，根据上述计算结果，按照如表 3-16 所示的内容，绘制如图 3-6 所示中国联通 2010—2015 年的产权比率趋势分析图。

表 3-16　中国联通产权比率趋势分析表

单位：百万元

项目	2015 年	2014 年	2013 年	2012 年	2011 年	2010 年
产权比率	162.90%	137.54%	139.76%	144.24%	119.80%	113.02%

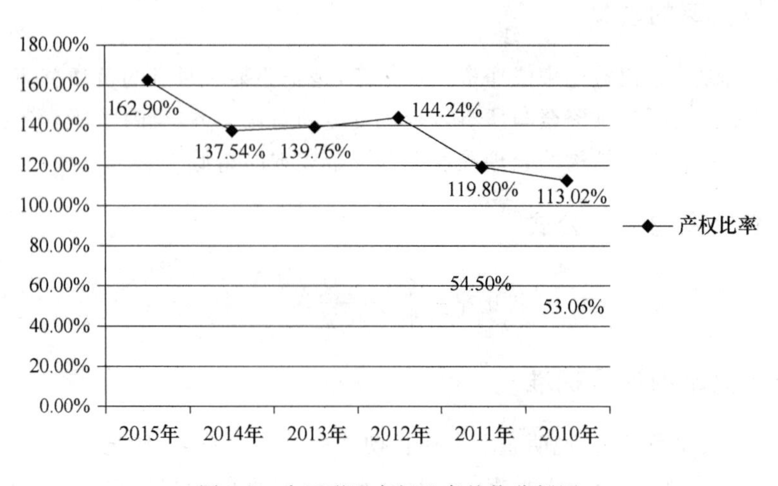

图 3-6　中国联通产权比率趋势分析图

由图 3-6 可以看出，中国联通产权比率从 2010—2015 年的整体趋势是上升的，而不断上升的产权比率的曲线，表明该公司财务结构风险进一步提高，股东权益对偿债风险的承受能力减弱，对债务的保障程度降低，公司的长期偿债能力降低，也说明中国联通过度运用了财务杠杆的作用，应关注可能给公司增加的财务风险。

三、有形净值债务率

（一）有形净值债务率的含义

有形净值债务率，是公司负债总额与有形资产净值的百分比。其中，有形净值是股东权益减去无形资产后的净值。

（二）有形净值债务率的计算公式

$$有形净值债务率=\frac{负债总额}{股东权益-无形资产}\times 100\%$$

（三）有形净值债务率的评价标准

一般而言，该比率越低，保障程度越高，公司有效偿债能力越强；反之，公司有效偿债能力越弱。运用该指标更能反映债权人利益的保障程度，尤其是在公司面临清算或陷入财务危机等特殊情况下，进一步考察有形资产与负债的比例关系，更能准确地反映公司的有效偿债能力。因为无形资产的价值有很大的不确定性，一般不能用于偿债。

有形净值债务率的指标评价标准，即负债总额与有形资产净值应维持 1∶1。

（四）有形净值债务率的应用分析

【例 3-9】根据中国联通资产负债表（表 3-2）的资料，计算该公司有形净值债务率的指标，计算结果如表 3-17 所示。

表 3-17　中国联通有形净值债务率计算表（2010—2015 年）

单位：百万元

项目	2015 年 12 月 31 日	2014 年 12 月 31 日	2013 年 12 月 31 日	2012 年 12 月 31 日	2011 年 12 月 31 日	2010 年 12 月 31 日
负债合计	381 273	316 797	309 738	306 123	249 913	235 286
股东权益合计	234 046	230 328	221 626	212 234	208 611	208 180
无形资产	26 983	25 717	23 823	21 362	20 740	19 870
有形净值债务率	184.13%	154.83%	156.59%	160.38%	133.02%	124.95%

由表 3-17 可知，中国联通 2010—2012 年的有形净值债务率呈逐年上升趋势，分别为124.95%、133.02%、160.38%，说明中国联通的长期偿债能力逐年减弱，公司财务风险增加，债权人利益的受保护程度逐年下降；虽然 2012—2014 年则呈逐年下降趋势，分别为160.38%、156.59%和 154.83%，说明中国联通意识到了财务风险，在逐步调整资本结构，但仍然超过100%，而且 2015 年增幅达 29.30%，所以中国联通应对资本结构予以关注，进一步调整资本

结构，降低财务风险，保障债权人的利益。

为进一步更加清晰地反映中国联通有形净值债务率的变动趋势，根据上述计算结果，按照如表 3-18 所示的内容，绘制如图 3-7 所示中国联通 2010—2015 年的有形净值债务率趋势分析图。

表 3-18　中国联通有形净值债务率趋势分析表

单位：百万元

项目	2015 年	2014 年	2013 年	2012 年	2011 年	2010 年
有形净值债务率	184.13%	154.83%	156.59%	160.38%	133.02%	124.95%

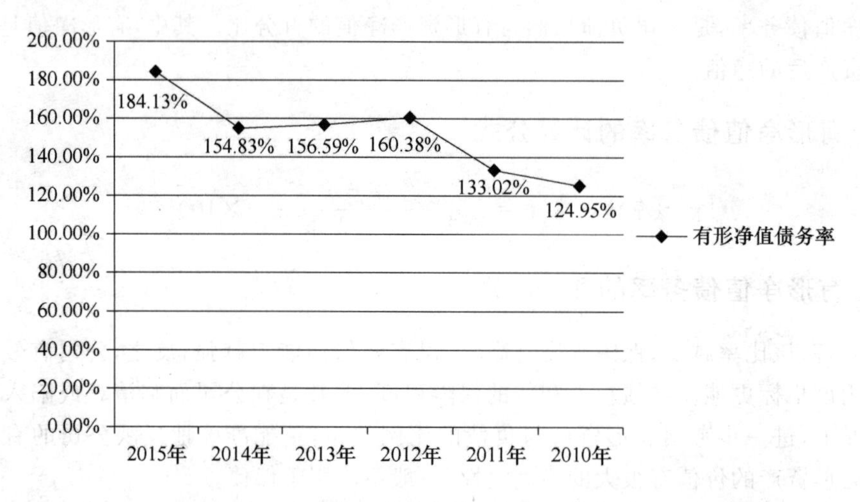

图 3-7　中国联通有形净值债务率趋势分析图

由图 3-7 可知，中国联通有形净值债务率从 2010—2015 年的整体趋势是上升的，而不断上升的有形净值债务率的曲线，表明债权人利益的有效的保障程度越来越低，因此，中国联通应通过调整股东权益的数额，减少无形资产等的不确定性带来的不利影响，准确判断对债权人的有效的保护程度，进一步调整资本结构，以避免公司经营情况恶化给公司带来经营风险和财务风险。

四、权益乘数

（一）权益乘数的含义

权益乘数也称权益总资产率，是指企业某一时点的资产总额相当于所有者权益的倍数，是股东权益比率的倒数，即公司的资产总额是股东权益的多少倍。

（二）权益乘数的计算公式

$$权益乘数=\frac{资产总额}{股东权益}=\frac{1}{1-资产负债率}$$

（三）权益乘数的评价标准

权益乘数越小，表明所有者的投入资本占全部资产的比重越大，企业负债程度越低，债权人的权益受到保障的程度就越高。通常情况下，权益乘数应当大于1。

该指标表明公司的股东权益支撑着多大规模的投资，是常用的财务杠杆计量的方法。由于权益乘数与所有者权益比率互为倒数，因此二者是此消彼长的关系。该乘数越大，说明公司对负债经营利用得越充分，财务风险越大，债权人受保护的程度越低。

（四）权益乘数的应用分析

【例 3-10】根据中国联通资产负债表（表 3-2）的资料，计算该公司权益乘数的指标，计算结果如表 3-19 所示。

表 3-19　中国联通权益乘数计算表（2010—2015 年）

单位：百万元

项目	2015 年 12 月 31 日	2014 年 12 月 31 日	2013 年 12 月 31 日	2012 年 12 月 31 日	2011 年 12 月 31 日	2010 年 12 月 31 日
资产总计	615 319	547 125	531 364	518 357	458 524	443 466
股东权益合计	234 046	230 328	221 626	212 234	208 611	208 180
权益乘数	2.63	2.38	2.40	2.44	2.20	2.13

由表 3-19 可知，中国联通 2010—2012 年的权益乘数呈逐年上升趋势，分别为 2.13、2.20 和 2.44；虽然 2012—2014 年则呈逐年下降趋势，分别为 2.44、2.40 和 2.38，但 2015 年又达到了 2.63，而且中国联通近五年的权益乘数均大于 1，表明所有者的投入资本占全部资产的比重较小，企业负债程度越高，债权人的权益受到保障的程度越低。

为进一步更加清晰地反映中国联通权益乘数的变动趋势，根据上述计算结果，按照如表 3-20 所示的内容，绘制如图 3-8 所示中国联通 2010—2015 年的权益乘数趋势分析图。

表 3-20　中国联通权益乘数趋势分析表

单位：百万元

项目	2015 年	2014 年	2013 年	2012 年	2011 年	2010 年
权益乘数	2.63	2.38	2.40	2.44	2.20	2.13

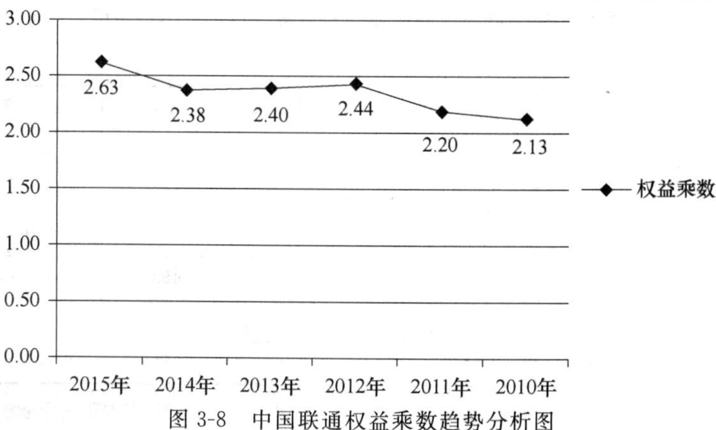

图 3-8　中国联通权益乘数趋势分析图

由图 3-8 可知，虽然中国联通的权益乘数曲线整体趋势是上升的，但曲线上升的趋势很平缓，说明中国联通六年来的权益乘数基本稳定。但是，由于中国联通的权益乘数六年来均在 2 以上，远远超过了 1，所以，中国联通还是应关注公司的股东权益能支撑多大规模的投资。

五、已获利息倍数

（一）已获利息倍数的含义

已获利息倍数也称利息保障倍数，是企业当期的息税前利润总额相当于利息支出的倍数。它反映了企业以当期经营所得利润偿还债务利息的能力。它是利用利润表有关资料来分析企业长期偿债能力的指标。

（二）已获利息倍数的计算公式

$$已获利息倍数=\frac{(利润总额+利息支出)}{利息支出}$$

公式中的分子“利润总额＋利息支出”，是指包括债务利息与所得税的正常业务经营利润，不包括非正常项目利润。分母“利息支出”不仅包括财务费用中的利息，还包括资本化的利息。

（三）已获利息倍数的评价标准

该指标是用以衡量偿付债务利息的能力，比值越高，长期偿债能力越强。该指标的值至少应当大于 1。

当该指标大于 1 时，说明企业在经营活动中所获得的收益偿还利息的能力较强，但是对于企业和所有者来说，很高的利息保障倍数不是由高利润带来的，说明企业的财务杠杆程度很低，未能充分利用举债经营的优势。如果低于 1，说明企业实现的经营成果不足以支付当期利息费用，这意味着企业付息能力非常低、财务风险非常高，需要引起高度重视。

（四）已获利息倍数的应用分析

【例 3-11】根据中国联通资产负债表（表 3-2）的资料，计算该公司已获利息倍数的指标，计算结果如表 3-21 所示。

表 3-21　中国联通已获利息倍数计算表（2010—2015 年）

单位：百万元

项目	2015 年	2014 年	2013 年	2012 年	2011 年	2010 年
利润总额①	13 867	15 836	13 677	9 544	5 664	4 647
财务费用②	6 493	4 333	2 949	3 417	1 243	1 625
借款费用资本化金额③	29	42	31	67	36	11
利息费用④＝②＋③	6 522	4 376	2 981	3 483	1 279	1 636
息税前利润⑤＝①＋④	20 389	20 212	16 657	13 027	6 943	6 282
已获利息倍数⑥＝⑤/④	3.13	4.62	5.59	3.74	5.43	3.84

注：“借款利息费用资本化金额”为资产负债表项目附注中“在建工程”中“借款费用资本化累计金额”的数据。

由表 3-21 可以看出，中国联通连续 6 年的已获利息倍数均大于 3，最低的利息保障倍数为 2012 年的 3.74，说明公司具备偿付利息的能力。从理论的角度分析，只要利息保障倍数大于 1，中国联通就能偿还债务利息。该指标越高，债权人利益的保障程度就越高，说明公司拥有的偿还利息的缓冲资金较多；但是，从中国联通 6 年的数据看，该公司的已获利息倍数变动较大，2015 年下降至 6 年来的最低点，主要原因是税前利润减少，而公司的利息费用却大幅增加，从而造成公司财务风险增加。

为进一步更加清晰地反映中国联通已获利息倍数的变动趋势，根据上述计算结果，按照如表 3-22 所示的内容，绘制如图 3-9 所示中国联通 2010—2015 年的已获利息倍数趋势分析图。

表 3-22　中国联通已获利息倍数趋势分析表

单位：百万元

项目	2015 年	2014 年	2013 年	2012 年	2011 年	2010 年
已获利息倍数	3.13	4.62	5.59	3.74	5.43	3.84

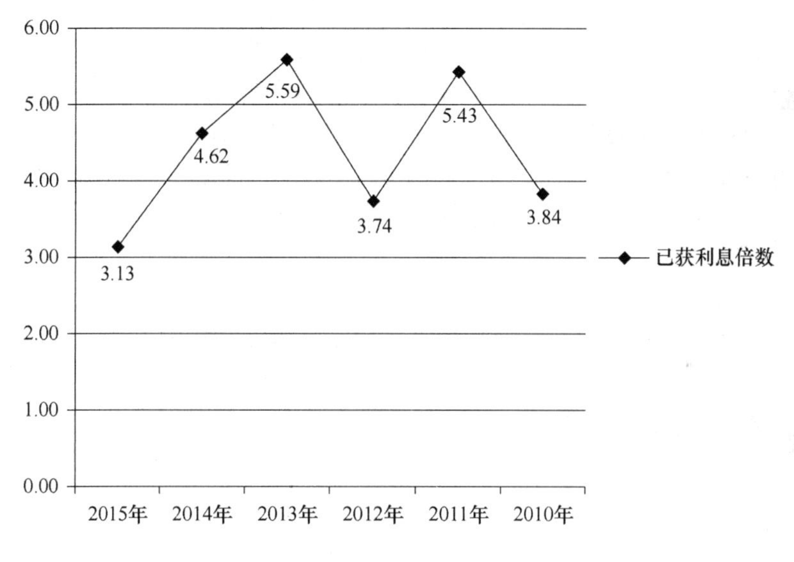

图 3-9　中国联通已获利息倍数趋势分析图

由图 3-9 可知，中国联通的已获利息倍数的曲线波动幅度非常大，呈跳跃式，2015 年达到最低点，说明 2015 年存在大量偿还利息或者进行基本建设等经济活动，需要重点关注，以降低公司的财务风险，增强公司的长期偿债能力。

当然，除了进行上述指标分析外，企业在考察长期偿债能力时，还需要关注以下一些因素：

第一，企业的或有负债，包括担保责任和未决诉讼。或有负债是指过去的交易或事项形成的潜在义务，需通过未来不确定事项的发生或不发生予以证实。

担保责任是指企业可能会以本企业的资产为其他企业提供法律担保。这种担保责任在会计报表中并未得到反映，但这种担保存在着潜在的长期负债，企业应考虑是否会有巨额的法律担保责任，在考虑偿债能力时要考虑这一因素。未决诉讼同样是或有负债，在资产负债表编制日不能确定未来的结果如何，一旦成为企业现实的负债，则会对企业的财务状况产生重大影响，尤其是金额巨大的未决诉讼项目，在进行企业偿债能力分析时也要考虑这一因素。

第二，企业的重大投资项目。由于投资金额巨大，且影响深远，因此重大投资项目的成败会对企业的长期偿债能力产生影响。当然,项目的成功也会给企业带来长远而潜在的利益和竞争优势。

第三,金融衍生工具的影响。金融衍生工具包括远期合同、期货合同、互换、期权等,这种契约的义务于签约时在双方之间转移。当金融工具的公允价值与账面价值发生重大差异,但没有在财务报表或报表附注中揭示时,报表使用者不能利用该信息分析与之相关的潜在风险。另外,会计报表未能对金融工具的风险程度进行恰当披露,由于不同大小的风险对公司未来损益变动的影响程度不同,因此,报表使用者在分析公司的长期偿债能力时,要注意考察具有资产负债表表外风险的金融工具记录,综合起来对公司偿债能力做出判断。

第六节　资产负债表营运能力分析

营运能力是指企业资产的效率高低即周转速度的快慢。资产效率指的是资产在企业生产经营中周转的速度。企业的资产从货币形态开始,经过一系列环节和形态的改变后,又回到货币形态,这种周而复始的过程称为资产周转。资产周转速度越快,资产利用的机会越多,使用效率越高。因此,资产周转的快慢直接影响着企业的流动性。周转得越快的资产,流动性越强。资产只有在周转运用中才能带来收益。

因此,分析企业的营运能力,直接关系到企业资本增值的程度。资产运营效率越高,获利能力就越强;资本增值就越快。反之,资产运营效率越低,获利能力就弱,资本增值就越慢。在全部资产中,流动资产特别是其中的应收账款和存货两项,不仅流动性较强,而且最能体现企业的经营能力与管理效率。

营运能力分析包括流动资产营运能力分析、固定资产营运能力分析和总资产营运能力分析。其中,流动资产营运能力分析包括应收账款周转率、存货周转率和流动资产周转率。

一、应收账款周转率

(一)应收账款周转率的含义

应收账款周转率是指企业一定时期赊销收入净额与应收账款平均余额的比率,用以反映应收账款的收款速度。

(二)应收账款周转率的计算公式

$$应收账款周转率=\frac{营业收入}{应收账款平均余额}$$

其中,

$$应收账款平均余额=\frac{期初应收账款+期末应收账款}{2}$$

另一个反映应收账款周转速度的指标是应收账款周转天数,也称为应收账款账龄或应收账款平均收账期,是指自产品销售出去开始至应收账款收回为止所用的天数。其计算公式如下:

$$应收账款周转天数=\frac{360}{应收账款周转次数}$$

（三）应收账款周转率的评价标准

该指标越大越好，说明应收账款周转速度很快，资金的使用效益较高；如果应收账款的周转速度减慢，表明企业应收账款风险程度提高，资金的使用效益降低。

当然，对应收账款周转率和应收账款周转期不能片面地分析，应进行横向和纵向的比较，通过与同行业平均水平或竞争对手的比较，洞悉企业的应收账款周转速度在整个行业中的水平，是快还是慢；同时，应结合企业具体情况深入了解原因，以便做出正确的判断。

（四）应收账款周转率的应用分析

【例 3-12】根据中国联通资产负债表（表 3-2）的资料以及利润表的资料，计算该公司应收账款周转率的指标，计算结果如表 3-23 所示。

表 3-23　中国联通应收账款周转率计算表（2010—2015 年）

单位：百万元

项目	2015 年	2014 年	2013 年	2012 年	2011 年	2010 年
营业收入①	277 049	288 571	303 727	256 265	215 519	176 168
应收账款期初余额②	16 632	15 312	14 300	12 439	10 408	9 871
应收账款期末余额③	16 811	16 632	15 312	14 300	12 439	10 408
应收账款平均余额 ④＝（②＋③）÷2	16 722	15 972	14 806	13 370	11 424	10 139
应收账款周转率 ⑤＝①÷④	16.57	18.07	20.51	19.17	18.87	17.37
应收账款周转天数 ⑥＝360÷⑤	22	20	18	19	19	21

注：①“营业收入”为中国联通合并利润表中的数据，见第四章表 4-2，本章不予列出。②2010 年“应收账款期初余额”为 2009 年度应收账款期末余额，见附录一表中数据。

由表 3-23 可知，中国联通 2010—2015 年的应收账款周转率分别为 17.87、18.87、19.17、20.51、18.07 和 16.57，周转一次分别为 21 天、19 天、19 天、18 天、20 天和 22 天，说明中国联通五年来的应收账款变现的速度变化不大，没有大幅波动的异常现象。但是也应该看到，从 2014 年起，应收账款周转率在下降，应收账款周转天数在增加，说明公司资金被外单位占用的时间增加，管理工作的效率有所下降，导致公司营运能力有所下降，应收账款风险程度提高，资金的使用效益降低。而 2013 年度的应收账款周转率相对于前三年，出现了加速，说明公司的变现速度开始变快，应收账款的管理效率提高，公司的营运能力增强。

为进一步更加清晰地反映中国联通应收账款周转率的变动趋势，根据上述计算结果，按照如表 3-24 所示的内容，绘制如图 3-10 所示中国联通 2010—2015 年的应收账款周转率趋势分析图。

表 3-24 中国联通应收账款周转率趋势分析表

单位:百万元

项目	2015 年	2014 年	2013 年	2012 年	2011 年	2010 年
应收账款周转率	16.57	18.07	20.51	19.17	18.87	17.37
应收账款周转天数	22	20	18	19	19	21

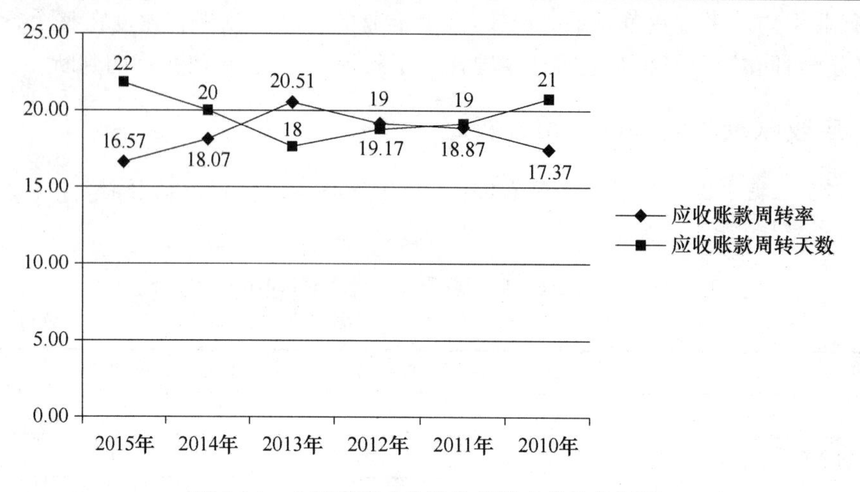

图 3-10 中国联通应收账款周转率趋势分析图

由图 3-10 可见,中国联通 2010—2015 年的应收账款周转率趋势曲线相对平稳,2013 年最高,说明应收账款收回得快,应收账款的流动性强,同时应收账款发生坏账的可能性也就越小;而 2015 年为最小值,说明 2015 年应收账款周转期长,应收账款收回得不顺畅,应收账款的流动性弱,同时应收账款发生坏账的可能性也就越大。所以,中国联通需要关注应收账款周转率的下滑趋势,研究是否需要改变信用政策等,提高应收账款周转率,尽快回笼资金。

当然,应收账款周转率的分析,应该与同行业的其他公司相比较,才更具有说服力。为此,我们选取了上海证券交易所 2015 年度 6 家具有代表性的同行业公司对应收账款周转率进行比较分析,以进一步综合评价公司应收账款的运用效率。计算结果如表 3-25 所示。

表 3-25 2015 年同行业 6 家公司应收账款周转率比较分析表

单位:百万元

项目	中国联通	中电广通	广电网络	歌华有线	大唐电信	号百控股	行业平均值
营业收入①	277 049	409	2 387	2 568	8 603	3 381	49 066
应收账款期初余额②	16 632	195	57	181	3 841	264	3 528
应收账款期末余额③	16 811	122	85	219	3 184	255	3 446
应收账款平均余额④=(②+③)÷2	16 722	158	71	200	3 513	260	3 487
应收账款周转率⑤=①/④	16.57	2.59	33.73	12.84	2.45	13.02	13.53
应收账款周转天数⑥=360/⑤	22	139	11	28	147	28	62

注:a. 表中数据来源:上海证券交易所各上市公司 2015 年度年报;b. 行业归类:依据上海证券交易所归类的“信息传输、软件和信息技术服务业”的归类(以下同)。

由表 3-25 可知,该行业平均应收账款周转次数为 13.53 次,周转一次大约需要 62 天。与行业平均水平相比,中国联通的应收账款变现速度相对较快,应收账款的管理效率较高,公司具有一定的营运能力。

二、存货周转率

（一）存货周转率的含义

存货周转率是指一定时期内企业营业成本与存货平均余额的比率。它是衡量企业销售能力和存货管理水平的指标。

（二）存货周转率的计算公式

$$存货周转率=\frac{营业成本}{存货平均余额}$$

其中，

$$存货平均余额=\frac{期初存货+期末存货}{2}$$

另一个反映存货周转速度的指标是存货周转天数，其计算公式如下：

$$存货周转天数=\frac{360}{存货周转次数}$$

（三）存货周转率的评价标准

该指标越大越好，说明存货周转速度很快，没有存货积压，存货的库存量及其他管理效率高；如果存货的周转率速度减慢，还应结合其他相关资料对存货的占用规模是否适度、结构是否合理等做进一步分析。

（四）存货周转率的应用分析

【例 3-13】根据中国联通资产负债表（表 3-2）的资料以及利润表的资料，计算该公司存货周转率的指标，计算结果如表 3-26 所示。

表 3-26　中国联通存货周转率计算表（2010—2015 年）

单位：百万元

项目	2015 年	2014 年	2013 年	2012 年	2011 年	2010 年
营业成本①	207 704	199 937	211 657	179 108	154 414	123 735
存货期初余额②	4 378	5 536	5 803	4 651	3 728	2 412
存货期末余额③	3 946	4 378	5 536	5 803	4 651	3 728
存货平均余额 ④＝（②＋③）÷2	4 162	4 957	5 670	5 227	4 190	3 070
存货周转率⑤＝①÷④	49.90	40.33	37.33	34.26	36.85	40.30
存货周转天数⑥＝360/⑤	7	9	10	11	10	9

注：①“营业成本”为中国联通合并利润表中的数据，见第四章表 4-2，本章不予列出。②2010 年“存货期初余额”为 2009 年度的存货期末余额，见附录一表中数据。

由表 3-26 可知，中国联通 2010—2015 年的存货周转率分别为 40.30、36.85、34.26、37.33、40.33 和 49.90，周转一次分别为 9 天、10 天、11 天、10 天、9 天和 7 天。从历年数据看，2012 年的存货变现速度最低，运营效率最低，存货的管理业绩下降，公司营运能力最低；

2015 年存货变现速度最快，运营效率最高，存货的管理业绩上升，公司营运能力增强。另外，从对比角度看，中国联通的存货周转率远远大于应收账款的周转率，说明存货的周转速度很快，资金的使用效益较高。

为进一步更加清晰地反映中国联通存货周转率的变动趋势，根据上述计算结果，按照如表 3-27 所示的内容，绘制如图 3-11 所示中国联通 2010—2015 年的存货周转率趋势分析图。

表 3-27　中国联通存货周转率趋势分析表

单位：百万元

项目	2015 年	2014 年	2013 年	2012 年	2011 年	2010 年
存货周转率	49.90	40.33	37.33	34.26	36.85	40.30
存货周转天数	7	9	10	11	10	9

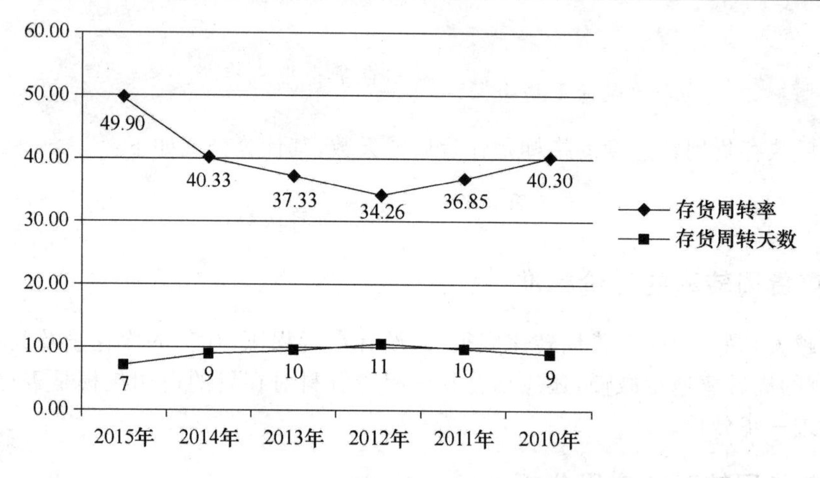

图 3-11　中国联通存货周转率趋势分析图

从图 3-11 来看，中国联通 2010—2015 年的存货周转率，在波动中上升，2010—2012 年小幅下降，而 2012—2015 年则不断上升，尤其是 2015 年达到最高值，说明中国联通被存货占用的资金回收速度在提高，存货管理水平不断提高。

当然，存货周转率的分析，应该与同行业的其他公司相比较，才更具有说服力。为此，我们选取了上海证券交易所 2015 年度 6 家具有代表性的同行业公司对存货周转率进行比较分析，以进一步综合评价公司存货的运营及管理效率，计算结果如表 3-28 所示。

表 3-28　2015 年同行业 6 家公司存货周转率比较分析表

单位：百万元

项目	中国联通	中电广通	广电网络	歌华有线	大唐电信	号百控股	行业平均值
营业成本①	207 704	327	1 560	2 055	7 494	3 014	37 026
存货期初余额②	4 378	269	62	124	1 792	40	1 111
存货期末余额③	3 946	138	60	162	2 060	20	1 064
存货平均余额 ④＝(②＋③)÷2	4 162	203	61	143	1 926	30	1 088
存货周转率⑤＝①÷④	49.90	1.61	25.68	14.36	3.89	100.42	32.64
存货周转天数⑥＝360/⑤	7	224	14	25	93	4	61

由表 3-28 可知，该行业平均存货周转次数为 32.64 次，周转一次大约需要 61 天，与行业

平均水平相比，中国联通的存货变现速度较快，存货占用资金较少，运营效率较高，存货的管理业绩较好，从而导致公司营运能力提高。

三、流动资产周转率

（一）流动资产周转率的含义

流动资产周转率，又称流动资产周转次数，是指企业一定时期的营业收入与流动资产平均余额的比率，它是反映全部流动资产周转速度和利用效率的指标，即公司流动资产在一定时期内（通常为一年）周转的次数。

（二）流动资产周转率的计算公式

$$流动资产周转率=\frac{营业收入}{流动资产平均余额}$$

其中，

$$流动资产平均余额=\frac{期初流动资产+期末流动资产}{2}$$

另一个反映流动资产周转速度的指标是流动资产周转天数，其计算公式如下：

$$流动资产周转天数=\frac{360}{流动资产周转次数}$$

（三）流动资产周转率的评价标准

在正常经营情况下，流动资产周转速度越快，流动资产周转期越短，表明流动资产利用效果越好，公司的经营效率越高；反之，则表明公司利用流动资产进行经营活动的能力差，效率低。

因为流动资产周转速度越快，以相同的流动资产完成的周转额越多，从而相对节约了流动资金，等于相对扩大了资产投入，增强了企业的盈利能力和偿债能力。对流动资产周转率和流动资产周转期进行分析时，可以进行横向和纵向的比较。横向可通过与同行业平均水平或竞争对手的比较，洞悉企业的流动资产周转速度在整个行业中的水平，与竞争对手相比是快还是慢。纵向可以通过与企业以以往各期流动资产周转率和流动资产周转期的比较，从中发现企业流动资产周转速度的变动态势，内部分析则应进一步查找原因，及时找出对策。

（四）流动资产周转率的应用分析

【例 3-14】根据中国联通资产负债表（表 3-2）的资料以及利润表的资料，计算该公司流动资产周转率的指标，计算结果如表 3-29 所示。

表 3-29　中国联通流动资产周转率计算表（2010—2015 年）

单位：百万元

项目	2015 年	2014 年	2013 年	2012 年	2011 年	2010 年
营业收入①	277 049	288 571	303 727	256 265	215 519	176 168
流动资产期初余额②	56 621	52 333	48 240	38 872	42 293	30 723

续表

项目	2015 年	2014 年	2013 年	2012 年	2011 年	2010 年
流动资产期末余额③	59 758	56 621	52 333	48 240	38 872	42 293
流动资产平均余额④=(②+③)÷2	58 189	54 477	50 286	43 556	40 583	36 508
流动资产周转率⑤=①÷④	4.76	5.30	6.04	5.88	5.31	4.83
流动资产周转天数⑥=360/⑤	76	68	60	61	68	75

注:①"营业收入"为中国联通合并利润表中的数据,见第四章表 4-2,本章不予列出。②2010 年"流动资产期初余额"为 2009 年度的流动资产期末余额,见附录一表中数据。

由表 3-29 可知,中国联通 2010—2015 年的流动资产周转率分别为 4.83、5.31、5.88、6.04、5.30 和 4.76,周转一次分别为 75 天、68 天、61 天、60 天、68 天和 76 天。从历年数据看,2010 年的流动资产的变现速度最低,运营效率最低,公司流动资产的经营利用效果最弱,进而使公司的偿债能力和盈利能力有所降低。2012 年流动资产变现速度最快,运营效率最高,流动资产的管理业绩上升,公司营运能力增强。从 2014 年开始,流动资产的变现速度降低,中国联通应查找原因,抑制变慢势头。当然,如果需要更准确的分析流动资产周转率,还需要跟同行业的数据进一步进行比较分析。

为进一步更加清晰地反映中国联通流动资产周转率的变动趋势,根据上述计算结果,按照如表 3-30 所示的内容,绘制如图 3-12 所示中国联通 2010—2015 年的流动资产周转率趋势分析图。

表 3-30　中国联通流动周转率趋势分析表

单位:百万元

项目	2015 年	2014 年	2013 年	2012 年	2011 年	2010 年
流动资产周转率	4.76	5.30	6.04	5.88	5.31	4.83
流动资产周转天数	76	68	60	61	68	75

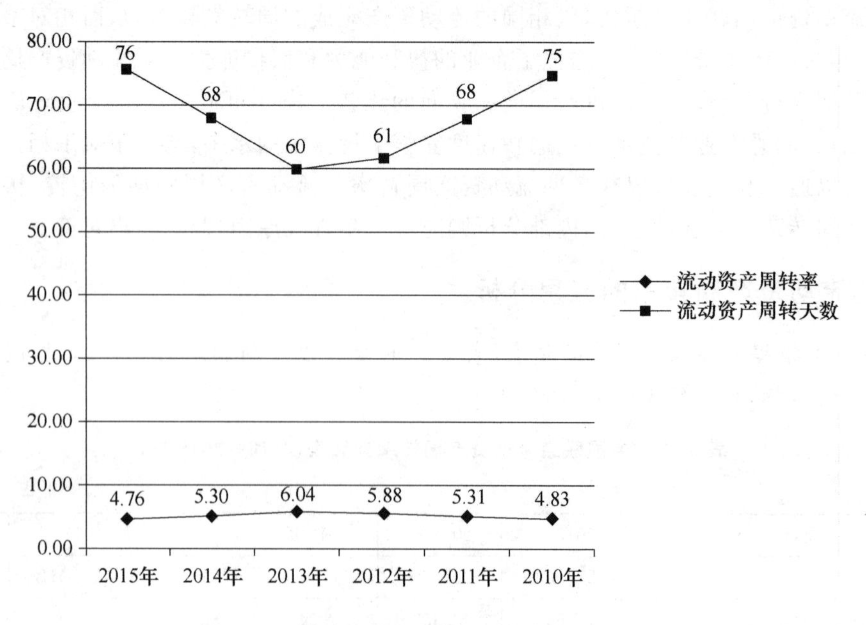

图 3-12　中国联通流动资产周转率趋势分析图

由图 3-12 可知，中国联通 2010—2015 年流动资产周转天数的曲线，是一个倒抛物线，2010—2013 年，流动资产周转天数逐年下降，说明这段时间内，中国联通流动资产的经营利用效果好，公司的经营效率高；而 2013—2015 年，流动资产的周转天数提高，表明这段时间内，公司利用流动资产进行经营活动的能力变差，效率变低。一般而言，流动资产的周转速度与应收账款和存货有密切的关系，因此，流动资产周转天数的延长，需要进一步关注应收账款和存货的周转天数。

当然，流动资产周转率的分析，应该与同行业的其他公司相比较，才更具有说服力。为此，我们选取了上海证券交易所 2015 年度 6 家具有代表性的同行业公司对流动资产周转率进行比较分析，以进一步综合评价公司流动资产的运用效率，计算结果如表 3-31 所示。

表 3-31　2015 年同行业 6 家公司流动资产周转率比较分析表

单位：百万元

项目	中国联通	中电广通	广电网络	歌华有线	大唐电信	号百控股	行业平均值
营业收入①	277 049	409	2 387	2 568	8 603	3 381	49 066
流动资产期初余额②	56 621	677	813	4 430	9 195	2 544	12 380
流动资产期末余额③	59 758	604	937	8 046	8 255	2 573	13 362
流动资产平均余额④＝(②＋③)÷2	58 189	641	875	6 238	8 725	2 559	12 871
流动资产周转率⑤＝①÷④	4.76	0.64	2.73	0.41	0.99	1.32	1.81
流动资产周转天数⑥＝360/⑤	76	564	132	874	365	272	381

由表 3-31 可知，该行业流动资产周转次数为 1.81 次，周转一次大约需要 381 天，与行业平均水平相比，中国联通的流动资产周转速度较快，流动资产占用资金较少，运营效率较高，流动资产的管理业绩较好，从而导致公司营运能力提高。

四、固定资产周转率

(一) 固定资产周转率的含义

固定资产周转率是指公司一定时期的营业收入与固定资产平均净值的比率，它是反映公司固定资产运用状况、衡量固定资产利用效果的指标。

(二) 固定资产周转率的计算公式

$$\text{固定资产周转率}=\frac{\text{营业收入}}{\text{固定资产平均余额}}$$

其中，

$$\text{固定资产平均余额}=\frac{\text{期初固定资产}+\text{期末固定资产}}{2}$$

另一个反映固定资产周转速度的指标是固定资产周转天数，其计算公式如下：

$$\text{固定资产周转天数}=\frac{360}{\text{固定资产周转次数}}$$

(三)固定资产周转率的评价标准

一般而言,固定资产周转率越高,说明公司的固定资产利用越充分,固定资产投资越得当,固定资产结构分布越合理,也就是说固定资产的运用效率越高,公司的经营活动越有效;反之,则表明固定资产的运用效率不高,提供的生产经营成果不多,公司的营运能力较差。固定资产周转率指标没有绝对的判断标准,一般通过与企业原来的水平相比较加以考察。

(四)固定资产周转率的应用分析

【例 3-15】根据中国联通资产负债表(表 3-2)的资料以及利润表的资料,计算该公司固定资产周转率的指标,计算结果如表 3-32 所示。

表 3-32　中国联通固定资产周转率计算表(2010—2015 年)

单位:百万元

项目	2015 年	2014 年	2013 年	2012 年	2011 年	2010 年
营业收入①	277 049	288 571	303 727	256 265	215 519	176 168
固定资产期初余额②	377 765	370 674	367 281	325 436	304 423	285 035
固定资产期末余额③	355 651	377 765	370 674	367 281	325 436	304 423
固定资产平均余额④=(②+③)÷2	366 708	374 220	368 978	346 359	314 929	294 729
固定资产周转率⑤=①÷④	0.76	0.77	0.82	0.74	0.68	0.60
固定资产周转天数⑥=360/⑤	477	467	437	487	526	602

注:①"营业收入"为中国联通合并利润表中的数据,见第四章表 4-2,本章不予列出。②2010 年"固定资产期初余额"为 2009 年度的固定资产期末余额,见附录一表中数据。

由表 3-32 可知,中国联通 2010—2015 年的固定资产周转率分别为 0.60、0.68、0.74、0.82、0.77 和 0.76,周转一次分别为 602 天、526 天、487 天、437 天、467 天和 477 天。总体看来,中国联通固定资产的使用效率变化不大,从 2010—2013 年,一直呈上升趋势,说明公司固定资产投资得当,固定资产利用相对充分,提供的生产经营成果越来越多,基本能够发挥固定资产的效用,对增强公司的营运能力起到一定的作用。而从 2014 年开始降低,表明公司以相同的固定资产完成的周转额降低,公司固定资产的运用效率下降,提供的生产经营成果减少,公司的营运能力降低,中国联通应关注发展的趋势。

当然,如果需要更准确地分析固定资产周转率,还需要跟同行业的数据进一步进行比较分析。

为进一步更加清晰地反映中国联通固定资产周转率的变动趋势,根据上述计算结果,按照如表 3-33 所示的内容,绘制如图 3-13 所示中国联通 2010—2015 年的固定资产周转率趋势分析图。

表 3-33　中国联通固定资产周转率趋势分析表

单位:百万元

项目	2015 年	2014 年	2013 年	2012 年	2011 年	2010 年
固定资产周转率	0.76	0.77	0.82	0.74	0.68	0.60
固定资产周转天数	477	467	437	487	526	602

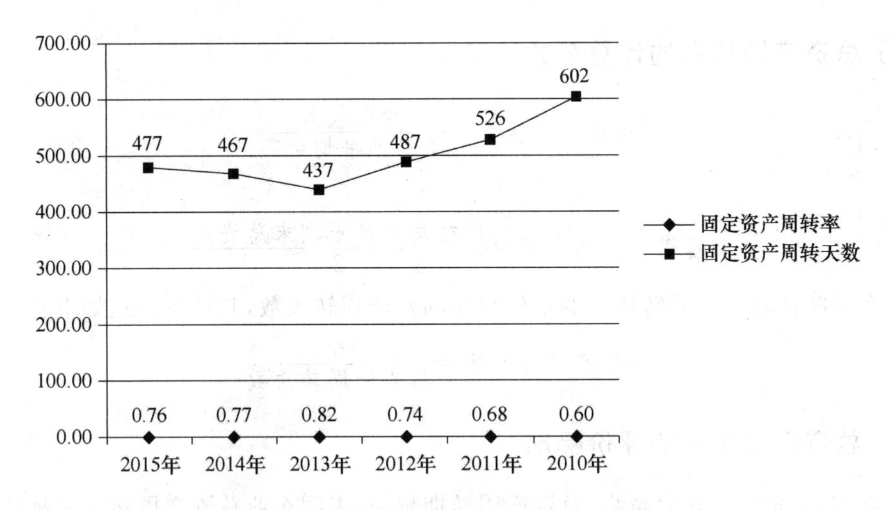

图 3-13　中国联通固定资产周转率趋势分析图

由图 3-13 可知，中国联通 2010—2013 年固定资产周转天数的趋势曲线呈逐年下降的趋势，说明中国联通固定资产利用比较充分，公司固定资产投资得当，固定资产结构分布合理，固定资产的运用效率较高，公司的经营活动有效；2013—2015 年有小幅提高，则表明中国联通这段时间固定资产的运用效率不高，提供的生产经营成果不多，公司的营运能力较差。

当然，对固定资产周转率的分析，应该与同行业的其他公司相比较，才更具有说服力。为此，我们选取了上海证券交易所 2015 年度 6 家具有代表性的同行业公司对固定资产周转率进行比较分析，以进一步综合评价公司固定资产的运用效率，计算结果如表 3-34 所示。

表 3-34　2015 年同行业 6 家公司固定资产周转率比较分析表

单位：百万元

项目	中国联通	中电广通	广电网络	歌华有线	大唐电信	号百控股	行业平均值
营业收入①	277 049	409	2 387	2 568	8 603	3 381	49 066
固定资产期初余额②	377 765	85	3 427	4 748	859	794	64 613
固定资产期末余额③	355 651	97	3 598	4 148	834	717	60 841
固定资产平均余额④＝(②＋③)÷2	366 708	91	3 512	4 448	846	756	62 727
固定资产周转率⑤＝①÷④	0.76	4.49	0.68	0.58	10.16	4.48	3.52
固定资产周转天数⑥＝360/⑤	477	80	530	624	35	80	304

由表 3-34 可知，该行业固定资产周转次数为 3.52 次，周转一次大约需要 304 天，与行业平均水平相比，中国联通的固定资产周转速度较慢，固定资产占用资金较多，运营效率较低，从而导致公司营运能力降低。

五、总资产周转率

(一) 总资产周转率的含义

总资产周转率也称总资产利用率，是企业一定时期的营业收入与总资产平均余额的比率，反映企业的总资产在一定时期内创造了多少营业收入，反映总资产的利用效率。

(二)总资产周转率的计算公式

$$总资产周转率=\frac{营业收入}{总资产平均余额}$$

其中,

$$总资产平均余额=\frac{期初总资产+期末总资产}{2}$$

另一个反映流动资产周转速度的指标是流动资产周转天数,其计算公式如下:

$$总资产周转天数=\frac{360}{总资产周转次数}$$

(三)总资产周转率的评价标准

一般而言,总资产周转率越高,总资产周转期越短,表明企业总资产周转速度越快,说明公司全部资产经营利用的效果越好,公司的经营效率越高,进而使公司的偿债能力和盈利能力得到增强。反之,则表明企业利用全部资产进行经营活动的能力差,效率低,最终还将影响公司的盈利能力。

如果总资产周转率长期处于较低的水平,公司应采取适当措施提高各项资产的利用程度,对那些多余的使用受限的资产及时进行处理,加快资产周转速度。另外,对该指标可以进行趋势分析,不但能够反映出企业本年度以及以前年度总资产的运营效率及其变化,而且能够发现企业与同类企业在资金利用上的差距,促进企业提高资金利用率。

(四)总资产周转率的应用分析

【例3-16】根据中国联通资产负债表(表3-2)的资料以及利润表的资料,计算该公司总资产周转率的指标,计算结果如表3-35所示。

表3-35　中国联通总资产周转率计算表(2010—2015年)

单位:百万元

项目	2015年	2014年	2013年	2012年	2011年	2010年
营业收入①	277 049	288 571	303 727	256 265	215 519	176 168
总资产期初余额②	547 125	531 364	518 357	458 524	443 466	419 232
总资产期末余额③	615 319	547 125	531 364	518 357	458 524	443 466
总资产平均余额④=(②+③)÷2	581 222	539 245	524 861	488 441	450 995	431 349
总资产周转率⑤=①÷④	0.48	0.54	0.58	0.52	0.48	0.41
总资产周转天数⑥=360/⑤	755	673	622	686	753	881

注:①"营业收入"为中国联通合并利润表中的数据,见第四章表4-2,本章不予列出。②2010年"资产期初余额"为2009年度的资产期末余额,见附录一表中数据。

由表3-35可知,中国联通2010—2015年的总资产周转率分别为0.41、0.48、0.52、0.58、0.54和0.48,周转一次分别为881天、753天、686天、622天、673天和755天。总体看来,中国联通总资产的使用效率变化不大,从2010—2013年,一直呈上升趋势,说明公司总资产周转速度逐渐加快,公司的全部资产经营利用效果增强,从而增强了公司的营运能力。但从2014

年起，总资产周转率开始降低，中国联通应关注此趋势的发展，并在必要的时候采取措施予以控制。

当然，为了客观评价公司资产的运用效率状况，还需要与同业进行比较分析，以掌握公司的在同行业中的发展状况。

为进一步更加清晰地反映中国联通总资产周转率的变动趋势，根据上述计算结果，按照如表 3-36 所示的内容，绘制如图 3-14 所示中国联通 2010—2015 年的总资产周转率趋势分析图。

表 3-36　中国联通总资产周转率趋势分析表

单位：百万元

项目	2015 年	2014 年	2013 年	2012 年	2011 年	2010 年
总资产周转率	0.48	0.54	0.58	0.52	0.48	0.41
总资产周转天数	755	673	622	686	753	881

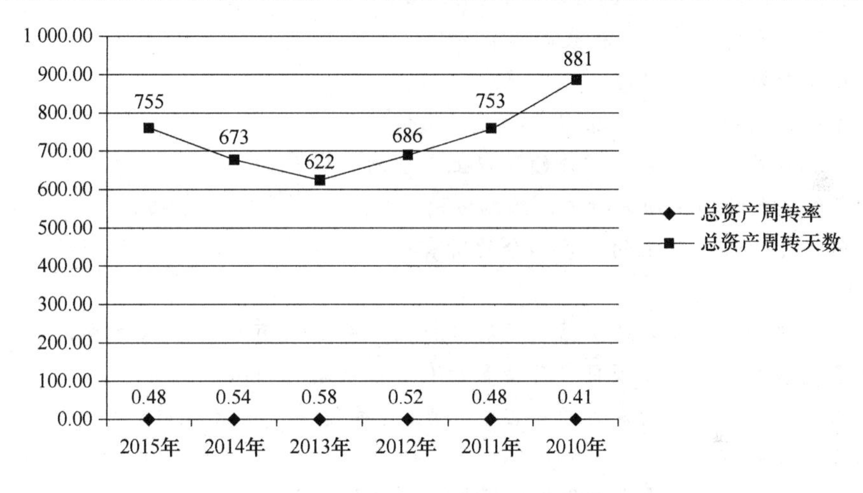

图 3-14　中国联通总资产周转率趋势分析图

由图 3-14 可知，中国联通 2010—2013 年总资产周转天数的趋势曲线呈逐年下降趋势，说明 2010—2013 年，中国联通全部资产经营利用的效果好，公司的经营效率高，进而使公司的偿债能力和盈利能力得到增强；而 2013—2015 年，总资产周转天数提高了，则表明公司利用全部资产进行经营活动的能力变差，效率变低，中国联通应关注这种趋势，在必要的时候应采取适当措施提高各项资产的利用程度，对那些确实无法提高利用率的多余、限制资产及时进行处理，加快资产周转速度。

当然，总资产周转率的分析，应该与同行业的其他公司相比较，才更具有说服力。为此，我们选取了上海证券交易所 2015 年度 6 家具有代表性的同行业公司对总资产周转率进行比较分析，以进一步综合评价公司总资产的运用效率，计算结果如表 3-37 所示。

表 3-37　2015 年同行业 6 家公司总资产周转率比较分析表

单位：百万元

项目	中国联通	中电广通	广电网络	歌华有线	大唐电信	号百控股	行业平均值
营业收入①	277 049	409	2 387	2 568	8 603	3 381	49 066
总资产期初余额②	547 125	1 445	5 118	10 454	13 965	3 733	96 973
总资产期末余额③	615 319	1 224	5 411	14 021	13 795	3 689	108 910

续表

项目	中国联通	中电广通	广电网络	歌华有线	大唐电信	号百控股	行业平均值
总资产平均余额④=(②+③)÷2	581 222	1 334	5 264	12 237	13 880	3 711	102 941
总资产周转率⑤=①÷④	0.48	0.31	0.45	0.21	0.62	0.91	0.50
总资产周转天数⑥=360/⑤	755	1 174	794	1 715	581	395	902

由表3-37可知,该行业平均总资产周转次数为0.50次,周转一次大约需要902天,与行业平均水平相比,中国联通的总资产周转速度稍慢,运营效率略低,使得公司的营运能力略弱。

本章知识点小结

本章主要讲授资产负债表的分析,需要掌握的核心知识点梳理如下。

1. 资产负债表增减变动分析表的编制方法

首先,增减金额为本年度减去上年度的差额。

其次,增减比重为增加金额除以上年度的比值。

第三,对总资产的影响等于增减额除以上年度的总资产。

2. 资产负债表结构变动分析表的编制方法

首先,将本年初和本年末的资产部分的所有项目除以总资产,得出各资产项目占总资产的比重。

其次,将本年初和本年末的负债和所有者权益部分的所有项目除以负债和所有者权益合计,得出各负债和所有者权益项目占负债和所有者权益总和的比重。

第三,用本年度资产负债表各项目占总资产(总负债和所有者权益)的比重减去上年度的比重,得出变动的差额。

3. 资产负债表短期偿债能力指标的计算与评价

(1) 营运资金的计算公式与评价标准

$$营运资金=流动资产-流动负债$$

当流动资产大于流动负债时,营运资金为正数,说明营运资金出现了剩余;当流动资产小于流动负债时,营运资金为负数,说明营运资本金出现了短缺。

(2) 流动比率的计算公式与评价标准

$$流动比率=\frac{流动资产}{流动负债}$$

国际公认的标准为2,我国较好标准为1.5。

(3) 速动比率的计算公式与评价标准

$$速动比率=\frac{速动资产}{流动负债}$$

国际公认的标准为1,我国较好标准为0.8。

(4) 现金比率的计算公式与评价标准

$$现金比率=\frac{现金类资产}{流动负债}$$

一般而言,现金比率越高,说明企业能够随时偿还流动负债的能力越强,企业面临的短期偿债压力越小;反之,则说明企业的短期偿债压力较大。

4. 资产负债表长期偿债能力指标的计算与评价

(1) 资产负债率的计算公式与评价标准

$$资产负债率=\frac{负债总额}{资产总额}\times100\%$$

一般而言，资产负债率越小，则表明企业长期偿债能力越强，反之，则表明企业的长期偿债能力越弱。该指标的保守比率是不超过50%，国际公认的标准是不超过60%。

(2) 产权比率的计算公式与评价标准

$$产权比率=\frac{负债总额}{股东权益}\times100\%$$

一般而言，产权比率越高，说明企业偿还长期债务的能力越弱；反之，产权比率越低，表明公司的长期偿债能力越强，债权人承担的风险越小。

(3) 有形净值债务率的计算公式与评价标准

$$有形净值债务率=\frac{负债总额}{股东权益-无形资产}\times100\%$$

一般而言，该比率越低，保障程度越高，公司有效偿债能力越强；反之，公司有效偿债能力越弱。

(4) 权益乘数的计算公式与评价标准

$$权益乘数=\frac{资产总额}{股东权益}=\frac{1}{1-资产负债率}$$

权益乘数越小，表明所有者的投入资本占全部资产的比重越大，企业负债程度越低，债权人的权益受到保障的程度就越高。通常情况下，权益乘数应当大于1。

(5) 已获利息倍数的计算公式与评价标准

$$已获利息倍数=\frac{(利润总额+利息支出)}{利息支出}$$

该指标是用以衡量偿付债务利息的能力，比值越高，长期偿债能力越强。该指标的值至少应当大于1。

5. 资产负债表营运能力指标的计算与评价

(1) 应收账款周转率的计算公式与评价标准

$$应收账款周转率=\frac{营业收入}{应收账款平均余额}$$

该指标越大越好，说明应收账款周转速度很快，资金的使用效益较高；如果应收账款的周转速度减慢，表明企业应收账款风险程度提高，资金的使用效益降低。

(2) 存货周转率的计算公式与评价标准

$$存货周转率=\frac{营业成本}{存货平均余额}$$

该指标越大越好，说明存货周转速度很快，没有存货积压，存货的库存量及其他管理效率高；如果存货的周转率速度减慢，还应结合其他相关资料对存货的占用规模是否适度、结构是否合理等做进一步分析。

(3) 流动资产周转率的计算公式与评价标准

$$流动资产周转率=\frac{营业收入}{流动资产平均余额}$$

在正常经营情况下，流动资产周转速度越快，流动资产周转期越短，表明流动资产利用效果越好，公司的经营效率越高；反之，则表明公司利用流动资产进行经营活动的能力差，效率低。

(4) 固定资产周转率的计算公式与评价标准

$$固定资产周转率=\frac{营业收入}{固定资产平均余额}$$

一般而言，固定资产周转率越高，说明公司的固定资产利用越充分，固定资产投资越得当，固定资产结构分布越合理，也就是说固定资产的运用效率越高，公司的经营活动越有效。

(5) 总资产周转率的计算公式与评价标准

$$总资产周转率=\frac{营业收入}{总资产平均余额}$$

一般而言，总资产周转率越高，总资产周转期越短，表明企业总资产周转速度越快，说明公司全部资产经营利用的效果越好，公司的经营效率越高，进而使公司的偿债能力和盈利能力得到增强。

思考与练习

一、填空题

1. 根据企业经济活动的特点，从会计的角度将企业全部的经济活动最终归结为：资产、________、所有者权益、________、费用和利润6个会计要素。

2. 资产负债表的编制依据为________。

3. 资产负债表的结构分析，一般包括________及发展趋势分析和________及其合理性分析两个方面。

4. 营运资金＝流动资产－________。

5. 在全部资产中，流动资产特别是其中的________和________两项，不仅流动性较强，而且最能体现企业的经营能力与管理效率。

二、单选题

1. 一般而言，表明企业的流动负债有足够流动资产作保证，其营运资金应为(　　)。

A. 正数　　B. 负数　　C. 0　　D. 小数

2. 以下不属于偿债能力比率的是(　　)。

A. 流动比率　　B. 资产负债率　　C. 应收账款周转率　　D. 利息保障倍数

3. 以下不属于营运能力比率的是(　　)。

A. 流动比率　　B. 存货周转率

C. 应收账款周转率　　D. 流动资产周转率

4. 流动比率表明平均每元流动负债相应地有多少流动资产作保证，国际公认的标准为(　　)。

A. 1　　B. 1.5　　C. 2　　D. 2.5

5. 速动比率表示企业速动资产对流动负债的保证倍数，国际公认的标准为(　　)。

A. 1　　B. 1.5　　C. 2　　D. 2.5

三、多选题

1. 不同企业或同一企业的不同时期，其资本结构是不同的，具体来说有以下哪几种类型：(　　)。

A. 谨慎型资本结构　B. 风险型资本结构　C. 适中型资本结构　D. 融资结构

2. 下列有关已获利息倍数的叙述，正确的有(　　)。

A. 已获利息倍数是从企业的收益方面考察其长期偿债能力

B. 已获利息倍数越高，表明企业对偿还债务的保障程度越强

C. 这里的利息费用还包括予以资本化的部分

D. 这里的利息费用不包括予以资本化的部分

3. 反映企业短期偿债能力的指标有(　　)。

A. 营运资金　B. 流动比率　C. 速动比率　D. 现金比率

4. 反映企业长期偿债能力的指标有(　　)。

A. 资产负债率　B. 产权比率　C. 已获利息倍数　D. 权益乘数

5. 反映企业营运能力的指标有(　　)。

A. 应收账款周转率　B. 资产负债率　C. 已获利息倍数　D. 存货周转率

四、案例分析题

(一) 案例背景资料

广电网络是陕西省行政区域内唯一的有线电视网络运营商，陕西省电子政务传输网建设支撑企业，合法的ISP接入业务服务商，也是全国首家实现省域网络全程全网整体上市的省级广电网络公司，拥有国家广电总局有线数字电视应用技术实验室。公司主要负责陕西省内广播电视网络的规划建设和运营管理，对全省广电网络实行统一规划、统一建设、统一运营、统一管理，实现省、市、县、乡、村五级贯通，通过“有线＋无线”方式覆盖全省一千多万家庭用户。

1. 公司的主营业务

当前，公司主营业务涵盖有线电视基本业务、数字电视增值业务、集团/家庭网络接入业务。有线电视业务方面，公司向用户提供170余套中省市电视直播频道；数字电视增值业务方面，公司打造高清互动“e＋TV”品牌，向用户提供80套高标清付费节目，48个频道4天回看、3小时时移，超过5万小时影视剧点播等内容，以及3D专区、资讯、应用等服务；集团/家庭网络接入业务方面，公司向集团用户提供数据专网专线服务，向个人家庭用户提供10M、20M、50M的宽带业务产品供选择。同时，公司还提供以上业务的不同组合，以满足用户多样化个性化需求。另一方面，公司坚守主业，多元并举，围绕行业上下游和相关领域积极拓展全媒体、多网络、综合性业务体系。

2. 主要经营模式

公司主要通过向广大用户提供广播电视传输、数字电视增值、互联网接入等服务获得收入。主要收入来源如下：

(1) 有线电视收视业务收入。通过向陕西省内有线电视用户提供电视节目收视、视频点播等业务，向用户收取数字电视收视费。该项业务收入目前主要包括基本收视费、付费电视收视费和互动电视收视费等。

(2) 数据业务收入。通过向陕西省内数据用户提供互联网接入服务，向用户收取有线宽

带使用费。该项业务收入目前主要包括个人宽带业务收入和集团客户专网专线业务收入。

(3) 安装工料费收入。该项业务收入主要是对入网的有线电视用户,收取一定的有线电视入户工本材料费。

(4) 卫视落地收入。根据行业管理规定,在陕西省内公司有权接收并通过自己的网络向用户传输有线电视节目信号。该项业务收入主要是国内各省级电视台卫视频道以及有全国落地牌照的购物频道在陕西省内落地传输向公司缴纳的落地费,公司收取落地费后在有线电视网内传输相应频道信号。

3. 行业情况

公司所属行业为有线广播电视传输行业。自1964年北京饭店建立了一个共用天线电视系统标志着中国有线电视系统的产生至今,经过几十年的努力,我国有线广播电视传输行业发展经历了1964—1983年的共用天线阶段、1983—1990年的闭路电视阶段和1990年以来的高速发展阶段,其中,高速发展阶段又经历了模拟电视—单向数字电视—互动数字电视等几个重要时期,已经具备相当大的市场规模。

从2010年开始,随着三网融合的加快推进、IPTV的迅速发展以及互联网电视等新业态的快速崛起,有线广播电视传输行业迎来了全面竞争。但同时,国家促进信息消费、实施"宽带中国"战略、推进"互联网＋"行动,又给有线广播电视传输行业创造了新的市场机会。面对市场环境、政策环境、技术环境、生态环境的深刻变化,有线广播电视传输行业一方面在传统主业上寻求新的发展和变革,另一方面努力深化媒体融合,推动全面转型升级。

在传统主业方面,有线广播电视传输行业近年来通过加快数字化转换、推动双向网改造、发展高清互动业务、丰富节目内容和增值应用等,用户规模持续扩大,产业收益持续攀升。

在转型升级方面,有线广播电视传输行业积极进行探索。近年来,一些广电机构积极实施"广电＋"行动计划和宽带广电战略,因地适宜、因台制宜,依托广电优势内容或特色内容,基于互联网和移动互联网,向相关行业领域拓展影响力和产业触角,探索广电＋教育、广电＋政务、广电＋信息服务、广电＋医疗、广电＋农业等"广电＋"融合发展新型模式,取得显著成绩。未来,有线广播电视传输行业将以科技创新推动全面转型升级,抢占网络信息技术制高点,积极主动开展云计算、大数据、智能技术等一系列关键技术的研发和应用,推动高新技术与广电业务融为一体,实现从简单相"加"到深度相"融",打造新型主流媒体。

(二) 公司的合并资产负债表(如题表3-1所示)

题表3-1　合并资产负债表

编制单位:陕西广电网络传媒(集团)股份有限公司　　　　单位:元　　币种:人民币

项目	2015年12月31日	2014年12月31日
流动资产		
货币资金	295 946 497.35	313 056 454.65
以公允价值计量且其变动计入当期损益的金融资产		
应收票据		700 000.00
应收账款	119 163 299.78	101 767 077.90
预付款项	105 191 526.02	78 108 622.14
应收利息		

续 表

项目	2015 年 12 月 31 日	2014 年 12 月 31 日
应收股利		
其他应收款	23 798 073.50	27 764 486.06
存货	130 390 562.96	118 688 165.87
划分为持有待售的资产		
其他流动资产	262 887 256.99	172 447 479.72
流动资产合计	937 377 216.60	812 532 286.34
非流动资产		
可供出售金融资产	16 000 000.00	13 000 000.00
长期股权投资	26 909 126.11	27 315 950.47
长期应收款		
固定资产	3 597 852 849.65	3 426 852 773.23
在建工程	517 376 399.00	543 263 216.80
固定资产清理	15 814.58	75 518.38
工程物资		
无形资产	91 984 477.57	68 215 632.39
开发支出		
长期待摊费用	221 670 867.15	226 336 776.17
递延所得税资产	1 424 019.36	761 423.94
其他非流动资产		
非流动资产合计	4 473 233 553.42	4 305 821 291.38
资产总计	5 410 610 770.02	5 118 353 577.72
流动负债		
短期借款	620 000 000.00	460 000 000.00
应付短期债券		
应付票据		
应付账款	932 691 846.63	863 462 287.22
预收款项	954 515 650.94	985 020 311.71
应付职工薪酬	109 589 764.82	100 015 122.88
应交税费	16 550 569.60	10 609 039.24
应付利息	9 000 000.00	9 000 000.00
应付股利	1 079 352.36	997 473.94
其他应付款	65 858 534.66	45 743 942.00
一年内到期的非流动负债	60 000 000.00	60 000 000.00
其他流动负债		
流动负债合计	2 769 285 719.01	2 534 848 176.99
非流动负债		
长期借款	375 000 000.00	435 000 000.00

续表

项目	2015 年 12 月 31 日	2014 年 12 月 31 日
应付债券	298 735 507.65	297 950 505.91
长期应付款		
长期应付职工薪酬		
预计负债	8 366 275.00	8 022 295.00
其他非流动负债(递延收益)	1 202 075.00	
递延所得税负债		
非流动负债合计	683 303 857.65	740 972 800.91
负债合计	3 452 589 576.66	3 275 820 977.90
股东权益		
股本	563 438 537.00	563 438 537.00
资本公积	432 859 976.01	432 859 976.01
其他综合收益		
盈余公积	91 924 582.27	80 667 885.89
未分配利润	818 574 148.17	713 505 592.26
外币报表折算差额		
归属母公司股东权益合计	1 906 797 243.45	1 790 471 991.16
少数股东权益	51 223 949.91	52 060 608.66
股东权益合计	1 958 021 193.36	1 842 532 599.82
负债和股东权益总计	5 410 610 770.02	5 118 353 577.72

资料来源:上海证券交易所广电网络(股票代码:600831)2015 年报。

(三) 案例要求

1. 根据上述资料,要求编制资产负债表的增减变动分析表、结构变动分析表,并进行分析。

2. 根据上述资料,计算营运资金、流动比率、速动比率,进行短期偿债能力分析。

3. 根据上述资料,计算资产负债率、已获利息倍数,进行长期偿债能力分析。

4. 根据上述资料,计算存货周转率、应收账款周转率、总资产周转率,进行营运能力分析。

第四章　利润表分析

本章知识体系框架

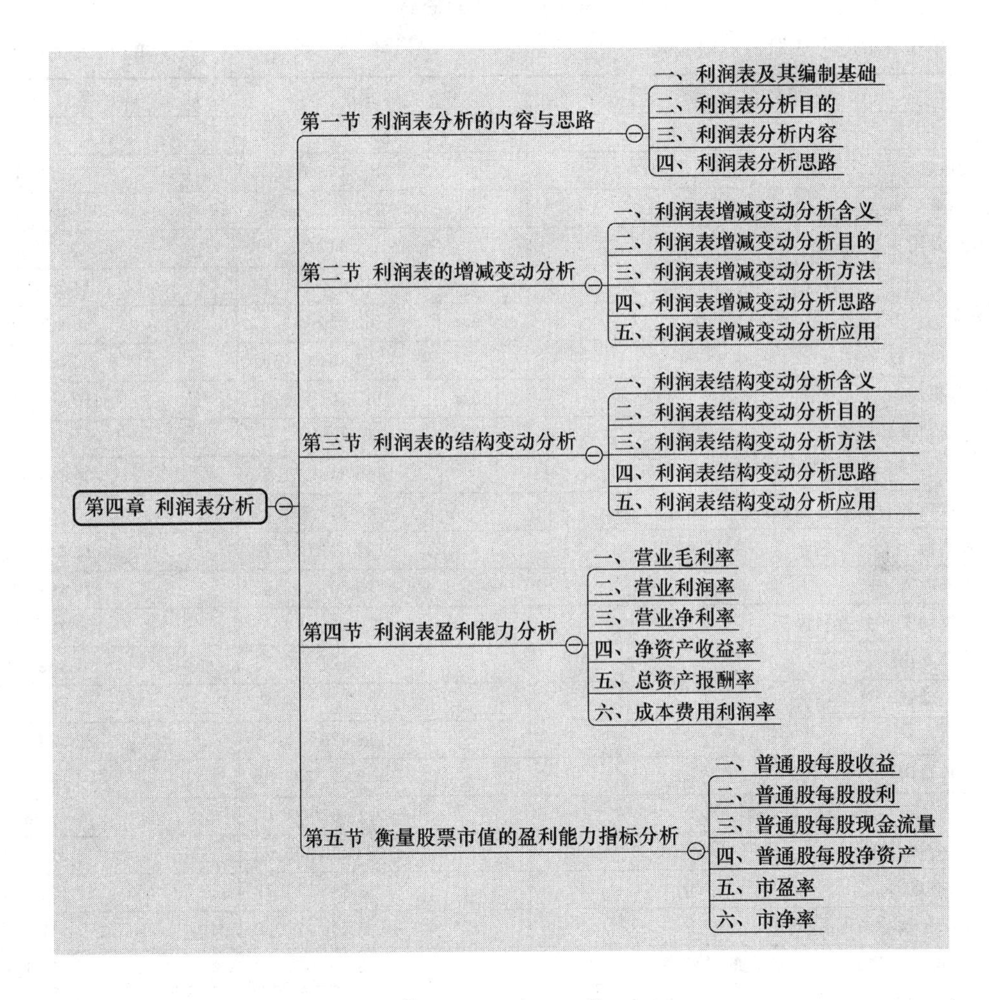

【引导案例】

前续第三章，中电广通股份有限公司集成电路(IC)卡及模块属于集成电路行业，被广泛应用于信息安全、金融支付、身份识别等领域，属于国家“十三五”规划的改革推进方向。金融IC卡换发在短期内仍将推动智能卡市场需求的扩大；但是，受手机SIM卡实名制、支付宝、微信支付等多种因素影响，智能卡在以上领域的需求逐步下降；国内智能卡封装市场价格竞争进一步加剧，利润空间进一步被压缩；汇率波动对进口原材料采购成本也存在较大影响。

另外，公司由于信息安全产品自主可控的要求，以及服务器产品的更新换代，传统的服务器代理分销以及系统集成业务中大量使用的IBM服务器及存储器产品市场需求大幅下滑；国产化产品及自主可控知识产权产品正逐渐取代国外品牌；云计算和移动互联平台作为突破性技术，正快速改变着传统的行业结构、业务模式和竞争格局，因此，公司计算机系统集成与分销业务经营模式为代理分销和技术服务，主要代理产品为IBM服务器及软件，为电信、银行、铁路等行业性客户服务。报告期内，IBM服务器分销资格已被取消，集成资质由二级降为三级。由于受行业影响，该业务市场需求大幅萎缩。

2015年度中电广通(股票代码:600764)公司的合并利润表如表4-1所示。

表4-1　合并利润表

编制单位：中电广通股份有限公司　　　　单位:人民币元

项目	2015年度	2014年度
	合并	合并
一、营业收入	409 163 405.23	718 950 384.45
二、减:营业成本	327 268 462.10	605 947 486.26
营业税金及附加	1 517 954.46	3 017 605.57
销售费用	13 839 192.18	14 768 952.18
管理费用	63 950 983.27	65 039 584.92
财务费用(加:收入)	27 654 069.92	36 494 268.46
资产减值损失	145 567 796.91	10 804 619.36
加:公允价值变动收益		
投资收益	46 543 371.84	30 799 612.36
其中:对联营和合营企业的投资损失	46 543 371.84	36 639 407.17
三、营业利润	−124 091 681.77	13 677 480.06
加:营业外收入	5 652 363.43	10 454 261.56
其中:非流动资产处置利得	55 672.87	221 918.39
减:营业外支出	197 539.71	1 808 718.72
其中:非流动资产处置损失	47 539.71	764 590.53
四、利润总额	−118 636 858.05	22 323 022.90
减:所得税费用	2 825 733.09	4 135 161.27
五、净利润	−121 462 591.14	18 187 861.63
归属于母公司普通股股东净利润	−124 993 305.93	5 219 200.84
少数股东损益	3 530 714.79	12 968 660.79
六、其他综合收益的税后净额	5 102 177.38	1 047 250.93
归属母公司股东的其他综合收益的税后净额	5 040 071.00	1 077 442.84
(一)以后不能重分类进损益的其他综合收益		
1. 重新计量设定受益计划负债的变动		
(二)以后将重分类进损益的其他综合收益:	5 040 071.00	1 077 442.84
1. 权益法下在被投资单位以后将重分类进损益的其他综合收益中享有的份额	4 027 832.70	1 483 306.23
2. 可供出售金融资产公允价值变动损益		

续表

项目	2015 年度	2014 年度
	合并	合并
3. 外币财务报表折算差额	1 012 238.30	－405 863.39
归属于少数股东的其他综合收益的税后净额	62 106.38	－30 191.91
七、综合收益总额	－116 360 413.76	19 235 112.56
归属于母公司普通股股东综合收益总额	－119 953 234.93	6 296 643.68
归属于少数股东的综合收益总额	3 592 821.17	12 938 468.88
八、每股收益(归属于母公司普通股股东)		
基本每股收益	－0.379	0.016
稀释每股收益	－0.379	0.016

注:上述资料和报表数据来源于上海证券交易所中电广通(股票代码 600764)年报。

面对中电广通所披露的上述利润表,公司取得利润的情况如何? 可以获取哪些盈利信息呢? 中电广通的营业收入、营业成本及费用等的变动情况如何? 如何透过该利润表评价该公司的盈利能力? 公司的盈利原因是什么? 是什么因素引起了利润的增加? 或者,公司的亏损原因是什么? 是什么因素导致了亏损?

本章的内容就是通过一系列理论知识的学习与实践能力的培养解决上述问题。

(案例来源:中电广通在上海证券交易所披露的 2015 年度年报。)

第一节　利润表分析的内容与思路

一、利润表及其编制基础

(一) 利润表的含义

利润表是反映企业一定会计期间经营成果的会计报表,是一张动态的会计报表。经营成果是指企业经过一定时期的经营取得的全部收入减去全部支出后的差额。当全部收入大于全部支出时,企业的经营成果为盈利;当全部收入小于全部支出时,其经营结果为亏损;当全部收入等于全部支出时,其经营成果为盈亏平衡。

利润表的格式主要有单步式利润表和多步式利润表两种。

单步式利润表是将本期发生的所有收入集中在一起列示,将所有的成本、费用等支出类也集中在一起列示,最后将收入类总计减去成本费用类总计,计算出本期净利润(或亏损)。

多步式利润表的结构,在利润表中分为三个层次:营业利润、利润总额和净利润。

(1) 营业利润。收入减去费用后的净额,即营业利润,它是企业利润的基础。

(2) 利润总额。在营业利润的基础上加上直接计入当期利润的利得减去直接计入当期利润的损失,即为利润总额。

(3) 净利润。在利润总额的基础上减去所得税费用,即为净利润。所得税费用是指企业应从利润总额中扣除的所得税。

(二) 利润表编制的理论依据

在第三章中,我们已经阐述了借贷记账法根据企业经济活动的特点,从会计的角度将企业全部的经济活动最终归结为:资产、负债、所有者权益、收入、费用、利润 6 个会计要素。同时,介绍了"资产＝负债＋所有者权益"这一会计恒等式，在这个公式的基础上，根据借贷记账法的记账原理，可以将收入、费用、利润这三个要素归结为如下公式：

收入－费用＝利润

收入是指企业在日常经营活动中形成的、会导致企业的所有者权益增加的、与所有者投入资本无关的经济利益的总流入。收入可以有不同的分类，可分为销售商品收入、提供劳务收入、让渡资产使用权收入、建造合同收入等。

费用是指企业在日常经营活动中发生的、会导致企业所有者权益减少的、与向所有者分配利润无关的经济利益的总流出。广义的费用是指企业在日常活动中所发生的所有耗费，包括费用和成本两部分。狭义的费用仅指企业为销售商品、提供劳务等日常经营活动，所发生的经济利益的流出。我国的费用概念界定为狭义的费用，即仅指与营业收入的获得相关所发生的费用。

利润是指企业一定会计期间内的经营成果，是全部收入减去全部费用差额，是收入与费用相抵后的盈余，如果收入大于费用，则为盈利，如果收入小于费用，则为亏损，它反映企业在一定期间内所取得的生产经营的财务成果。企业生产产品，进行销售，也可能同时对外提供劳务，从顾客或者消费者那里获得收入，这一过程大多导致企业资产的增加，或者负债的减少，也会导致所有者权益的增加。

（三）利润表编制目的

编制利润表的主要目的是将企业一定会计期间的经营结果，提供给企业外部和内部的各个财务会计信息的使用者，使他们通过利润表洞察盈利的规模、结构以及企业的经营业绩，从而进一步分析企业的获利能力、企业投资的报酬风险等，为企业决策提供依据。

二、利润表分析目的

利润表是反映企业经营成果的会计报表。分析利润表就是要分析企业的盈利能力和获利水平，评价相关成本费用的支出是否合理，为未来的发展策略提供可行性的建议。具体来说，分析利润表的目的包括以下几个方面：

首先，通过对利润表的分析，可以评价企业收入和成本费用的匹配程度。企业一定会计期间内的收入实现，是需要一定的成本、耗费一定的费用取得的，通过对利润表的分析，能够评价成本控制是否合理，费用支出是否合理，是否存在不正常的费用耗费等情况。

其次，通过对利润表的分析，能够准确地发现企业生产经营管理中存在的问题。通过增减变动分析和结构变动分析，能够比较分析利润表中各项构成要素，并与以前各期相比较，了解企业各项收入、费用和利润的升降趋势及其变化幅度，找出原因所在，发现经营管理中存在的问题。

第三，通过对利润表的分析，能够为投资者、债权人的投资与信贷决策提供正确信息。企业作为经济生活中重要的一员，需要筹集资金、进行投资和正常的生产经营，这些活动都离不开各利益相关者，而投资者、债权人等各利益相关者密切关注的就是企业的盈利能力等经营成果，透过利润表，能够分析企业利润的形成结构，能够通过计算相关盈利能力指标，评价企业的盈利能力，为投资者、债权人提供反映经营成果的财务信息。

三、利润表分析内容

利润表分析的目的决定了利润表的分析内容。利润表分析要了解和评价企业的各项收入、成本费用等的变动情况和盈利能力情况，所以利润表的分析内容应从以下几个方面着手。

1. 利润表增减变动分析

通过编制利润表增减变动分析表，将利润表中各报表项目的本期与上期进行比较，从利润的形成和分配两方面反映利润额的变动情况，揭示企业在利润形成与分配各环节的会计政策、管理业绩及存在的问题。

2. 利润表结构变动分析

通过编制利润表结构变动分析表，将利润表各报表项目与总的营业收入进行比较，揭示各项利润及成本费用与收入的关系，以反映企业的各环节的利润构成、利润及成本费用水平。

3. 利润表中收入项目分析

利润表中的收入项目包括营业收入、投资收益、营业外收入等。企业营业收入是指企业在从事销售商品、提供劳务和让渡资产使用权等日常经营过程中取得的收入，分为主营业务收入和其他业务收入两部分。营业外收入是指企业在经营业务以外取得的收入，主要包括固定资产出售净收益、罚款收入和政府补助收入等。投资收益是指企业从事各项对外投资活动取得的收益。

4. 利润表各项成本费用分析

企业的生产经营活动所耗费的成本费用，均体现在利润表中，这些成本费用包括营业成本、营业税金及附加、销售费用、管理费用、财务费用、资产减值损失等。营业成本是指与营业收入相关的，已经确定了归属期和归属对象的成本。与营业收入相对应，营业成本也分为主营业务成本和其他业务成本两部分。营业税金及附加项目主要反映企业在本期经营活动中应负担的流转税费；销售费用是指企业在销售过程中发生的各项费用以及专设销售机构的各项费用；管理费用是指企业行政管理部门为组织和管理经营活动而发生的各项费用；财务费用是指企业在筹资过程中发生的各项费用；资产减值损失核算企业依据企业会计准则计提的各项资产减值准备所形成的损失。

5. 计算相关盈利能力指标，评价企业的盈利能力水平

通过上述收入、成本、费用的增减变动、结构变动的分析，通过对各项收入、成本、费用等的进一步分析，已初步了解企业的经营成果状况，但若要准确评价企业的盈利能力水平，还需要在此基础上，计算营业净利率等盈利能力指标，进一步评价企业的盈利能力。

四、利润表分析思路

利润表的编制依据是“收入－费用＝利润”。多步式利润表本身就是一张以表格形式反映的数学公式。利润表的勾稽关系包括以下平衡等式：(1)收入－费用＝利润；(2)营业利润＝营业收入－营业成本－营业税金及附加－销售费用－管理费用－财务费用－资产减值损失＋公允价值变动收益＋投资收益；(3)利润总额＝营业利润＋营业外收入－营业外支出；(4)净利润＝利润总额－所得税费用；(5)营业外收入－营业外支出＝营业外收支净额。

按照利润表的编制依据和上述六个等式，在分析时，按照如下思路进行分析，这样才能层层剖析，深入挖掘利润表所反映的经营成果。

首先，编制利润表增减变动分析表，并对所编制的增减变动分析表从总体到具体的思路进行分析。

其次，编制利润表结构变动分析表，并对所编制的结构变动分析表从净利润占营业收入的比例、利润总额占营业收入的比例、营业利润占营业收入的比例的顺序层层剖析。

第三，计算盈利能力指标，并根据指标的计算结果和行业数据进行比较分析；同时，根据公司历年的指标计算结果，进行趋势分析。

第四，重点关注异常变动值，并对异常变动值的项目和年度进行重点分析。

第二节　利润表增减变动分析

分析利润表要了解利润表各年度各项目的增减变动情况，从变动的情况中分析异常变动，或者分析盈利或亏损的原因和差距，以便进一步巩固现有的成果，避免已经存在或者可能发生的过大的开支和费用。

一、利润表增减变动分析的含义

利润增减变动情况分析亦称利润表水平分析。它是将利润表的实际数与对比标准或基数进行比较，以揭示利润变动差异的分析方法。

二、利润表增减变动分析的目的

利润表增减变动分析的目的在于揭示利润额的差异及产生原因。由于利润对比标准或基数不同，其分析目的或作用也不同。

当以利润表预算为对比基数时，分析的目的在于评价利润预算完成情况，揭示影响利润预算完成情况的原因；当以上年利润表为对比基数时，分析的目的在于评价利润增减变动情况，揭示本年利润与上年对比产生差异的原因。

三、利润表增减变动分析的方法

利润表增减变动分析主要是通过编制利润表增减变动分析表的方法进行的。利润表增减变动分析表的编制一般采用增减变动额和增减变动率两种方式。

首先，收集利润表的年初和年末的报表各项数据。

其次，计算增减额：

增减额＝本期利润表各报表项目金额－上期利润表各报表项目金额

第三，计算增减率：

增减率＝增减额÷上期利润表各报表项目金额

四、利润表增减变动分析的思路

利润表增减变动情况的分析评价主要按照以下思路进行：

1. 净利润分析

净利润是企业所有者最终取得的财务成果,或可供所有者分配或使用的财务成果。

2. 利润总额分析

利润总额是反映企业全部财务成果的指标。它不仅反映企业的营业利润,而且反映企业的营业外收支情况。

3. 营业利润分析

营业利润是指企业的营业收入与营业成本、营业税费、期间费用、资产减值损失、资产变动净收益的差额。它既包括企业的主营业务利润和其他业务利润,又包括企业公允价值变动净收益和对外投资净收益,它反映了企业自身生产经营业务的财务成果。

五、利润表增减变动分析的应用

【例 4-1】以中国联通为例,说明利润表增减变动分析法的编制与分析。中国联通 2010—2015 年的利润表的数据如表 4-2 所示。

表 4-2　中国联通 2010—2015 年合并利润表

单位:百万元

项目	2015 年度	2014 年度	2013 年度	2012 年度	2011 年度	2010 年度
一、营业收入	277 049	288 571	303 727	256 265	215 519	176 168
二、减:营业成本	−207 704	−199 937	−211 657	−179 108	−154 414	−123 735
营业税金及附加	−885	−4 721	−8 689	−7 339	−6 352	−4 871
销售费用	−31 965	−40 193	−42 991	−35 037	−28 751	−23 733
管理费用	−19 840	−19 825	−20 373	−20 491	−18 200	−16 113
财务费用(加:收入)	−6 493	−4 333	−2 949	−3 417	−1 243	−1 625
资产减值损失	−4 090	−4 024	−4 348	−3 294	−2 771	−2 664
加:公允价值变动收益	45	−7	0	0	0	
投资收益	−405	363	198	417	866	485
其中:对联营和合营企业的投资损失	−802					
三、营业利润	5 711	15 893	12 917	7 996	4 654	3 914
加:营业外收入	10 895	1 529	1 439	2 053	1 874	1 060
其中:非流动资产处置利得	9 816					
减:营业外支出	−2 740	−1 586	−680	−505	−865	−327
其中:非流动资产处置损失	−2 536					
四、利润总额	13 867	15 836	13 677	9 544	5 664	4 647
减:所得税费用	−3 432	−3 869	−3 384	−2 519	−1 476	−975
五、净利润	10 434	11 968	10 292	7 025	4 188	3 671
归属于母公司普通股股东净利润	3 472	3 982	3 443	2 368	1 412	1 228
少数股东损益	6 963	7 986	6 850	4 657	2 776	2 444
六、其他综合收益的税后净额	−2 097	−479	670	−1 149	−1 990	−1 335
归属母公司股东的其他综合收益的税后净额	−699					
(一) 以后不能重分类进损益的其他综合收益	7					
1. 重新计量设定受益计划负债的变动	7					

续 表

项目	2015 年度	2014 年度	2013 年度	2012 年度	2011 年度	2010 年度
(二) 以后将重分类进损益的其他综合收益	−706					
1. 可供出售金融资产公允价值变动损益	−726					
2. 外币财务报表折算差额	20					
归属于少数股东的其他综合收益的税后净额	−1 398					
七、综合收益总额	8 337	11 489	10 963	5 877	2 197	2 336
归属于母公司普通股股东综合收益总额	2 772	3 822	3 668	1 979	738	775
归属于少数股东的综合收益总额	5 565	7 667	7 295	3 898	1 460	1 561
八、每股收益(归属于母公司普通股股东)	0	0	0	0	0	0
基本每股收益	0	0	0	0	0	0
稀释每股收益	0	0	0	0	0	0

根据表 4-2,选取中国联通 2014 年度和 2015 年度的数据,编制利润表水平分析表 4-3。

编制方法:

首先,计算 2015 年度与 2014 年度相比的增减额:

增减额=2015 年度利润表各报表项目金额−2014 年度利润表各报表项目金额

其次,计算 2015 年度与 2014 年度相比的增减率:

增减率=增减额÷2014 年度利润表各报表项目金额

按照上述方法计算出来后,将结果填列在利润表的增减变动分析表中,编制完成的结果如表 4-3 所示。

表 4-3 中国联通合并利润表增减变动分析表

单位:百万元

项目	2015 年度	2014 年度	增减额	增减率
	①	②	③=①−②	④=③÷②
一、营业收入	277 049	288 571	−11 522	−3.99%
二、减:营业成本	−207 704	−199 937	−7 767	3.88%
营业税金及附加	−885	−4 721	3 837	−81.26%
销售费用	−31 965	−40 193	8 228	−20.47%
管理费用	−19 840	−19 825	−15	0.07%
财务费用(加:收入)	−6 493	−4 333	−2 160	49.86%
资产减值损失	−4 090	−4 024	−66	1.64%
加:公允价值变动收益	45	−7	52	−717.47%
投资收益	−405	363	−769	−211.56%
其中:对联营和合营企业的投资损失	−802		−802	
三、营业利润	5 711	15 893	−10 182	−64.07%
加:营业外收入	10 895	1 529	9 366	612.45%
其中:非流动资产处置利得	9 816		9 816	
减:营业外支出	−2 740	−1 586	−1 153	72.71%
其中:非流动资产处置损失	−2 536		−2 536	
四、利润总额	13 867	15 836	−1 970	−12.44%
减:所得税费用	−3 432	−3 869	436	−11.28%

续表

项目	2015年度	2014年度	增减额	增减率
	①	②	③=①−②	④=③÷②
五、净利润	10 434	11 968	−1 533	−12.81%
归属于母公司普通股股东净利润	3 472	3 982	−510	−12.81%
少数股东损益	6 963	7 986	−1 023	−12.81%
六、其他综合收益的税后净额	−2 097	−479	−1 619	338.13%
归属母公司股东的其他综合收益的税后净额	−699		−699	
(一)以后不能重分类进损益的其他综合收益	7		7	
1. 重新计量设定受益计划负债的变动	7		7	
(二)以后将重分类进损益的其他综合收益	−706		−706	
1. 可供出售金融资产公允价值变动损益	−726		−726	
2. 外币财务报表折算差额	20		20	
归属于少数股东的其他综合收益的税后净额	−1 398		−1 398	
七、综合收益总额	8 337	11 489	−3 152	−27.44%
归属于母公司普通股股东综合收益总额	2 772	3 822	−1 050	−27.47%
归属于少数股东的综合收益总额	5 565	7 667	−2 102	−27.42%
八、每股收益(归属于母公司普通股股东)	0	0	0	
基本每股收益	0	0	0	−12.78%
稀释每股收益	0	0	0	−10.93%

由表4-3可做如下分析。

(一) 净利润分析

净利润是企业经营的最终成果，是衡量一个企业经营效益的主要指标：净利润多，企业的经营效益就好；净利润少，企业的经营效益就差。

中国联通，在2015年实现净利润10 434百万元，比2014年减少了1 533百万元，减幅为12.81%。净利润减少的主要原因是2015年利润总额比2014年减少了1 970百万元，减幅为12.44%，同时2015年所得税也比2014年减少了436百万元，减幅为11.28%。显然，对净利润的减少还应做进一步的分析。

(二) 利润总额分析

利润总额是企业在一定时期内经营活动的税前成果。

中国联通2015年实现利润总额13 867百万元，比2014年减少了1 970百万元，减幅为12.44%。经分析，主要原因是企业的营业利润减少10 182百万元，减幅达64.07%。显然，营业利润减少是利润总额减少的主要原因，但是，还要关注到营业外支出的异常减少，分析其原因，避免经营风险。

(三) 营业利润分析

营业利润是企业在生产经营活动中实现的经营性利润。

中国联通，在2015年实现营业利润5 711百万元，比2014年减少了10 182百万元，减幅达64.07%。进一步进行分析可以看到，2015年营业收入较2014年有较大幅度的减少，减少了11 522百万元，减幅为3.99%，但同时营业成本却增加了7 767百万元，增幅为3.88%，虽然营业税金及附加、销售费用、管理费用均有一定程度的减少，尤其是营业税金及附加减少了3 837万元，减幅为81.26%，但减少金额与营业收入相比，占比较小。同时，更应该关注到，财务费用2015年比2014年增加了2 160百万元，增幅为49.86%，抵消了上述成本费用的较少的影响。因此，中国联通营业利润的减少最终源于营业收入的减少和财务费用的增加，中国联通应密切关注财务费用的变动情况，提前做好现金流的准备，避免出现财务风险。

第三节 利润表结构变动分析

企业的盈利结构是指构成企业利润的各种不同性质的盈利搭配比例。利润表是反映企业一定期间内的财务成果的报表，分析利润表，就要进行利润表的结构分析，分析企业的利润由哪些盈利项目组成，不同的盈利项目对企业盈利的不同影响。

一、利润表结构变动分析的含义

利润表的结构变动情况分析亦称利润表垂直分析，是通过计算利润表中各项目占营业收入的比重或结构，反映利润表中的项目与营业收入关系情况及其变动情况，分析说明财务成果的结构及其增减变动的合理程度。

利润表结构变动分析，既可从静态角度分析评价实际（报告期）利润构成状况，也可从动态角度将实际利润构成与标准或基期利润构成进行对比分析评价；对于标准与基期利润构成，既可用预算数，也可用上期数，还可用同行业可比企业数。不同的比较标准将实现不同的分析评价目的。

二、利润表结构变动分析的内容

利润表的结构变动分析主要是对企业盈利结构和收支结构的分析。

（一）盈利结构的含义

企业的盈利结构是指构成企业利润的各种不同性质的盈利有机搭配比例。通过对企业盈利结构的分析，不仅要认识不同的盈利项目对企业盈利能力影响的性质，而且要掌握它们各自的影响程度。从质的方面来理解，表现为企业的利润是由什么样的盈利项目组成的，不同的盈利项目对企业盈利能力的评价有不同的作用和影响。从量的方面来理解，表现为不同的盈利占总利润的比重，不同的盈利比重对企业盈利能力的作用和影响程度也不相同。

（二）收支结构的含义

企业的收支结构有两个层次的含义：第一是企业的总利润是怎样通过收支来形成的；第二是企业的收入和支出是由哪些不同的收入和支出项目构成的。

收支结构分析的起点就是了解企业在一定时期内的总收入是多少，总支出是多少，总收入减去总支出后总利润是多少。通过收支结构分析可以判明企业盈利形成的收支成因，能够揭示出企业的支出占收入的比重，从整体上说明企业的收支水平。

收支结构的第二层分析就是要揭示各个具体的收入项目或支出项目占总收入或总支出的比重。企业的收入是按取得收入的业务不同来划分的，分为主营业务收入、其他业务收入、投资收益、营业外收入和补贴收入。由于不同的业务在企业经营中的作用不同，对企业生存和发展的影响程度也不一样，所以不同的业务取得的收入对企业盈利的影响不同。

将不同性质的收入和支出按业务加以配比，可计算出各相应业务的利润。企业利润主要由主营业务利润、其他业务利润、投资收益和营业外收支差额构成。

主营业务利润是企业利润的主要来源，主营业务利润分析是分析盈利能力的关键。企业的盈利能力不仅包含企业现在及未来能达到的盈利水平，而且包含企业盈利的稳定性和持续性。企业投入大量的资金都是为企业的主营业务做准备，主营业务是否经营得好是企业能否生存和发展的关键。

其他业务利润是企业经营非主营业务的净收益（或亏损），投资收益是企业对外投资的净收益（或亏损），营业外收支差额是与企业经营无直接关系的营业外收入与营业外支出的差额。

三、利润表结构变动分析的方法

利润表结构变动分析，主要是通过编制利润表结构变动分析表进行的。利润表结构变动分析表的编制一般采用编制共同比利润表，计算各因素或各种财务成果在营业收入中所占的比重，即采用收支结构中的第二层分析，就是要计算各个具体的收入项目或支出项目占总收入或总支出的比重。

首先，收集利润表的年初和年末的报表各项数据。

其次，计算年初和年末所有项目占营业收入的百分比：

各项目所占百分比＝本期利润表各报表项目金额÷本期营业收入

第三，计算变动幅度：

变动幅度＝本年各项目占营业收入百分比－上年各项目占营业收入百分比

四、利润表结构变动分析的思路

利润表结构指的是利润表中各内容各要素占营业收入的比例关系，利润表的结构分析就是分析利润表中的各要素对营业收入的影响，从而对企业整体经营成果做出判断。

利润表的结构分析按照以下思路进行分析与评价。

第一，编制利润表结构变动的比较分析表，进行利润表各要素的纵向比较分析。

第二，根据编制的结构变动分析表，分析计算利润表中各项目营业收入的比重，分析评价企业各项损益的变动情况及合理程度。

第三，在进行分析时，要按照利润表编制的逻辑关系进行分析，即按照如下思路进行分析：

(1) 先从净利润着手进行分析。分析净利润占营业收入的比重及变动情况，进而分析企业所有者最终取得的财务成果。

(2) 进行利润总额分析。在分析净利润的基础上，进一步分析利润总额占营业收入的比重及变化情况，找出净利润变化的原因，因为利润总额是反映企业全部财务成果的指标。它不仅反映企业的营业利润,而且反映企业的营业外收支情况。

(3)进行营业利润分析。营业利润加或减营业收入与营业成本、营业税费、期间费用、资产减值损失、资产变动净收益的差额,就是利润总额,它既包括企业的主营业务利润和其他业务利润,又包括企业公允价值变动净收益和对外投资净收益。它反映了企业自身生产经营业务的财务成果,因此进一步分析营业利润,找出企业净利润变化的原因,分析营业收入增减的原因,分析费用的合理性,为今后的进一步决策提供依据。

五、利润表结构变动分析的应用

【例 4-2】以中国联通为例,说明利润表结构变动分析法的编制与分析。中国联通 2010—2015 年的利润表的数据如表 4-2 所示。

根据表 4-2,选取中国联通 2015 年度和 2014 年度的数据,编制利润表结构变动分析表 4-4。

表 4-4 中国联通合并利润表结构变动分析表

单位:百万元

项目	2015 年度	2014 年度	2015 年度占比	2014 年度占比	变动幅度
	①	②	③=①各项目/营业收入	④=②各项目/营业收入	⑤=③-④
一、营业收入	277 049	288 571	100.00%	100.00%	0.00%
二、减:营业成本	-207 704	-199 937	-74.97%	-69.29%	-5.69%
营业税金及附加	-885	-4 721	-0.32%	-1.64%	1.32%
销售费用	-31 965	-40 193	-11.54%	-13.93%	2.39%
管理费用	-19 840	-19 825	-7.16%	-6.87%	-0.29%
财务费用(加:收入)	-6 493	-4 333	-2.34%	-1.50%	-0.84%
资产减值损失	-4 090	-4 024	-1.48%	-1.39%	-0.08%
加:公允价值变动收益	45	-7	0.02%	0.00%	0.02%
投资收益	-405	363	-0.15%	0.13%	-0.27%
其中:对联营和合营企业的投资损失	-802		-0.29%	0.00%	-0.29%
三、营业利润	5 711	15 893	2.06%	5.51%	-3.45%
加:营业外收入	10 895	1 529	3.93%	0.53%	3.40%
其中:非流动资产处置利得	9 816		3.54%	0.00%	3.54%
减:营业外支出	-2 740	-1 586	-0.99%	-0.55%	-0.44%
其中:非流动资产处置损失	-2 536		-0.92%	0.00%	-0.92%
四、利润总额	13 867	15 836	5.01%	5.49%	-0.48%
减:所得税费用	-3 432	-3 869	-1.24%	-1.34%	0.10%
五、净利润	10 434	11 968	3.77%	4.15%	-0.38%
归属于母公司普通股股东净利润	3 472	3 982	1.25%	1.38%	-0.13%
少数股东损益	6 963	7 986	2.51%	2.77%	-0.25%
六、其他综合收益的税后净额	-2 097	-479	-0.76%	-0.17%	-0.59%
归属母公司股东的其他综合收益的税后净额	-699		-0.25%	0.00%	-0.25%

续表

项目	2015年度	2014年度	2015年度占比	2014年度占比	变动幅度
	①	②	③=①各项目/营业收入	④=②各项目/营业收入	⑤=③-④
(一)以后不能重分类进损益的其他综合收益	7		0.00%	0.00%	0.00%
1. 重新计量设定受益计划负债的变动	7		0.00%	0.00%	0.00%
(二)以后将重分类进损益的其他综合收益：	-706		-0.25%	0.00%	-0.25%
1. 可供出售金融资产公允价值变动损益	-726		-0.26%	0.00%	-0.26%
2. 外币财务报表折算差额	20		0.01%	0.00%	0.01%
归属于少数股东的其他综合收益的税后净额	-1 398		-0.50%	0.00%	-0.50%
七、综合收益总额	8 337	11 489	3.01%	3.98%	-0.97%
归属于母公司普通股股东综合收益总额	2 772	3 822	1.00%	1.32%	-0.32%
归属于少数股东的综合收益总额	5 565	7 667	2.01%	2.66%	-0.65%
八、每股收益(归属于母公司普通股股东)	0	0	0.00%	0.00%	0.00%
基本每股收益	0	0	0.00%	0.00%	0.00%
稀释每股收益	0	0	0.00%	0.00%	0.00%

从表4-4可以看出，中国联通2015年度和2014年度财务成果的构成情况：2015年度营业利润占营业收入的比重为2.06%，比2014年度的5.51%减少了3.45%；利润总额占营业收入的比重为5.01%，比2014年度的5.49%减少了0.48%；2015年度净利润占营业收入的比重为3.77%，比2014年度的4.15%减少了0.38%。由此可见，从企业利润的构成上看，盈利能力2015年度比2014年度明显降低。

从营业利润的内部结构变化看，2015年度营业成本占营业收入的比重为74.97%，比2014年度的69.29%增加了5.69%，增幅较大；营业税金及附加2015年度占营业收入的比重为0.32%，比2014年度的1.64%减少了1.32%，有一定的降低；销售费用2015年度占营业收入的比重为11.54%，比2014年度的13.93%减少了2.39%，减幅较大；而管理费用、财务费用和资产减少损失2015年度占营业收入的比重分别为7.16%、2.34%和1.48%，比2014年度的6.87%、1.50%和1.39%分别增加了0.29%、0.84%和0.08%，以上费用的增加也是导致营业利润下降的重要原因。

综上所述，中国联通净利润的减少源于利润总额的减少，利润总额的减少主要源于营业利润的减少，营业利润的减少主要源于营业成本的增加，虽然营业税金及附加有所降低，但该因素的降低是由于营业收入降低所引起的；另外，中国联通销售费用降低幅度较大，由此可进一步说明，中国联通营业收入的降低有可能与促销力度减小，导致营业收入降低有关。同时，应该看到，虽然营业收入降低了，但管理费用、财务费用占营业收入的比重却在增加，说明中国联通在营业收入降低的情况下,没有相应地控制相关的成本支出。因此需要关注财务费用的变动情况,避免可能出现的财务风险。

第四节 利润表盈利能力分析

盈利能力分析就是通过一定的分析方法,判断企业获取利润的能力,包括企业在一定会计期间内从事生产经营活动的盈利能力分析和企业在较长时期内稳定地获取较高利润的能力分析。盈利是企业生存和发展的物质基础,是企业的重要经营目标,企业的各利益相关者,包括所有者、债权人、政府部门以及企业的经营管理者都非常关心企业的盈利能力。因此,进行利润表分析,分析其盈利能力是重要的一项内容。

通过盈利能力分析,可以发现企业在经营管理中存在的问题,有利于企业及时改善财务结构,提高企业营运及偿债能力,促进企业持续稳定地发展,满足各方面对财务信息的需求。盈利能力的大小是一个相对的概念,即利润相对于一定的资源投入、一定的收入而言:利润率越高,盈利能力越强;利润率越低,盈利能力越差。因此,盈利能力分析是企业财务分析的重点,企业经营的好坏最终可以通过盈利能力表现出来,它也是企业利益相关单位了解企业、认识企业及企业内部改进经营管理的重要手段之一。

盈利能力分析,代表性指标包括营业毛利率、营业利润率、营业净利润、净资产收益率、总资产报酬率、成本费用利润率等。

一、营业毛利率

(一)营业毛利率的含义

营业毛利率是指营业毛利与营业收入的比率;营业毛利是企业营业收入扣除营业成本与营业税金及附加后的差额,反映了企业在销售环节获利的效率。

(二)营业毛利率的计算公式

营业毛利率的计算公式为

$$营业毛利率=营业毛利÷营业收入净额\times 100\%$$

(三)营业毛利率的评价标准

通常,营业毛利率指标越高,企业的销售盈利能力就越强,其产品在市场上的竞争能力也越强。

(四)营业毛利率的应用分析

【例 4-3】根据中国联通利润表(表 4-2)的资料,计算该公司营业毛利率的指标,计算结果如表 4-5 所示。

表 4-5 中国联通营业毛利率计算表

项目	2015 年度	2014 年度	2013 年度	2012 年度	2011 年度	2010 年度
营业收入/百万元①	277 049	288 571	303 727	256 265	215 519	176 168
营业成本/百万元②	207 704	199 937	211 657	179 108	154 414	123 735
营业税金及附加/百万元③	885	4 721	8 689	7 339	6 352	4 871
营业毛利/百万元④=①-②-③	68 459	83 913	83 381	69 818	54 753	47 563
营业毛利率⑤=④÷①	24.71%	29.08%	27.45%	27.24%	25.41%	27.00%

从表 4-5 的营业毛利率可以看出，中国联通 2010—2015 年的营业毛利率分别为 27%、25.41%、27.24%、27.45%、29.08%和 24.71%。从这六年来看，2015 年度的营业毛利率最低，为 24.71%，而 2014 年度最高，为 29.08%，比最低的 2015 年度高 4.37%，比上一年度（即 2013 年）增长 1.63%，说明中国联通 2014 年度的销售盈利能力增强，其产品在市场上的竞争能力增强，同时应该看到，2015 年度的营业毛利率下降幅度较大，应进一步分析其原因。

为进一步分析营业毛利率的变动情况，根据上述计算结果，按照表 4-6 所示的内容，绘制如图 4-1 所示中国联通 2010—2015 年的营业毛利率趋势分析图。

表 4-6 中国联通营业毛利率趋势分析表

项目	2015 年度	2014 年度	2013 年度	2012 年度	2011 年度	2010 年度
营业毛利率	24.71%	29.08%	27.45%	27.24%	25.41%	27.00%

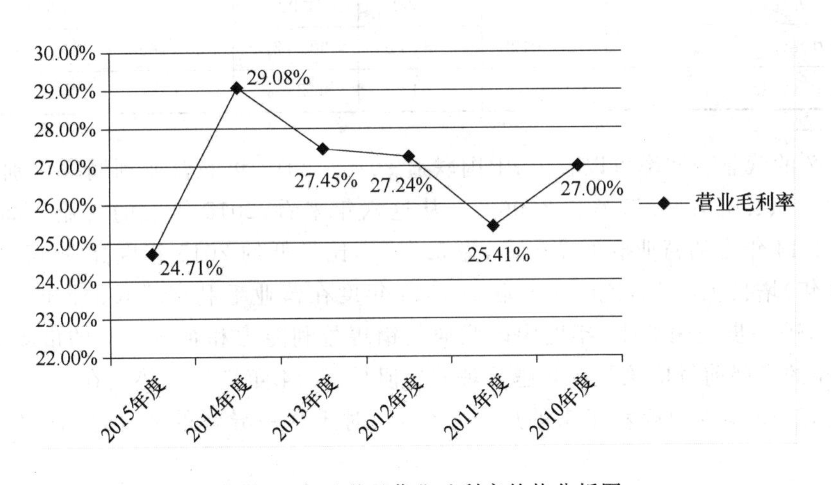

图 4-1 中国联通营业毛利率趋势分析图

由图 4-1 可以看出，中国联通营业毛利率的趋势曲线 2010—2011 年度是下降的，但 2011—2014 年度是逐年递增的，说明 2011—2014 年，中国联通的盈利能力在稳定中逐年提升，发展势头良好，但 2015 年度营业毛利率急剧下降，这一下降的急剧趋势应引起管理层的注意，应该关注引起下降的原因，以避免未来营业毛利率的进一步下滑。

二、营业利润率

(一)营业利润率含义

营业利润率是企业营业利润与营业收入的比率,反映了企业成熟产品的销售盈利能力。

(二)营业利润率计算公式

营业利润率的计算公式为

营业利润率=营业利润÷营业收入净额×100%

(三)营业利润率评价标准

营业利润率是衡量企业创利能力高低的一个重要财务指标:该指标越高,表明企业营业能力越强,未来收益的发展前景越可观。

(四)营业利润率的应用分析

【例 4-4】根据中国联通利润表(表 4-2)的资料,计算该公司营业利润率的指标,计算结果如表 4-7 所示。

表 4-7 中国联通营业利润率计算表

项目	2015 年度	2014 年度	2013 年度	2012 年度	2011 年度	2010 年度
营业利润/百万元①	5 711	15 893	12 917	7 996	4 654	3 914
营业收入/百万元②	277 049	288 571	303 727	256 265	215 519	176 168
营业利润率③=①÷②	2.06%	5.51%	4.25%	3.12%	2.16%	2.22%

从表 4-7 的营业利润率可以看出,中国联通 2010—2015 年的营业利润率分别为 2.22%、2.16%、3.12%、4.25%、5.51%和 2.06%。从这六年来看,2015 年度的营业利润率最低,为 2.06%,而 2014 年度的营业利润率最高,为 5.51%,比最低的 2015 年度高 3.45%,比上一年度(即 2013 年)增长 1.26%,说明中国联通 2014 年度在营业毛利率增长的同时,营业利润率也随之增长,进一步说明 2014 年度中国联通的销售盈利能力和企业产品的市场竞争能力增强,未来收益的发展前景应该是越来越可观的。但是,2014 年良好的势头在 2015 年度却出现了严重下滑,2015 年成为近六年来的历史最低点,对于这一异常的变动,应该进一步分析其原因。

为进一步分析营业利润率的变动情况,根据上述计算结果,按照表 4-8 所示的内容,绘制如图 4-2 所示中国联通 2010—2015 年的营业利润率趋势分析图。

表 4-8 中国联通营业利润率计算表

项目	2015 年度	2014 年度	2013 年度	2012 年度	2011 年度	2010 年度
营业利润率	2.06%	5.51%	4.25%	3.12%	2.16%	2.22%

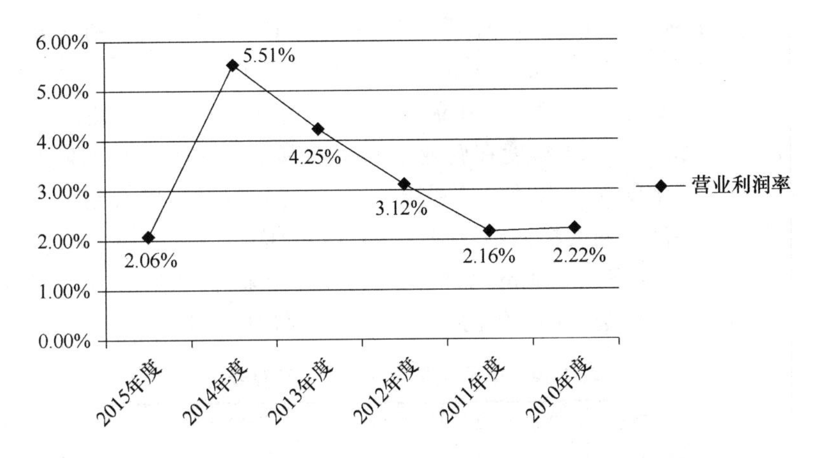

图 4-2　中国联通营业利润率趋势分析图

由图 4-2 可以看出，中国联通近六年营业利润率的趋势曲线，2010—2014 年度平稳上升，但 2015 年却急剧下降，急剧下降的营业利润率是非正常的趋势，因为从 2010 年起，营业利润率一直是上升的趋势，而 2015 年不但下降，而且成为近六年的最低点，所以，中国联通应该密切关注和研究营业利润率下降的原因，以便采取相关措施，避免营业利润率的进一步恶化。

三、营业净利率

（一）营业净利率的含义

营业净利率是指企业净利润与营业收入的比率。

（二）营业净利率的计算公式

营业净利润的计算公式为

营业净利率＝净利润÷营业收入净额×100％

（三）营业净利率的评价标准

通常，营业净利率指标越高，说明企业销售的盈利能力越强。但也并不是说营业净利越高越好，因为除此之外还必须看企业的销售增长情况和净利润的变动情况。

（四）营业净利率的应用分析

【例 4-5】根据中国联通利润表（表 4-2）的资料，计算该公司营业净利率的指标，计算结果如表 4-9 所示。

表 4-9　中国联通营业净利率计算表

项目	2015 年度	2014 年度	2013 年度	2012 年度	2011 年度	2010 年度
净利润/百万元①	10 434	11 968	10 292	7 025	4 188	3 671
营业收入/百万元②	277 049	288 571	303 727	256 265	215 519	176 168
营业净润率③＝①÷②	3.77％	4.15％	3.39％	2.74％	1.94％	2.08％

从表4-9的营业净利率可以看出，中国联通2010—2015年的营业净利率分别为2.08%、1.94%、2.74%、3.39%、4.15%和3.77%，从这六年来看，2010年度的营业净润率最低，为2.08%，而2014年度为最高，为4.15%，比最低的2010年度高2.07%，比上一年度（即2013年）高0.76%，说明中国联通2014年度在营业毛利率和营业利润率增长的同时，营业净利率也随之增长，进一步说明中国联通的销售盈利能力增强。同时，也应该看到，2015年的营业净利率在降低，结合营业利润率的大幅波动，应进一步分析原因。

为进一步分析营业净利率的变动情况，根据上述计算结果，按照如表4-10所示的内容，绘制如图4-3所示中国联通2010—2015年的营业净利率趋势分析图。

表4-10　中国联通营业净利率计算表

项目	2015年度	2014年度	2013年度	2012年度	2011年度	2010年度
营业净润率	3.77%	4.15%	3.39%	2.74%	1.94%	2.08%

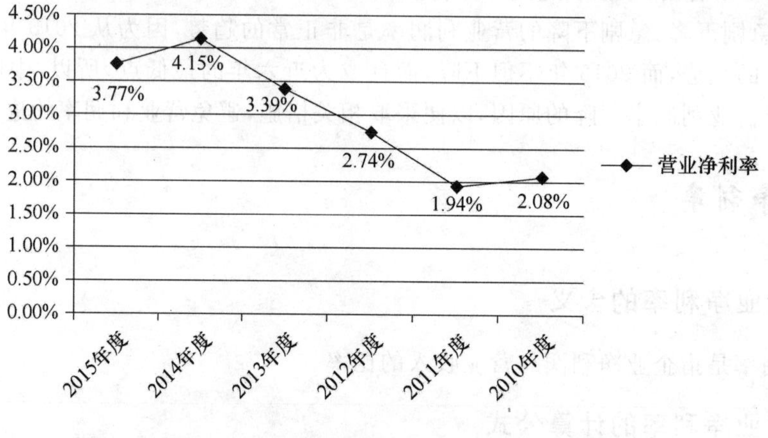

图4-3　中国联通营业净利率趋势分析图

由图4-3可以看出，中国联通营业净利率的趋势曲线，2010—2011年度是下降的；2011—2014年度是逐年递增的，说明2011—2014年中国联通的销售盈利能力在稳定中逐年提升，发展势头良好；2015年度营业净利率下降幅度较大，应结合营业毛利率、营业净利率进一步分析下降的原因，以便采取相应措施，避免未来盈利能力的下滑。

四、净资产收益率

（一）净资产收益率的含义

净资产收益率是企业净利润与平均净资产的比率，是反映投资者的资本获利能力的指标。

（二）净资产收益率的计算公式

净资产收益率的计算公式为

$$净资产收益率=净利润\div平均净资产\times100\%$$

(三)净资产收益率的评价标准

这一比率越高,说明企业运用资本创造利润的效果越好;反之,则说明资本的利用效果较差。

(四)净资产收益率的应用分析

【例 4-6】根据中国联通利润表(表 4-2)和资产负债表(表 3.1)中的资料,计算该公司净资产收益率的指标,计算结果如表 4-11 所示。

表 4-11 中国联通净资产收益率计算表

项目	2015 年度	2014 年度	2013 年度	2012 年度	2011 年度	2010 年度
净利润/百万元①	10 434	11 968	10 292	7 025	4 188	3 671
年初净资产/百万元②	230 328	221 626	212 234	208 611	208 180	
年末净资产/百万元③	234 046	230 328	221 626	212 234	208 611	208 180
平均净资产/百万元④=(②+③)÷2	232 187	225 977	216 930	210 423	208 396	104 090
净资产收益率⑤=①÷④	4.49%	5.30%	4.74%	3.34%	2.01%	3.53%

注:①"净资产"为中国联通合并资产负债表表中的数据,见第三章表 3-2;②2010 年"净资产期初余额"为 2009 年度净资产期末余额,见附录一。

从表 4-11 的净资产收益率可以看出,中国联通 2010—2015 年的净资产收益率分别为 3.53%、2.01%、3.34%、4.74%、5.3%和 4.49%。从这六年来看,2011 年度的净资产收益率最低,为 2.01%,而 2014 年度最高,为 5.3%,比最低的 2011 年度增长 3.29%,比上一年度(即 2013 年)增长 0.56%,说明中国联通运用资本创造利润的效果 2014 年最强,未来发展前景看好。但是,应该注意到,2014 年度预示很好前景的 2015 年度净资产收益率却在降低,而且比 2014 年降低了 0.81%,需要进一步进行分析。

为进一步分析净资产收益率的变动情况,根据上述计算结果,按照表 4-12 的内容,绘制如图 4-4 所示中国联通 2010—2015 年的净资产收益率趋势分析图。

表 4-12 中国联通净资产收益率计算表

项目	2015 年度	2014 年度	2013 年度	2012 年度	2011 年度	2010 年度
净资产收益率	4.49%	5.30%	4.74%	3.34%	2.01%	3.53%

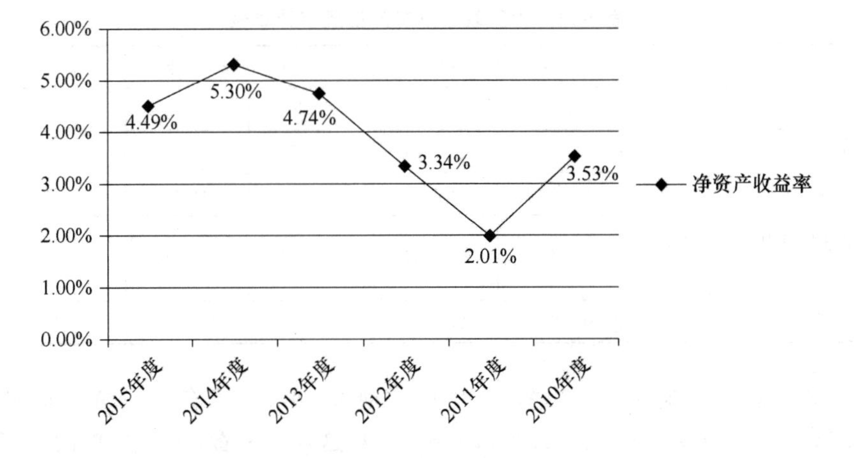

图 4-4 中国联通净资产收益率趋势分析图

由图4-4可以看出，中国联通净资产收益率的趋势曲线分为三个阶段，2010—2011年度是下降的，但2011—2014年度是逐年递增的，说明2011—2014年，中国联通的盈利能力在稳定中逐年提升，发展势头良好，但2015年度净资产收益率出现了下滑，这一下滑趋势应引起管理层的注意，应该关注引起下降的原因，以避免未来净资产收益率的进一步下滑。

五、总资产报酬率

（一）总资产报酬率的含义

总资产报酬率主要用来衡量企业利用总资产获得利润的能力，它反映了企业总资产的利用效率。总资产报酬率反映了企业资金的利用效果，以较少的资金占用获得较高的利润回报是企业管理者最期望出现的结果，即“所费”和“所得”的关系。

（二）总资产报酬率的计算公式

$$总资产报酬率=\frac{利润总额+利息支出}{平均总资产}\times 100\%$$

（三）总资产报酬率的评价标准

总资产报酬率的高低验证了企业经营管理水平的高低，该指标越高，说明总资产的管理水平越高，所带来的盈利越多。通过对总资产报酬率的分析，能够了解企业供、产、销各环节的工作效率和质量，有利于明确各有关部门的责任，发现问题，改正错误，从而调动各部门改善经营管理的积极性，提高经济效益。

在分析这一指标时，通常要结合同行业平均水平或先进水平，以及企业前期的水平进行对比分析，才能判断企业总资产报酬率的变动对企业的影响，从而了解企业总资产的利用效率，发现企业在经营管理中存在的问题。

（四）总资产报酬率的应用分析

【例4-7】根据中国联通利润表（表4-2）和资产负债表（表3-2）中的资料，计算该公司总资产报酬率的指标，计算结果如表4-13所示。

表4-13　中国联通总资产报酬率计算表

项目	2015年度	2014年度	2013年度	2012年度	2011年度	2010年度
净利润/百万元①	10 434	11 968	10 292	7 025	4 188	3 671
总资产期初余额/百万元②	547 125	531 364	518 357	458 524	443 466	419 232
总资产期末余额/百万元③	615 319	547 125	531 364	518 357	458 524	443 466
总资产平均余额/百万元④=（②+③）÷2	581 222	539 245	524 861	488 441	450 995	431 349
总资产报酬率⑤=①÷④	1.80%	2.22%	1.96%	1.44%	0.93%	0.85%

从表4-13的总资产报酬率可以看出，中国联通2010—2015年的总资产报酬率分别为0.85%、0.93%、1.44%、1.96%、2.22%和1.8%。从这六年来看，2011年度的总资产报酬率

最低，为 0.93%，而 2014 年度最高，为 2.22%，比最低的 2011 年度增长 1.29%，比上一年度（即 2013 年）增长 0.26%，说明中国联通 2014 年的资产管理质量大幅提高，总资产的利用效率也大幅提高，说明中国联通在供、产、销各环节的工作效率和质量都得到了很好的保证。但是，应该关注到，在连续三年总资产报酬率上升的情况下，2015 年却出现了下滑，应该进一步分析下滑的原因。

为进一步分析总资产报酬率的变动情况，根据上述计算结果，按照表 4-14 所示的内容，绘制如图 4-5 所示中国联通 2010—2015 年的总资产报酬率趋势分析图。

表 4-14　中国联通总资产报酬率计算表

项目	2015 年度	2014 年度	2013 年度	2012 年度	2011 年度	2010 年度
总资产报酬率	1.80%	2.22%	1.96%	1.44%	0.93%	0.85%

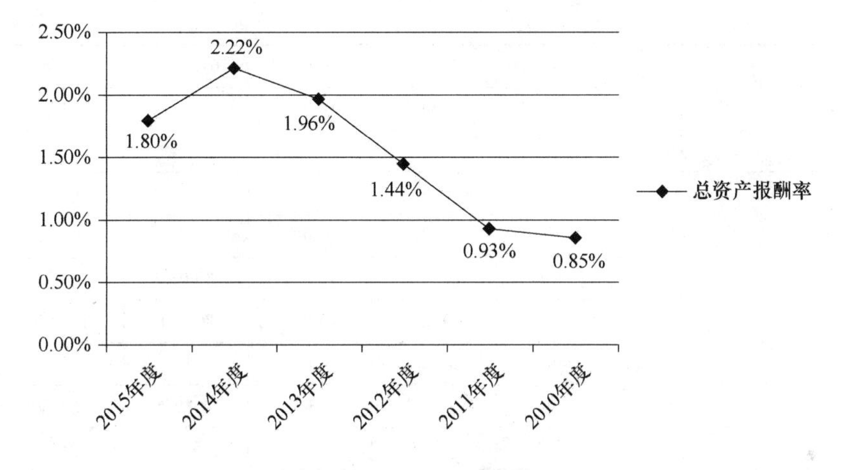

图 4-5　中国联通总资产报酬率趋势分析图

由图 4-5 可以看出，中国联通总资产报酬率的趋势曲线，2010—2014 年连续 5 年一直是逐年递增的，说明 2011—2014 年，中国联通的资产盈利能力在稳定中逐年提升，发展势头良好，但 2015 年度，总资产报酬率却急剧下降，这一急剧的下降趋势应引起管理层的注意，应该关注引起下降的原因，以避免未来总资产报酬率的进一步下滑。

六、成本费用利润率

（一）成本费用利润率的含义

成本费用利润率是指企业的净利润与成本费用总额的比率。成本费用利润率反映企业所费与所得之间的关系，是从总耗费的角度考核获利情况的指标。

（二）成本费用利润率的计算公式

成本费用利润率＝净利润÷成本费用×100%

其中，成本费用包括主营业务成本、主营业务税金及附加、销售费用、管理费用、财务费用、投资损失、资产减值损失、营业外支出及所得税费用。

(三) 成本费用利润率的评价标准

对于一个企业,当获取的利润不变而成本费用越小时,或当成本费用不变,而利润越大时,其成本费用利润率越高。成本费用利润率越高,说明每百元耗费赚取的盈利越多,企业的盈利能力越强,企业效益越好。反之,利润不变而成本费用额增加,或成本费用额不变而利润额减少时,则成本费用利润率会下降,说明每百元总耗费的盈利能力降低,企业经济效益下滑。

(四) 成本费用利润率的应用分析

【例 4-8】根据中国联通利润表(表 4-2)中的资料,计算该公司成本费用利润率的指标,计算结果如表 4-15 所示。

表 4-15　中国联通成本费用利润率计算表

单位:百万元

项目	2015 年度	2014 年度	2013 年度	2012 年度	2011 年度	2010 年度
一、净利润①	10 434	11 968	10 292	7 025	4 188	3 671
二、成本费用						
营业成本	207 704	199 937	211 657	179 108	154 414	123 735
营业税金及附加	885	4 721	8 689	7 339	6 352	4 871
销售费用	31 965	40 193	42 991	35 037	28 751	23 733
管理费用	19 840	19 825	20 373	20 491	18 200	16 113
财务费用(加:收入)	6 493	4 333	2 949	3 417	1 243	1 625
资产减值损失	4 090	4 024	4 348	3 294	2 771	2 664
营业外支出	2 740	1 586	680	505	865	327
所得税费用	3 432	3 869	3 384	2 519	1 476	975
成本费用小计②	277 149	278 488	295 072	251 710	214 071	174 042
三、成本费用利润率③=①÷②	3.76%	4.30%	3.49%	2.79%	1.96%	2.11%

从表 4-15 的成本费用利润率可以看出,中国联通 2010—2015 年的成本费用利润率分别为 2.11%、1.96%、2.79%、3.49%、4.30%和 3.76%。从这六年来看,2011 年度的成本费用利润率最低,为 1.96%,而 2014 年度为最高,为 4.30%,比最低的 2011 年度增长 2.34%,比上一年度(即 2013 年)增长 0.81%,说明中国联通 2014 年每百元耗费赚取的盈利比 2013 年多 0.81%,企业的盈利能力在增强,企业的效益趋势越来越好。但在 2014 年如此看好的前景下,2015 年却出现了下滑,应进一步分析原因。

为进一步分析成本费用利润率的变动情况,根据上述计算结果,按照如表 4-16 所示的内容,绘制如图 4-6 所示中国联通 2010—2015 年的成本费用利润率趋势分析图。

表 4-16　中国联通成本费用利润率计算表

项目	2015 年度	2014 年度	2013 年度	2012 年度	2011 年度	2010 年度
成本费用利润率	−3.76%	4.30%	3.49%	2.79%	1.96%	2.11%

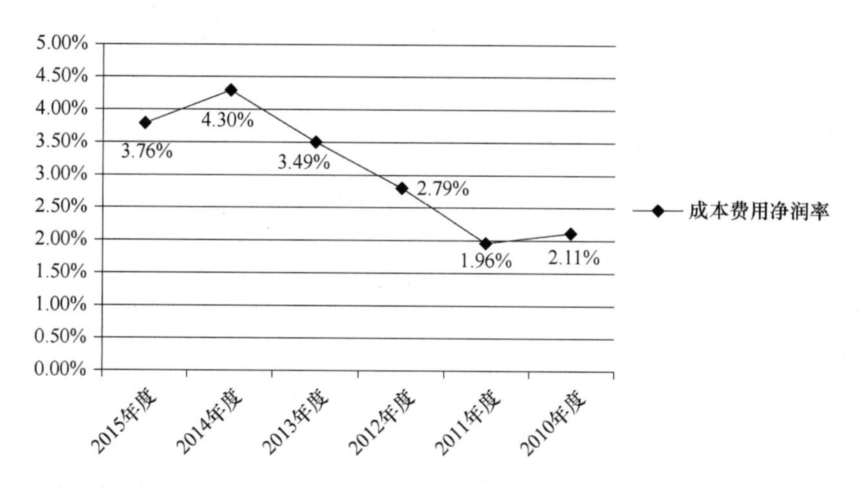

图 4-6　中国联通成本费用利润率趋势分析图

由图 4-6 可以看出，中国联通成本费用利润率的趋势曲线，2010—2011 年度是下降的，但 2011—2014 年度是逐年递增的，说明 2011—2014 年，中国联通的盈利能力在稳定中逐年提升，发展势头良好，但 2015 年度营业毛利率急剧下降，这一急剧下降的趋势应引起管理层的注意，应该关注引起下降的原因，以避免未来营业毛利率的进一步下滑。

第五节　衡量股票市值的盈利能力指标分析

股票上市交易是上市公司的一大特点。上市公司经过国务院或者国务院授权的证券管理部门批准，在证券交易所上市交易，其股票由社会公众根据公司的经营业绩认购买卖。上市公司发行的股票在证券交易所交易，不在证券交易所交易的不是上市股票。

与一般公司相比，上市公司最大的特点在于可利用证券市场进行筹资，广泛地吸收社会上的闲散资金，从而迅速扩大企业规模，增强产品的竞争力和市场占有率。但是，上市公司是否能通过发行股票筹集资金，社会公众是否认可公司所发行的股票，意味着公司是否有良好的发展前景，社会公众是否对公司的未来拥有信心。而衡量这一标准的指标，通常通过能反映股票市值的盈利能力指标来反映。

一般而言，能够衡量股票市值的盈利能力指标包括普通股每股收益、普通股每股股利、普通股每股现金流量、普通股每股净资产、市盈率、市净率等指标。

一、普通股每股收益

（一）普通股每股收益的含义

普通股每股收益简称每股收益或每股盈余，是净利润扣除优先股股利后的余额与发行在外的普通股加权平均数之比。它表示公司流通于股市的普通股每股所能分摊到的净收益额，是评价上市公司投资报酬的基本和核心指标。

每股收益是投资者进行投资决策所依据的重要指标，因为这一指标与普通股股东的利益关系密切。为满足广大投资者的需求，上市公司的利润表中一般会披露这一指标。普通股每股收益分基本每股收益和稀释每股收益，投资者一般参考基本每股收益，因此，本节所讲的普通股每股收益界定为基本每股收益。

(二) 普通股每股收益的计算公式

普通股每股收益是指归属于普通股股东的当期净利润扣除应发放的优先股股利后的余额与发行在外的普通股加权平均数之比。其计算公式如下：

$$普通股每股收益=\frac{净收润-优先股股利}{发行在外普通股加权平均数}$$

在应用此公式时，需要注意以下几点：

第一，分子中的“净利润”，理论上应采用合并利润表中的净利润扣除优先股股利，但由于国际会计准则认为归属于母公司普通股股东的收益应是扣除了优先股股利的收益金额，而我国目前优先股基本不存在，为与国际会计准则的口径一致，在计算每股收益时，上市公司所披露的利润表中的每股收益，均以归属于母公司普通股股东的合并净利润，作为计算的依据。

第二，分母中的“发行在外普通股加权平均数”，在计算时，如果年度内普通股的股数未发生变化，则平均普通股股数就是年末普通股股数。如果年度内普通股股数发生了变化，则平均普通股数的计算公式为

$$平均普通股股数=\frac{\sum(普通股股数\times发行月份数)}{12}$$

$$=期初普通股股数+本期新增普通股股数\times\frac{新增普通股发行月份数}{12}$$

如果找不到年度内新增普通股的资料，也可以用年末普通股股数代替，因为所有年末股份都有平等的权利分享当年利润。

(三) 普通股每股收益的评价标准

该指标值越高，表明每股股票所获得的利润就越多，股东的投资效益就越好，反之则越差。每股收益是反映股份公司盈利能力大小的一个非常重要的指标。这一指标的高低，往往会对股票价格产生较大的影响。

对每股收益也可以进行横向和纵向的比较。通过与同行业平均水平或竞争对手的比较，可以考察企业每股收益在整个行业中的状况以及与竞争对手相比的优劣。

(四) 普通股每股收益的应用分析

【例 4-9】根据 2015 年中国联通资产负债表(表 3-2)和中国联通利润表(表 4-2)中的资料以及年报中财务报表附注说明，计算中国联通普通股每股收益如表 4-17 所示。

表 4-17　中国联通普通股每股收益计算表(2015 年)

单位：元

项目	中国联通
净利润①	10 434 394 247
优先股股利②	0
普通股股数③	21 196 596 395

续 表

项目	中国联通
基本每股收益④=(①-②)÷③	0.492 3
归属于母公司普通股股东的合并净利润④	3 471 590 902
发行在外普通股的加权平均数⑤	21 196 596 395
基本每股收益(元/股)⑥=④÷⑤	0.163 8

注:"普通股股数"数据来源于财务报表"股本"项目及附注说明。

由表4-17可以看出,以归属于母公司普通股股东的合并净利润计算的中国联通的每股收益为0.163 8元,表明2015年中国联通能够为公司流通于股市的普通股每股所能带来每股0.163 8元的净收益额。

为进一步研究中国联通的每股收益,按照上述方法,收集并计算了2015年同行业6家公司的普通股每股收益,计算结果如表4-18所示。

表4-18 同行业6家公司普通股每股收益计算表(2015年)

单位:百万元

项目	中国联通	中电广通	广电网络	歌华有线	大唐电信	号百控股
净利润①	10 434	-121	132	673	45	54
优先股股利②	0	0	0	0	0	0
普通股股数③	21 197	330	563	1 392	882	535
基本每股收益④=(①-②)÷③	0.492 3	-0.368 4	0.235 0	0.483 5	0.051 0	0.101 8
归属于母公司普通股股东的合并净利润⑤	3 472	-125	133	673	28	46
发行在外普通股的加权平均数⑥	21 197	330	563	1 392	882	535
基本每股收益/(元/股)⑦=⑤÷⑥	0.163 8	-0.379 1	0.236 5	0.483 4	0.032 2	0.086 4

由表4-18可以看出,2015年度歌华有线的每股收益最高,为0.483 4元/股,其次是广电网络,为0.236 5元/股,中电广通的每股收益为负数。中国联通的每股收益位列第三,为0.163 8元/股,说明在同行业中,中国联通带给普通投资者的每股净收益,在同行业中居于中间水平。

为进一步清晰地反映中国联通每股收益的情况,根据上述计算结果,按照如表4-19所示的内容,绘制如图4-7所示同行业6家公司2015年的每股收益对比图。

表4-19 同行业6家公司基本每股收益对比分析表

项目	中国联通	中电广通	广电网络	歌华有线	大唐电信	号百控股
基本每股收益/(元/股)	0.163 8	-0.379 1	0.236 5	0.483 4	0.032 2	0.086 4

从图4-7可以看出,中国联通的每股收益与其他公司的对比,其值居中,说明中国联通的每股收益在同行业中,居于中间水平,与大唐电信和号百控股的水平相当,但是距广电网络、歌华有线的每股收益水平还有一定距离。

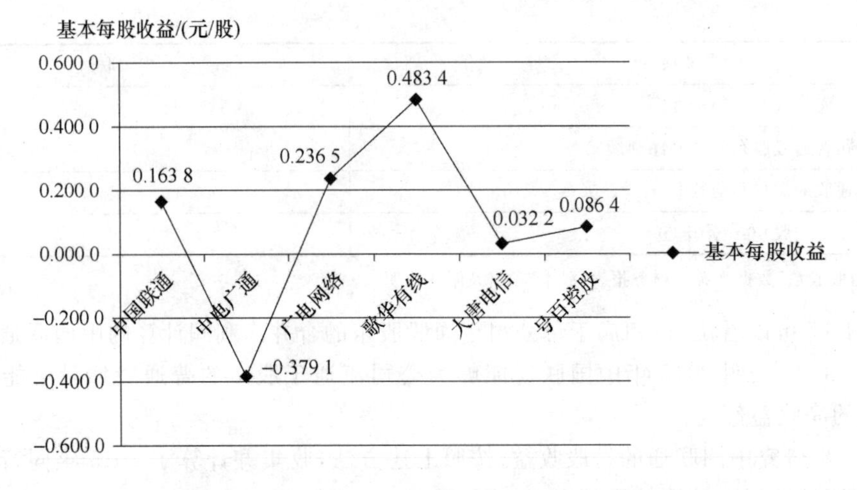

图 4-7　同行业 6 家公司基本每股收益对比图

二、普通股每股股利

(一) 普通股每股股利的含义

普通股每股股利简称每股股利,是指普通股股利总额与发行在外的普通股股数的比值。

(二) 普通股每股股利的计算公式

$$普通股每股股利=\frac{普通股股利总额}{发行在外的普通股股数}$$

在应用此公式时,应该注意以下方面:

(1) 分子中的“普通股股利总额”等于现金股利总额减去优先股股利,由于我国鲜有优先股股利,所以在上市公司披露的财务信息中,应发放的股利总额一般为普通股股利。

(2) 分母中的“发行在外的普通股股数”,一般按照年末普通股股数计算。因为股利通常是发给年末的股东,因此,计算每股股利时分母采用年末普通股股数,而不是全年平均股数。

(三) 普通股每股股利的评价标准

每股股利的高低取决于上市公司盈利能力的强弱。同时,公司的股利分配政策和现金是否充沛也决定了每股股利的高低。每股股利越高,说明普通股获取的现金报酬越多。

(四) 普通股每股股利的应用分析

【例 4-10】根据 2015 年中国联通资产负债表(表 3-2)和中国联通利润表(表 4-2)中的资料以及年报中财务报表附注说明,计算中国联通普通股每股股利如表 4-20 所示。

表 4-20 中国联通普通股每股股利计算表(2015 年)

单位:元

项目	中国联通
现金股利总额①	1 426 530 937
优先股股利②	0
普通股股数③	21 196 596 395
每股股利④=(①-②)÷③	0.067 3

注:“现金股利总额”数据来源于各公司年报“未分配利润”附注说明。

由表 4-20 可以看出,中国联通的每股股利为 0.067 3 元,表明 2015 年中国联通的普通股股东,在 2015 年年末预计每股能够获得 0.067 3 元的现金股利。

为进一步研究中国联通的每股股利,按照上述方法,收集并计算了 2015 年同行业 6 家公司的每股股利,计算结果如表 4-21 所示。

表 4-21 同行业 6 家公司普通股每股股利计算表(2015 年)

项目	中国联通	中电广通	广电网络	歌华有线	大唐电信	号百控股
现金股利总额/百万元①	1 427	3	17	210	0	27
优先股股利/百万元②	0	0	0	0	0	0
普通股股数③	21 197	330	563	1 392	882	535
每股股利/元④=(①-②)÷③	0.067 3	0.01	0.03	0.15	0	0.05

注:“现金股利总额”数据来源于各公司年报“未分配利润”附注说明。

由表 4-21 可以看出,2015 年度 6 家公司相比,歌华有线的每股收益最高,为 0.15 元/股,大唐电信没有发放现金股利,中国联通的每股股利位列第二,为 0.067 3 元/股,说明在同行业中,中国联通发放的每股股利居于较高水平。

为进一步更加清晰地反映中国联通每股股利的情况,根据上述计算结果,按照表 4-22 所示的内容,绘制如图 4-8 所示同行业 6 家公司 2015 年的每股股利对比图。

表 4-22 同行业 6 家公司普通股每股股利对比分析表

项目	中国联通	中电广通	广电网络	歌华有线	大唐电信	号百控股
每股股利/元	0.067 3	0.01	0.03	0.15	0	0.05

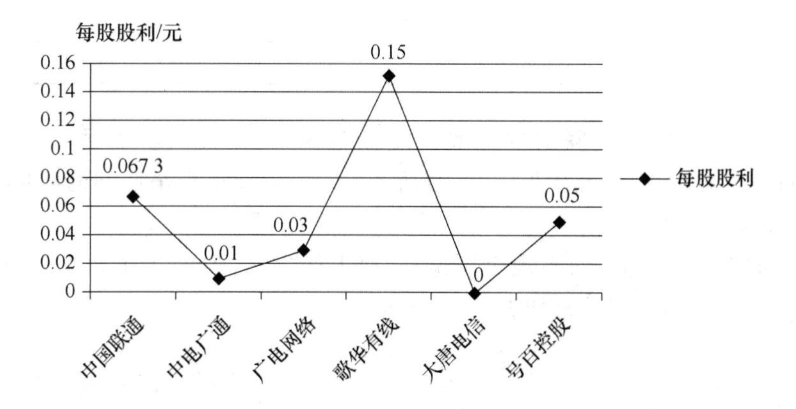

图 4-8 同行业 6 家公司普通股每股股利对比图

从图 4-8 可以看出，中国联通的每股股利与其他公司的对比，除歌华有线外，均高于同行业其他公司的每股股利水平，说明中国联通的普通股股东，获取现金的报酬相对较高。

三、普通股每股现金流量

（一）普通股每股现金流量的含义

普通股每股现金流量简称每股现金流量，是企业经营活动中产生的现金流量净额，扣除优先股股利之后，与平均普通股股数的比值。

（二）普通股每股现金流量的计算公式

$$\text{每股现金流量}=\frac{\text{经营活动现金净流量}-\text{优先股股利}}{\text{平均普通股股数}}$$

其中，分子“经营活动现金净流量”，为上市公司所披露的现金流量表中的经营活动现金净流量数据，分母中的“平均普通股股数”，如果找不到新增的普通股的数据，可以采用年末普通股股数。

（三）普通股每股现金流量的评价标准

每股现金流量越大，说明每股股份可支配的现金流量越大，普通股股东获得现金股利回报的可能性越大。对每股现金流量可以进行横向和纵向的比较，通过与同行业平均水平或竞争对手的比较，可以考察企业的每股现金流量在整个行业中的状况。

（四）普通股每股现金流量的应用分析

【例 4-11】根据 2015 年中国联通资产负债表（表 3-2）和中国联通利润表（表 4-2）中的资料以及年报中财务报表附注说明，计算中国联通普通股每股现金流量如表 4-23 所示。

表 4-23　中国联通普通股每股现金流量计算表

项目	中国联通
经营活动现金净流量/元①	89 233 265 026
优先股股利/元②	0
普通股股数/股③	21 196 596 395
每股现金流量/（元/股）④＝（①－②）÷③	4.21

由表 4-23 可以看出，中国联通的每股现金流量为 4.21 元/股，表明 2015 年中国联通 0.163 8元的每股收益有 4.21 元作保障，使普通股股东能够获得现金股利的回报，说明股东获得现金股利的保障还是很高的。

为进一步研究中国联通的每股现金流量，按照上述方法，收集并计算了 2015 年同行业 6 家公司的每股现金流量，计算结果如表 4-24 所示。

表 4-24　同行业 6 家公司普通股每股现金流量计算表(2015 年度)

项目	中国联通	中电广通	广电网络	歌华有线	大唐电信	号百控股
经营活动现金净流量/百万元①	89 233	89	615	1 321	904	119
优先股股利/百万元②	0	0	0	0	0	0
普通股股数③	21 197	330	563	1 392	882	535
每股现金流量/元④=(①-②)÷③	4.21	0.27	1.09	0.95	1.02	0.22

由表 4-24 可知,2015 年中国联通的每股现金流量是最高的,为 4.21 元/股,号百控股的每股现金流量最低,为 0.22 元/股,中电广通比号百控股略高,其他三家相差不大。可见,与同行业相比,中国联通的每股现金流量处于前列,为每股收益提供了充足的现金流保障。

为进一步更加清晰地反映中国联通每股现金流量的情况,根据上述计算结果,按照表4-25的内容,绘制如图 4-9 所示同行业七家公司 2015 年的每股现金流量对比图。

表 4-25　同行业 6 家公司普通股每股现金流量对比分析表

项目	中国联通	中电广通	广电网络	歌华有线	大唐电信	号百控股
每股现金流量/元	4.21	0.27	1.09	0.95	1.02	0.22

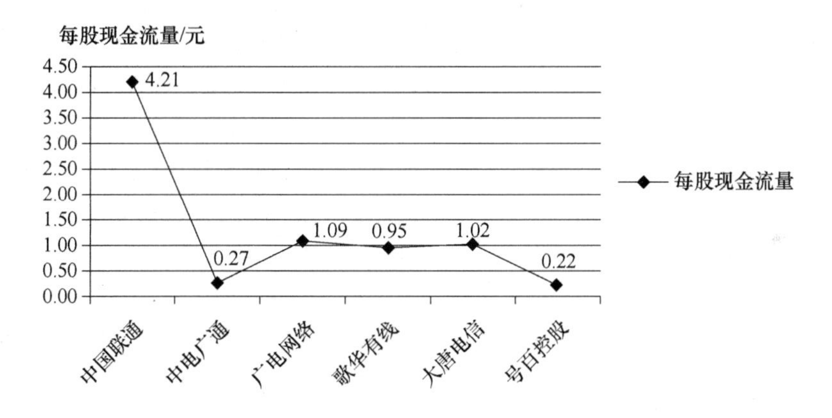

图 4-9　同行业 6 家公司每股现金流量对比图

从图 4-9 的对比曲线可以看出,中国联通的每股现金流量值远远高于同行业其他水平,而同行业的其他公司的每股现金流量基本处于一个水平线上,说明中国联通的经营活动所产生的现金流很大,能够保障发放股东现金股利的需要。

四、普通股每股净资产

(一) 普通股每股净资产的含义

普通股每股净资产简称每股净资产,是企业期末股东权益与普通股股数之比,反映公司每一普通股能分摊多少账面净资产,是衡量公司真正财务实力的表现。

(二) 普通股每股净资产的计算公式

$$每股净资产=\frac{年度末股东权益}{年度末普通股股数}$$

其中,分子"年度末股东权益"的数据,即公司的资产负债表的期末股东权益;分母中的"年度末普通股股数"即资产负债表中的股本数,但要确定是否为每一股1元为计量单位,可查阅财务报表附注说明进一步核实。之所以取年末普通股的股数,是因为该指标衡量的是年度末的股东权益,取年度末普通股股数,而不是加权平均数,与年末股东权益的口径保持一致。

(三) 普通股每股净资产的评价标准

每股净资产越大,股东拥有的资产现值越多;每股净资产越少,股东拥有的资产现值越少。每股净资产在理论上提供了股票的最低价值,反映了在会计期末每一股份在公司账面上到底值多少钱。

每股净资产值反映了每股股票代表的公司净资产价值,是支撑股票市场价格的重要基础。

从每股净资产的含义中可以看出,该指标反映发行在外的每股普通股所代表的净资产成本,即账面权益,如果公司的股票价格低于净资产的成本,成本又接近变现价值,那么公司已经没有存在的价值,此时,清算是公司最好的选择。因此,每股净资产值越大,表明公司每股股票代表的财富越雄厚,通常创造利润的能力和抵御外来因素影响的能力越强。

在分析该指标时,需要注意以下几点:第一,要与公司的资本结构结合起来进行分析。因为如果公司资本结构中负债的比重较小,甚至没有负债,尽管每股净资产高,但财务状况未必真正好,盈利能力真正高,只有在合理的资本结构下,每股净资产越高,才能说明企业未来发展的潜力越强。第二,在投资分析时,只能有限地使用这个指标,因为该指标反映的是历史成本,不能反映净资产的变现情况,也不能反映净资产的产出能力,它没有一个确定的标准,投资者可以比较分析公司历年每股净资产的变动趋势来了解公司的发展情况和盈利能力。第三,该指标的应用比较要注意区分公司性质和股票市价,在两者相近的条件下,某一公司股票的每股净资产越高,则公司发展潜力与其股票的投资价值越大,投资者所承担的投资风险越小。

(四) 普通股每股净资产的应用分析

【例 4-12】根据2015年中国联通资产负债表(表3-2)和中国联通利润表(表4-2)中的资料以及年报中财务报表附注说明,计算中国联通普通股每股净资产如表4-26所示。

表 4-26　中国联通普通股每股净资产计算表(2015 年)

项目	中国联通
期末股东权益/元①	234 046 375 701
优先股权益/元②	0
普通股股数/股③	21 196 596 395
每股净资产/元④=(①-②)÷③	11.04

由表4-26可以看出,中国联通的每股净资产为11.04元,表明中国联通的普通股股东拥有每股11.04元的净资产,也就是说,中国联通的每股股票的最低价值为每股11.04元。

为进一步研究中国联通的每股净资产,按照上述方法,收集并计算了2015年同行业6家公司的每股净资产,计算结果如表4-27所示。

表4-27　同行业6家公司普通股每股净资产计算表(2015年)

项目	中国联通	中电广通	广电网络	歌华有线	大唐电信	号百控股
期末股东权益/百万元①	234 046	454	1 740	11 533	4 062	3 071
优先股权益/百万元②	0	0	0	0	0	0
普通股股数/百万股③	21 197	330	563	1 392	882	535
每股净资产/(元/股)④=(①-②)÷③	11.04	1.38	3.09	8.29	4.60	5.74

由表4-27可以看出,2015年中国联通的每股净资产是最高的,为11.04元/股,其次是歌华有线,为8.29元/股,中电广通的每股净资产最低,为1.38元/股,可见,与同行业相比,中国联通的每股净资产远远处于前列,发展前景看好。

为进一步更加清晰地反映中国联通每股净资产的情况,根据上述计算结果,按照表4-28所示的内容,绘制如图4-10所示同行业6家公司2015年的每股净资产对比图。

表4-28　同行业6家公司普通股每股净资产对比分析表

项目	中国联通	中电广通	广电网络	歌华有线	大唐电信	号百控股
每股净资产(元/股)	11.04	1.38	3.09	8.29	4.60	5.74

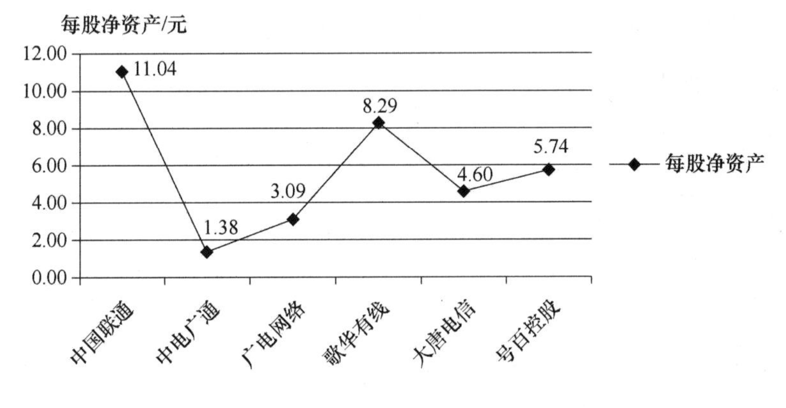

图4-10　同行业6家公司每股净资产对比图

从图4-10的对比曲线可以看出,中国联通的每股净资产值远远高于同行业其他水平,而同行业的其他公司的每股净资产,除歌华有线略高外,其他公司基本处于一个水平线上,说明中国联通的股票含金量较高,理论上中国联通的每股股票最低价值为11.04元/股,远远优于同行业的其他公司。

五、市盈率

(一)市盈率的含义

市盈率是指普通股每股市价与每股收益的比值,是普通股每股市价与每股收益相比得到的倍数。市盈率反映的是,当每股收益可以用来表示企业未来的盈利能力时,以当前的股价进行投资,企业经过多少年的经营可以使投资者收回成本。

（二）市盈率的计算公式

$$市盈率=\frac{普通股每股市价}{普通股每股收益}$$

特别需要说明公式中的分子“普通股每股市价”的数据的选取，由于每股市价是一个不断变化的动态数据，在计算该指标时，一般选取所确定的时间点的最新收盘价。例如，如果所选取的时间点为 2015 年年末，那么就选取 2015 年 12 月 31 日的最新收盘价。

（三）市盈率的评价标准

市盈率是反映市场对公司期望的指标，反映的是投资者对每 1 元净利润所愿支付的价格。该比率越高，说明市场对公司的未来前景越看好，但同时，该指标值越大，相应的投资风险也越高。

一般情况下，发展前景较好的公司通常都有较高的市盈率，发展前景不佳的公司，这个比率较低。但是必须注意，当全部资产利润率很低或公司发生亏损时，每股收益可能为零或负数，市盈率会很高。因此，市盈率不是越高越好，正常的市盈率为 5～20。

在分析市盈率时应结合其他相关指标，注意该指标不能用于不同行业公司的比较；另外，在每股收益很小或亏损时，市价不会为零，计算出的市盈率会很高，此时，很高的市盈率不说明任何问题。

（四）市盈率的应用分析

【例 4-13】根据中国联通利润表（表 4-2）中的资料，计算该公司市盈率的指标，计算结果如表 4-29 所示。

表 4-29　中国联通市盈率计算表

项目	中国联通
普通股每股市价/元①	6.14
普通股每股收益/元②	0.163 8
市盈率③=①÷②	37.49

注：a.“普通股每股市价”数据来源于各公司 2015 年 12 月 31 日的收盘价（金汇证券宝 K 线数据）；b.“普通股每股收益”为归属于母公司的每股收益。

表 4-29 表明，中国联通的市盈率为 37.49，说明中国联通的每股市价是每股收益的 37.49 倍，表明投资者对中国联通的股票相对看好。

为进一步研究中国联通的市盈率，按照上述方法，收集并计算了 2015 年同行业 6 家公司的市盈率，计算结果如表 4-30 所示。

表 4-30　同行业 6 家公司市盈率计算表

项目	中国联通	中电广通	广电网络	歌华有线	大唐电信	号百控股
普通股每股市价/元①	6.14	19.67	15.71	21.18	24.61	21.17
普通股每股收益/元②	0.163 8	−0.379 1	0.236 5	0.483 4	0.032 2	0.086 4
市盈率③=①÷②	37.49	−51.89	66.44	43.82	763.21	245.04

注：a.“普通股每股市价”数据来源于各公司 2015 年 12 月 31 日的收盘价（金汇证券宝 K 线数据）；b.“普通股每股收益”为归属于母公司的每股收益。

从表 4-30 可以看出，中国联通的市盈率在同行业中相对较低，与歌华有线相对接近，但按照正常的市盈率评价标准来看，中国联通的市盈率虽然低于同行业的其他公司，但是接近合理的市盈率区间。

为进一步更加清晰地反映中国联通市盈率的情况，根据上述计算结果，按照表 4-31 所示的内容，绘制如图 4-11 所示同行业六家公司 2015 年的市盈率对比图。

表 4-31　同行业 6 家公司市盈率对比分析表

项目	中国联通	中电广通	广电网络	歌华有线	大唐电信	号百控股
市盈率	37.49	−51.89	66.44	43.82	763.21	245.04

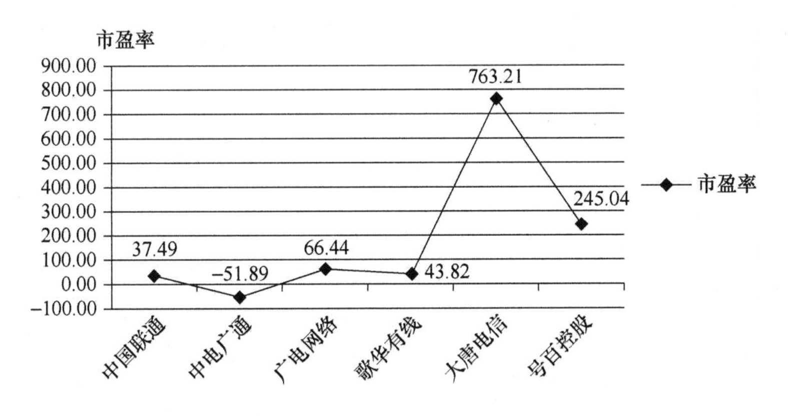

图 4-11　同行业 6 家公司 2015 年市盈率对比图

从图 4-11 可以看出，大唐电信的市盈率最高，达到了 763.21，而中国联通、中电广通、广电网络和歌华有线基本在一个水平线上下浮动，说明中国联通的市盈率居于同行业的合理范围区间，没有太大的波动。

六、市净率

（一）市净率的含义

市净率是普通股股票每股市价与每股净资产的比值，主要从股票账面价值的角度说明市场对公司资产质量的评价。

（二）市净率的计算公式

$$市净率=\frac{每股市价}{每股净资产}$$

其中，分子的“每股市价”同市盈率的取值一样，选取时间点的最新收盘价。

（三）市净率的评价标准

一般而言，市净率达到 3 能够树立较好的公司形象。因为市盈率是每股市价与每股净资产的比值，因此，市价低于每股净资产的股票，对于投资者来说，购买的价值不大。

每股净资产是股票的账面价值，它是用成本计量的；每股市价是这些资产的现值，是证券市场上交易的结果。投资者认为，市价高于账面价值时，公司的资产质量好，有发展潜力；反之，则资产质量差，没有发展前景。优质股票的市价都超出每股净资产许多，因此，把每股净资产和每股市价联系起来，可以说明市场对公司资产质量的评价。

(四)市净率的应用分析

【例 4-14】根据 2015 年中国联通资产负债表(表 3-2)和中国联通利润表(表 4-2)中的资料以及年报中财务报表附注说明，计算中国联通市净率如表 4-32 所示。

表 4-32 中国联通市净率计算表(2015 年)

项目	中国联通
普通股每股市价/元①	6.14
每股净资产/元②	11.04
市净率③=①÷②	0.56

从表 4-32 可以看出，中国联通的市净率为 0.56，说明中国联通的每股市价是每股净资产的 0.56 倍，表明市场中国联通的资产质量并不是很看好。

为进一步研究中国联通的市净率，按照上述方法，收集并计算了 2015 年同行业 6 家公司的市净率，计算结果如表 4-33 所示。

表 4-33 同行业 6 家公司市净率计算表(2015 年)

项目	中国联通	中电广通	广电网络	歌华有线	大唐电信	号百控股
普通股每股市价/元①	6.14	19.67	15.71	21.18	24.61	21.17
每股净资产/元②	11.04	1.38	3.09	8.29	4.60	5.74
市净率③=①÷②	0.56	14.27	5.09	2.56	5.34	3.69

从表 4-33 可以看出，中国联通的市净率在同行业中最低，为 0.56，中电广通的市净率最高，为 14.27，其他几家公司的市净率差异不大。

为进一步更加清晰地反映中国联通市净率的情况，根据上述计算结果，按照如表 4-34 所示的内容，绘制如图 4-12 所示同行业 6 家公司 2015 年的市净率对比图。

表 4-34 同行业 6 家公司市净率对比分析表(2015 年)

项目	中国联通	中电广通	广电网络	歌华有线	大唐电信	号百控股
市净率	0.56	14.27	5.09	2.56	5.34	3.69

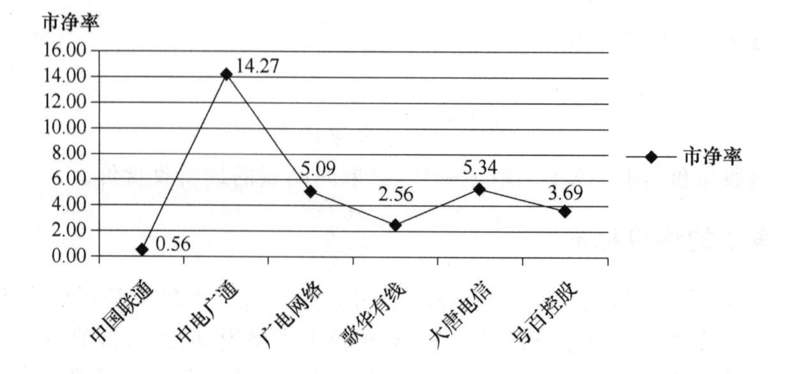

图 4-12 同行业 6 家公司市净率对比图

从图4-12可以看出，中电广通的市净率最高，中国联通的市净率最低，说明中国联通在同行业中，市场对其资产的质量不是很看好，没有达到同行业的平均水平，这一因素有可能导致市场对中国联通的股价波动。

本章知识点小结

本章主要讲授利润表的分析，需要掌握的核心知识点梳理如下。

1. 利润表增减变动分析表的编制方法

首先，收集利润表的年初和年末的报表各项数据。

其次，计算增减额：

增减额＝本期利润表各报表项目金额－上期利润表各报表项目金额

第三，计算增减率：

增减率＝增减额÷上期利润表各报表项目金额

2. 利润表结构变动分析表的编制方法

首先，收集利润表的年初和年末的报表各项数据。

其次，计算年初和年末所有项目占营业收入的百分比：

各项目所占百分比＝本期利润表各报表项目金额÷本期营业收入

第三，计算变动幅度：

变动幅度＝本年各项目占营业收入百分比－上年各项目占营业收入百分比

3. 利润表盈利能力指标的计算与评价

(1) 营业毛利率的计算公式与评价标准

营业毛利率＝营业毛利÷营业收入净额×100％

通常，营业毛利率指标越高，企业的销售盈利能力就越强，其产品在市场上的竞争能力也越强。

(2) 营业利润率的计算公式与评价标准

营业利润率＝营业利润÷营业收入净额×100％

营业利润率越高，表明企业营业能力越强，未来收益的发展前景越可观。

(3) 营业净利率的计算公式与评价标准

营业净利率＝净利润÷营业收入净额×100％

通常，营业净利率指标越高，说明企业销售的盈利能力越强。

(4) 净资产收益率的计算公式与评价标准

净资产收益率＝净利润÷平均净资产×100％

净资产收益率越高，说明企业运用资本创造利润的效果越好；反之，则说明资本的利用效果较差。

(5) 总资产报酬率的计算公式与评价标准

$$\text{总资产报酬率}=\frac{\text{利润总额}+\text{利息支出}}{\text{平均总资产}}\times 100\%$$

总资产报酬率的高低验证了企业经营管理水平的高低，该指标越高，说明总资产的管理水平越高，所带来的盈利越多。

(6) 成本费用利润率的计算公式与评价标准

成本费用利润率＝净利润÷成本费用×100％

成本费用利润率越高，说明每百元耗费赚取的盈利越多，企业的盈利能力越强，企业效益越好。

4. 衡量股票市值的盈利能力指标的计算与评价

(1) 普通股每股收益的计算公式与评价标准

$$普通股每股收益=\frac{净利润-优先股股利}{发行在外普通股加权平均数}$$

普通股每股收益越高，表明每股股票所获得的利润就越多，股东的投资效益就越好；反之，则越差。

(2) 普通股每股股利的计算公式与评价标准

$$普通股每股股利=\frac{普通股股利总额}{发行在外的普通股股数}$$

每股股利越高，说明普通股获取的现金报酬越多。

(3) 普通股每股现金流量的计算公式与评价标准

$$每股现金流量=\frac{经营活动现金净流量-优先股股利}{平均普通股股数}$$

每股现金流量越大，说明每股股份可支配的现金流量越大，普通股股东获得现金股利回报的可能性越大。

(4) 普通股每股净资产的计算公式与评价标准

$$每股净资产=\frac{年度末股东权益}{年度末普通股股数}$$

每股净资产越大，股东拥有的资产现值越多；每股净资产越少，股东拥有的资产现值越少。

(5) 市盈率的计算公式与评价标准

$$市盈率=\frac{普通股每股市价}{普通股每股收益}$$

市盈率比率越高，说明市场对公司的未来前景越看好，但同时，该指标值越大，相应的投资风险也越高，因此，市盈率不是越高越好，正常的市盈率为5～20。

(6) 市净率的计算公式与评价标准

$$市净率=\frac{每股市价}{每股净资产}$$

一般而言，市净率达到3能够树立较好的公司形象。因为市盈率是每股市价与每股净资产的比值，所以市价低于每股净资产的股票，对于投资者来说，购买的价值不大。

思考与练习

一、填空题

1. 利润表编制的理论依据为________。

2. 利润表的格式，主要有单步式利润表和________两种。

3. 利润增减变动情况分析亦称________，就是将利润表的实际数与对比标准或基数进行比较，以揭示________的分析方法。

4. 利润表的结构变动情况分析亦称________，是通过计算利润表中各项目占________的比重或结构，反映利润表中的项目与营业收入关系情况及其变动情况，分析说明财务成果的结构及其增减变动的合理程度。

5. 盈利结构分析包括________和________。

二、单选题

1. 多步式利润表中，下列(　　)等式是正确的。

A. 收入－费用＝利润

B. 营业收入－营业成本＝营业利润

C. 营业外收入－所得税＝营业外收支净额

D. 利润总额＋所得税费用＝净利润

2. 多步式利润表中，有关计算营业利润的等式(　　)是正确的。

A. 收入－所得税＝利润

B. 营业利润＝营业收入－营业成本－营业税金及附加－销售费用－管理费用－财务费用－资产减值损失＋公允价值变动收益＋投资收益

C. 营业外收入－所得税＝营业外收支净额

D. 利润总额＋所得税费用＝净利润

3. 多步式利润表中，有关计算利润总额的等式(　　)是正确的。

A. 收入－所得税＝利润

B. 营业利润＝营业收入－营业成本

C. 利润总额＝营业利润＋营业外收入－营业外支出

D. 营业外收入－所得税＝营业外收支净额

4. 多步式利润表中，有关计算净利润的等式(　　)是正确的。

A. 收入－所得税＝利润

B. 营业利润＝营业收入－营业成本

C. 利润总额＝营业外收入－营业外支出

D. 净利润＝利润总额－所得税费用

5. 多步式利润表中，下列(　　)营业外收支净额的等式是正确的。

A. 收入－所得税＝利润

B. 营业利润＝营业收入－营业成本

C. 利润总额＝营业外收入－营业外支出

D. 营业外收支净额＝营业外收入－营业外支出

三、多选题

1. 利润表增减变动情况的分析评价的主要分析内容包括(　　)。

A. 净利润分析　　B. 利润总额分析

C. 营业利润分析　　D. 融资结构

2. 利润表盈利能力分析主要包括(　　)。

A. 销售盈利能力分析

B. 资本与资产经营能力分析

C. 与成本费用有关的盈利能力分析

D. 上市公司盈利能力分析

3. 销售盈利能力分析指标主要包括(　　)。

A. 成本费用利润率　　B. 营业净利率

C. 营业利润毛利率　　D. 营业利润率

4. 与成本费用有关的盈利能力分析指标包括(　　)。

A. 成本费用利润率　　B. 营业净利率

C. 营业利润毛利率　　D. 利息保障倍数

5. 上市公司盈利能力指标主要包括(　　)。

A. 每股收益　　B. 市盈率

C. 股利支付率　　D. 利息保障倍数

四、案例分析题

(一)案例背景资料

承接第三章陕西广电网络传媒(集团)股份有限公司的案例背景资料。

(二)公司的合并利润表如题表4-1所示。

题表4-1　合并利润表

编制单位:陕西广电网络传媒(集团)股份有限公司　　单位:人民币元

项目	2015年度	2014年度
一、营业收入	2 386 860 188.20	2 298 132 690.49
二、减:营业成本	1 560 270 476.47	1 494 563 351.29
营业税金及附加	8 788 099.35	20 360 716.88
销售费用	260 205 486.33	258 566 848.36
管理费用	358 229 401.73	321 353 554.00
财务费用(加:收入)	76 085 091.04	76 383 978.60
资产减值损失	6 656 455.93	3 664 781.81
加:公允价值变动收益		
投资收益	4 949 934.89	7 979 172.66
其中:对联营和合营企业的投资损失	1 093 175.64	3 290 857.65
三、营业利润	121 575 112.24	131 218 632.21
加:营业外收入	13 733 821.04	9 369 119.89
其中:非流动资产处置利得	14 324.00	16 261.46
减:营业外支出	2 979 918.45	6 138 703.81
其中:非流动资产处置损失	494 039.78	2 622 336.20
四、利润总额	132 329 014.83	134 449 048.29
减:所得税费用	−62 734.71	3 627 619.78
五、净利润	132 391 749.54	130 821 428.51
归属于母公司普通股股东净利润	133 228 408.29	116 903 625.13
少数股东损益	−836 658.75	13 917 80

续 表

项目	2015 年度	2014 年度
六、其他综合收益的税后净额		
归属母公司股东的其他综合收益的税后净额		
(一)以后不能重分类进损益的其他综合收益		
1. 重新计量设定受益计划负债的变动		
(二)以后将重分类进损益的其他综合收益:		
1. 权益法下在被投资单位以后将重分类进损益的其他综合收益中享有的份额		
2. 可供出售金融资产公允价值变动损益		
3. 外币财务报表折算差额		
归属于少数股东的其他综合收益的税后净额		
七、综合收益总额	132 391 749.54	130 821 428.51
归属于母公司普通股股东综合收益总额	133 228 408.29	116 903 625.13
归属于少数股东的综合收益总额	−836 658.75	13 917 803.38
八、每股收益(归属于母公司普通股股东)		
基本每股收益	0.2365	0.2075
稀释每股收益		

注:案例资料和报表数据来源:上海证券交易所广电网络(股票代码:600831)2015 年年报。

(三)案例要求

1. 根据上述资料编制利润表的增减变动分析表、结构变动分析表,并进行分析。

2. 根据上述资料分别计算 2014 年度和 2015 年度的营业毛利率、营业利润率、营业净利率,并进行盈利能力分析。

3. 根据上述资料分别计算 2014 年度和 2015 年度的净资产收益率、总资产报酬率,并进行盈利能力分析。

第五章　现金流量表分析

本章知识体系框架

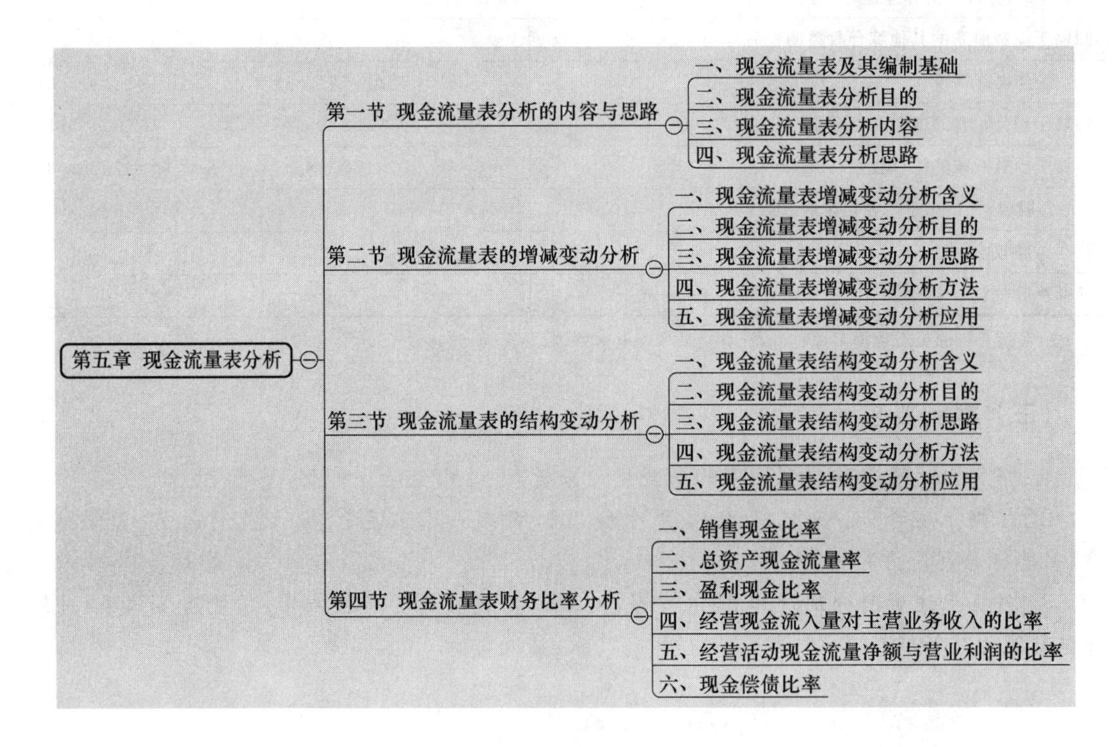

【引导案例】

前续第三章，2015 年度中电广通（股票代码：600764）公司的合并现金流量表如表 5-1 所示。

表 5-1　合并现金流量表

编制单位：中电广通股份有限公司　　　　单位：人民币元

项目	2015 年度	2014 年度
一、经营活动产生的现金流量—持续经营业务		
销售商品、提供劳务收到的现金	599 673 283.57	794 653 154.69
收到的税款返还		803 395
收到其他与经营活动有关的现金	16 836 026.91	11 699 230.94

续表

项目	2015年度	2014年度
经营活动现金流入小计	616 509 310.48	807 155 780.98
购买商品、接受劳务支付的现金	391 315 616.77	674 835 148.17
支付给职工以及为职工支付的现金	68 280 413.34	67 937 872.20
支付的各项税费	20 560 456.12	37 438 504.83
支付的其他与经营活动有关的现金	47 533 783.83	56 560 302.25
经营活动现金流出小计	527 690 270.06	836 771 827.45
经营活动产生的现金流量净额(减:支付)	88 819 040.42	−29 616 046.47
二、投资活动产生的现金流量		
处置固定资产、无形资产和其他长期资产所收回的现金净额	997 568.03	258 560.01
收回投资所收到的现金		
取得投资收益所收到的现金	23 778 000.00	23 778 000.00
收到其他与投资活动有关的现金		
持续经营业务投资活动现金流入小计	24 775 568.03	24 036 560.01
购建固定资产、无形资产和其他长期资产所支付的现金	10 264 871.76	33 130 366.15
投资所支付的现金	547 330.00	
取得子公司及其他营业单位支付的现金净额		
企业合并所支付的现金		
支付的其他与投资活动有关的现金		
持续经营业务投资活动现金流出小计	10 812 201.76	33 130 366.15
持续经营业务投资活动产生的现金流量净额(减:支付)		
终止经营业务投资活动产生的现金流量净额(减:支付)		
投资活动产生的现金流量净额(减:支付)	13 963 366.27	−9 093 806.14
三、筹资活动产生的现金流量—持续经营业务		
子公司吸收少数股东投资所收到的现金		
发行可转换债券所收到的现金		
发行债券收到的现金		
取得借款所收到的现金	421 970 627.87	803 745 554.06
收到其他与筹资活动有关的现金	55 090 000.00	78 208 955.83
筹资活动现金流入小计	477 060 627.87	881 954 509.89
偿还债务所支付的现金	522 837 240.69	880 296 997.31
分配股利、利润或偿付利息所支付的现金	37 927 819.17	42 668 704.97
其中:子公司支付给少数股东的股利、利润	6 279 000.00	4 186 000.00
向SKT回购联通红筹公司股份所支付的现金		
支付其他与筹资活动有关的现金		55 090 000.00
筹资活动现金流出小计	560 765 059.86	978 055 702.28
筹资活动产生的现金流量净额(减:支付)	−83 704 431.99	−96 101 192.39
四、汇率变动对现金的影响	−732 033.48	−816 885.08

续表

项目	2015 年度	2014 年度
五、现金及现金等价物净增加(减少)额	18 345 941.22	−135 627 930.08
持续经营业务期末现金及现金等价物净增加额		
终止经营业务期末现金及现金等价物净增加(减少)额		
加:年初现金及现金等价物余额	82 450 896.46	218 078 826.54
六、年末现金及现金等价物余额	100 796 837.68	82 450 896.46

面对中电广通所披露的上述现金流量表,公司的现金流入和现金流出的情况如何？公司是否有足够的现金流保证日常经营活动的运营？现金的流入来源渠道是否合理？现金流出的去向是否必须？经营、投资、筹资各项现金流入和流出是否正常？能否通过公司现金流的情况判断公司是否存在资金短缺？是否存在较大的财务风险？今后如何改善现金流的状况？

本章的内容,就是通过一系列理论知识的学习与实践能力的培养,解决上述问题。

(案例来源:中电广通在上海证券交易所披露的 2015 年度年报。)

第一节　现金流量表分析的内容与思路

现金流量表分析的对象是现金流量表,因此,在进行现金流量表分析之前,应了解现金流量表是一张什么样的报表,它的编制基础是什么,为什么要对现金流量表进行分析,分析的目的是什么,在此前提下,才能更进一步理解现金流量表分析的内容,理清现金流量表分析的思路。

一、现金流量表及其编制基础

(一) 现金流量表的含义

现金流量表是指反映企业在一定会计期间内现金和现金等价物流入和流出的报表,是以收付实现制为原则,将权责发生制下的盈利信息调整为收付实现制下的现金流量信息,便于信息使用者了解企业净利润的质量的报表。

现金流量是指现金和现金等价物的流入和流出,即现金流量包括现金流入和现金流出。现金流入与现金流出之差被称为现金净流量。从内容上看,现金流量表被划分为经营活动、投资活动和筹资活动三个部分。

(1) 经营活动。是指企业投资活动和筹资活动以外的所有交易和事项,经营活动主要包括销售商品、提供劳务、接受劳务、支付税费等。

(2) 投资活动。是指企业固定资产、在建工程、无形资产、其他长期资产等资产的购建,不包括在现金等价物范围内的债券投资及其处置活动。包括取得和收回投资、购建和处置固定资产、购买和处置无形资产等。

(3) 筹资活动。是指导致企业资本及债务规模和构成发生变化的活动,包括发行股票或接受投入资本、发行和偿还公司债券、分派现金股利、取得和偿还银行借款等。

（二）现金流量表的编制基础

会计确认有两种方法：权责发生制和收付实现制。现金流量表的编制原理，来源于会计确认的收付实现制。

采用权责发生制作为会计确认的基础，即凡是当期已经实现的收入、已经发生或应当负担的费用，不论款项是否已经收付，都应当确认作为当期的收入和费用；凡是不属于当期的收入和费用，即使款项已经在当期收付，也不应当确认作为当期的收入和费用。也就是说，在权责发生制情况下，企业的产品一旦发货，就被记录到企业的营业收入当中，不管购买者什么时候支付货款。在日常的经济生活中，几乎所有的企业都会面临给他们的客户提供各种支付信用，这样会造成只要销售确认，在会计报表中就会确认企业的营业收入和营业成本，并在资产负债表中记录到应收账款，但这样的结果是公司有盈利，却不一定能够有足够的现金净流量。

采用收付实现制作为会计确认的基础，即凡是收到的现金就是本期收入，凡是支付的现金就是本期费用。由于这些实际收到的收入和实际支付的费用均已登记，并根据账簿记录已经确定本期的收入和费用，因而不存在对账簿记录进行期末调整的问题，也就不存在预收、预付和应收、应付的问题。收付实现制和权责发生制是相对应的两个概念。和权责发生制不同，收付实现制不考虑没有发生的现金收支，只确认实际已经发生的现金收支；按照收入减去费用的方式确定企业利润，按照这种方法确定的利润就是企业的现金净余额，因为收入和费用分别等同于企业的现金收支。

在现代日常经济生活中，企业所采用的会计基础，一般为权责发生制。资产负债表和利润表，反映的都是按照权责发生制进行确认的经济业务活动的财务状况或财务成果。但是，作为企业的各利益相关者，还需要了解企业能够随时用于支付的现金的情况，而这一需求正契合了收付实现制的理论基础，于是，以收付实现制的原理编制的现金流量表应运而生。

因此，现金流量表是以现金和现金等价物为基础编制，划分为经营活动、投资活动和筹资活动，按照收付实现制原则编制，将权责发生制下的盈利信息调整为收付实现制下的现金流量信息。用公式表示的编制基础为

现金流入－现金流出＝现金流量净额

二、现金流量表分析的目的

总体来说，通过现金流量表，报表使用者能能够了解现金流量的影响因素，评价企业的偿债能力和周转能力，预测企业未来现金流量，判断企业投资带来现金的能力，判断和预测投资活动所带来的收益或风险，评价筹资活动的现金来源，对筹融资活动进行调整，为企业未来决策提供依据。

具体来说，通过经营活动产生的现金流量，可以判断企业经营活动对现金流入和现金流出的影响程度，可以反映企业在不动用对外筹资的情况下，能否足以维持生产经营、支付股利、偿还债务、对外投资等；通过投资活动所产生的现金流量，可以判断企业投资活动对现金流量净额的影响程度；通过筹资活动产生的现金流量，可以分析判断企业获取现金的能力，可以判断筹资活动对企业现金流量净额的影响程度。

另外，企业作为社会经济环境中的一员，必然存在各利益相关者关注企业的现金流量情况等财务信息。在各利益相关者中，企业所有者以及潜在投资者分析现金流量的目的，主要是判

断获取现金利润的情况、企业股利支付能力以及投资风险;企业债权人对现金流量分析的目的主要是判断企业以现金资产偿还债务及利息的能;企业其他利益相关者对现金流量分析的主要目的是了解企业资金链的持续性、盈利状况,通过现金流量能力分析企业经营状况的持续。

总之,现金流量表的分析对于企业生存与发展是至关重要的,不同的报表使用者都有对企业现金流量分析的需求,虽然角度和关注点有所差异,作为财务分析人员,需要掌握企业现金流量表分析的基本思路以及基本方法,为各报表使用者提供必要的财务信息。

三、现金流量表分析的内容

企业现金流量贯穿于经营活动、筹资活动和投资活动三大活动中,因此分析现金流量能力也需要围绕这三项活动进行。具体来说,现金流量表分析的内容包括以下几个方面:

(1) 分析经营、投资和筹资三项活动所产生的现金流入、现金流出以及现金净流量分别占总的现金流入、现金流出和现金净流量的比重,进行结构变动分析,以判断企业现金流入、现金流出以及现金净流量的合理性。同时,分析每一项活动中所包含的各个明细项的活动,进行各个明细项的占比分析,以分析各项明细活动的合理性。

(2) 分析经营、投资和筹资三项活动各个年度的增减变化,将不同年度的经营、投资和筹资活动进行对比分析,以判断变化的合理性。同时,分析每一项活动中所包含的各个明细项的增减变化,以评价企业现金流量的变动趋势。

(3) 计算总资产现金能力分析、净资产现金能力分析等相关财务比率,与企业资产、资本结构、经营方式等联系起来进行分析;同时,站在企业以及股权人的角度,结合资产、所有者权益进行分析,以判断一定的投入、一定的资产规模下产生的现金流量是否是合适的,是否是增加收益的。

通过这些内容的分析,可以判断企业现金流量的来源是否合理,现金流量的使用是否恰当,现金流量是否为企业带来更好地收益,企业是否合理的使用了现金流。

四、现金流量表分析的思路

现金流量表的编制依据是“现金流入－现金流出＝现金流量净额”,体现在现金流量表中,分为经营活动、投资活动和筹资活动三个方面,这三个方面的活动又分别分为诸多明细项目。因此,在分析现金流量表时,要按照如下思路进行分析,才能层层剖析,深入挖掘现金流量表所反映的现金流所带来的盈利或偿债能力等财务信息。

首先,编制现金流量表增减变动分析表,并对所编制的增减变动分析表从总体到具体的思路进行分析。先分析经营、投资和筹资三项活动总的变化情况,然后再细分为每个明细项,分别就经营、投资和筹资三项活动中每个明细项的变化进行分析,以获取更加细化的变动信息。

其次,编制现金流量表结构变动分析表,并对所编制的结构变动分析表分别从经营、投资和筹资三项活动,先进行总体分析,即分析三项活动的现金流入、现金流出和现金净流量分别占总的现金流入、现金流出和现金净流量的比重方面,先进行总的分析,然后,再细化到每一项,分析每一个具体的组成项目的占比情况。

第三,计算销售现金比率、总资产现金流量率等相关财务比率,与公司的销售情况、资产管理情况等结合起来进行分析。

第四，在分析的过程中，重点关注异常变动值，并对异常变动值的项目和年度进行重点分析。

第二节　现金流量表增减变动分析

现金流量表的增减变动分析，是现金流量表分析的一个重要方面，因为企业不仅要分析当期产生的现金流量的情况和原因，还要揭示本期现金流量与前期或预计现金流量的差异。为了解决这个问题，就需要采用增减变动分析法对现金流量表进行分析，了解企业的各类现金流量在不同时期的增减变化情况。

一、现金流量表增减变动分析含义

现金流量表增减变动分析，是指用金额、百分比的形式，对现金流量表内经营活动、投资活动和筹资活动中的每个项目，进行本期或多期的金额与其基期的金额进行比较分析，编制出现金流量增减变动分析表，以便观察和比较相同项移动的金额及幅度，以揭示存在的差距，为未来的决策提供依据。

二、现金流量表增减变动分析目的

进行现金流量表增减变动分析，目的是确定经营活动、投资活动和筹资活动中各项现金流量的增减差异和变动趋势，找出其增减变化的原因，并据此判断这种变化是有利还是不利，并力求对这种趋势是否会延续做出预见性的判断，进而从总体上和具体的现金流的各个项目上，把握企业取得现金流、运用现金流的合理性。

三、现金流量表增减变动分析思路

由于现金流量表是由经营活动、投资活动和筹资活动组成的，在进行增减变动分析时，就需要按照这三项活动展开，遵循先总体后具体的思路进行分析，即先分析三项活动总体的变动增减情况，然后再分析每项活动的组成部分的增减变动情况。在分析每项活动时，重点关注以下情况，并按照如下思路进行分析：

第一，经营活动现金流量增减变动分析。如果年度内经营活动产生的现金流入、流出量均比上年有所增加，但流出量的增长幅度要略大于流入量的增长幅度，致使经营活动现金流量净额降低，应进一步查明现金流出相对增长过快的原因，及时对各项开支加以严格控制，加快应收账款的回收速度，以防止经营活动现金流量净额的进一步下降。

第二，投资活动现金流量增减变动分析。如果投资活动现金流出量的增长幅度明显高于流入量的增长幅度，企业投资活动产生的现金流量净额呈现负增长趋势，说明企业投资规模有了新的扩张。如果其中购建固定资产支出增长较为明显，说明该公司本期注重基本建设投资，故可预测未来期间的前景看好，刺激了公司的投资欲望，因而有可能带来新的利润增长机会，但应保证投资期限与筹资期限的相互匹配，否则有可能造成财务风险的增加。

第三，筹资活动现金流量增减变动分析。如果筹资活动产生的现金流入量有大幅增加，这主要是投资活动对现金的大量需求的结果。如果其中大部分的资金通过举债筹集，由此应关注公司的偿债能力，应适当扩展新的筹资渠道，以降低财务风险。如果本期筹资活动产生的现金流出量变化幅度不大，这主要是因为偿还债务以及支付利息等项支出与其相关的筹资活动相比，具有一定的滞后性。

四、现金流量表增减变动分析方法

现金流量表增减变动的分析，需要借助编制现金流量表增减变动分析表进行。如何编制现金流量表的增减变动分析表，直接决定了现金流量增减变动分析的准确性。因此，掌握现金流量表增减变动分析表的编制，显得尤为重要。

在编制现金流量表增减变动分析表时，按照如下方法进行计算并填列增减变动分析表：

首先，根据现金流量表的本年度和上年度的金额，计算本年度与上年度各项目的差额，并将此差额填列在分析表的增减额一列中。

其次，计算本年度增减比率。增减比率为本年度与上年度各项目的差额分别除以上年度各项目的现金流量，并将计算结果填列在增减比率一列中。

第三，对所计算出来的增减额和增减比率，先从经营活动、投资活动和筹资活动三个方面进行总体分析，然后再进行各个项目分析。

五、现金流量表增减变动分析应用

【例 5-1】 以中国联通为例，说明现金流量表结构分析法的编制与分析。中国联通 2010—2015 年的合并现金流量表的数据，如表 5-2 所示。

表 5-2 中国联通合并现金流量表

单位：人民币百万元

项目	2015 年度	2014 年度	2013 年度	2012 年度	2011 年度	2010 年度
一、经营活动产生的现金流量—持续经营业务						
销售商品、提供劳务收到的现金	297 712	282 938	294 068	243 096	205 739	170 174
收到的税款返还	48	15	91	16	28	98
收到其他与经营活动有关的现金	1 009	948	359	742	548	1 882
经营活动现金流入小计	298 769	283 901	294 518	243 854	206 314	172 154
购买商品、接受劳务支付的现金	−157 197	−139 003	−166 121	−129 291	−100 919	−73 708
支付给职工以及为职工支付的现金	−36 496	−32 688	−30 643	−28 479	−26 443	−23 479
支付的各项税费	−11 780	−15 518	−14 385	−11 346	−9 499	−6 757
支付的其他与经营活动有关的现金	−4 063	−4 263	0	0	0	0
经营活动现金流出小计	−209 535	−191 472	−211 149	−169 115	−136 861	−103 944
经营活动产生的现金流量净额(减：支付)	89 233	92 429	83 369	74 738	69 453	68 210
二、投资活动产生的现金流量						

续表

项目	2015年度	2014年度	2013年度	2012年度	2011年度	2010年度
处置固定资产、无形资产和其他长期资产所收回的现金净额	2 336	797	1 543	1 086	1 431	375
收回投资所收到的现金	19	0	0	0	1 048	
取得投资收益所收到的现金	376	637	350	489	181	562
收到其他与投资活动有关的现金	1	1	8	288	0	1 201
持续经营业务投资活动现金流入小计	2 732	1 435	1 901	1 864	2 660	2 137
购建固定资产、无形资产和其他长期资产所支付的现金	−92 898	−73 391	−78 808	−90 766	−81 818	−78 083
投资所支付的现金	−1 182	−3 075	0	0	−3 368	−46
取得子公司及其他营业单位支付的现金净额	0	0	0	−10 314	0	0
企业合并所支付的现金	0	0	0	−16	0	
支付的其他与投资活动有关的现金	−5	−2	−30	−16	−212	−478
持续经营业务投资活动现金流出小计	−94 086	−76 468	−78 838	−101 097	−85 398	−78 607
持续经营业务投资活动产生的现金流量净额(减:支付)	0	0	0	0	−82 738	−76 470
终止经营业务投资活动产生的现金流量净额(减:支付)	0	0	0	0	0	5 121
投资活动产生的现金流量净额(减:支付)	−91 353	−75 034	−76 936	−99 233	−82 738	−71 348
三、筹资活动产生的现金流量—持续经营业务						
子公司吸收少数股东投资所收到的现金	1	871	1 102	1	33	0
发行可转换债券所收到的现金	0	0	0	0	0	12 144
发行债券收到的现金	0	0	0	67 797	61 867	37 882
取得借款所收到的现金	190 884	200 047	186 995	87 111	55 461	114 982
筹资活动现金流入小计	190 885	200 917	188 097	154 909	117 361	165 008
偿还债务所支付的现金	−182 815	−206 214	−183 485	−120 621	−106 305	−141 451
分配股利、利润或偿付利息所支付的现金	−9 562	−8 290	−7 756	−6 640	−5 256	−5 732
向SKT回购联通红筹公司股份所支付的现金	0	0	0	0	0	
筹资活动现金流出小计	−192 377	−214 503	−191 241	−127 261	−111 561	−147 184
筹资活动产生的现金流量净额(减:支付)	−1 492	−13 586	−3 144	27 648	5 800	17 824

续表

项目	2015年度	2014年度	2013年度	2012年度	2011年度	2010年度
四、汇率变动对现金的影响	73	0	−42	0	0	
五、现金及现金等价物净增加(减少)额	−3 539	3 809	3 247	3 153	−7 485	14 686
持续经营业务期末现金及现金等价物净增加额	0	0	0	0	−7 485	9 565
终止经营业务期末现金及现金等价物净增加(减少)额	0	0	0	0	0	5 121
加:年初现金及现金等价物余额	25 344	21 535	18 288	15 135	22 620	7 832
六、年末现金及现金等价物余额	21 805	25 344	21 535	18 288	15 135	22 518

首先,计算2015年度与2014年度各项目的差额。

其次,计算2015年度的增减比率。增减比率为2015年度与2014年度各项目的差额分别除以2014年度各项目的现金流量。

第三,对所计算出来的增减比率从各个项目进行分析。

按照上述方法,将计算结果填列在表5-3中。

表5-3 中国联通合并现金流量增减变动分析表

单位:人民币百万元

项目	2015年度	2014年度	增减额	增减率
	①	②	③=①−②	④=③÷②
一、经营活动产生的现金流量—持续经营业务				
销售商品、提供劳务收到的现金	297 712	282 938	14 773	5.22%
收到的税款返还	48	15	33	221.75%
收到其他与经营活动有关的现金	1 009	948	61	6.49%
经营活动现金流入小计	298 769	283 901	14 868	5.24%
购买商品、接受劳务支付的现金	−157 197	−139 003	−18 195	13.09%
支付给职工以及为职工支付的现金	−36 496	−32 688	−3 808	11.65%
支付的各项税费	−11 780	−15 518	3 738	−24.09%
支付的其他与经营活动有关的现金	−4 063	−4 263	200	−4.70%
经营活动现金流出小计	−209 535	−191 472	−18 064	9.43%
经营活动产生的现金流量净额(减:支付)	89 233	92 429	−3 196	−3.46%
二、投资活动产生的现金流量				
处置固定资产、无形资产和其他长期资产所收回的现金净额	2 336	797	1 539	193.16%
收回投资所收到的现金	19	0	19	
取得投资收益所收到的现金	376	637	−261	−41.04%
收到其他与投资活动有关的现金	1	1	1	90.05%
持续经营业务投资活动现金流入小计	2 732	1 435	1 298	90.47%
购建固定资产、无形资产和其他长期资产所支付的现金	−92 898	−73 391	−19 507	26.58%

续表

项目	2015 年度	2014 年度	增减额	增减率
	①	②	③=①-②	④=③÷②
投资所支付的现金	-1 182	-3 075	1 893	-61.56%
取得子公司及其他营业单位支付的现金净额	0	0	0	
企业合并所支付的现金	0	0	0	
支付的其他与投资活动有关的现金	-5	-2	-3	131.81%
持续经营业务投资活动现金流出小计	-94 086	-76 468	-17 617	23.04%
持续经营业务投资活动产生的现金流量净额(减:支付)	0	0	0	
终止经营业务投资活动产生的现金流量净额(减:支付)	0	0	0	
投资活动产生的现金流量净额(减:支付)	-91 353	-75 034	-16 319	21.75%
三、筹资活动产生的现金流量—持续经营业务				
子公司吸收少数股东投资所收到的现金	1	871	-870	-99.94%
发行可转换债券所收到的现金	0	0	0	
发行债券收到的现金	0	0	0	
取得借款所收到的现金	190 884	200 047	-9 162	-4.58%
筹资活动现金流入小计	190 885	200 917	-10 032	-4.99%
偿还债务所支付的现金	-182 815	-206 214	23 398	-11.35%
分配股利、利润或偿付利息所支付的现金	-9 562	-8 290	-1 273	15.35%
向 SKT 回购联通红筹公司股份所支付的现金				
筹资活动现金流出小计	-192 377	-214 503	22 126	-10.31%
筹资活动产生的现金流量净额(减:支付)	-1 492	-13 586	12 093	-89.01%
四、汇率变动对现金的影响	73	0	73	-25284.22%
五、现金及现金等价物净增加(减少)额	-3 539	3 809	-7 348	-192.91%
持续经营业务期末现金及现金等价物净增加额	0	0	0	
终止经营业务期末现金及现金等价物净增加(减少)额	0	0	0	
加:年初现金及现金等价物余额	25 344	21 535	3 809	17.69%
六、年末现金及现金等价物余额	21 805	25 344	-3 539	-13.96%

从表 5-3 的计算结果可以看出:

(1) 中国联通 2015 年度经营活动产生的现金流入比 2014 年度增加 14 868 百万元,增幅为 5.24%,经营活动产生的现金流出量比 2014 年增加 18 064 百万元,增幅为 9.43%,流出量的增加幅度要大于流入量的增加幅度,使得经营活动现金流量净额减少了 3 196 百万元,减幅为 3.46%。

在经营活动现金流入中,“销售商品、提供劳务收到的现金”增加了 14 773 百万元,增幅为 5.22%,而“收到其他与经营活动有关的现金”增加了 61 百万元,增幅为 6.49%。

在经营活动现金流出中,“购买商品、接受劳务支付的现金”2015 年比 2014 年增加了 18 195百万元,增幅为 13.09%;“支付给职工以及为职工支付的现金”2015 年比 2014 年增加 3 808百万元,增幅为 11.65%;“支付的各项税费”2015 年比 2014 年减少了 3 738 百万元,减幅为 24.09%。可见,在经营活动的现金流量中,中国联通应进一步查明收到与支付的与经营活动有关的现金这一项收支，查明具体的项目，分析其合理性，以便及时对各项开支加以严格控制，提高经营活动现金流量净额的进一步增长。

（2）中国联通2015年度投资活动现金流入量2015年比2014年度增加了1 298百万元，增幅达90.47%；现金流出量2015年比2014年度增加了17 617百万元，增幅为23.04%。现金流入量的增幅大于现金流出量的增幅，使得投资活动的现金净流量增加了16 319百万元，增幅了21.75%。

在投资活动的现金流入量中，“处置固定资产、无形资产和其他长期资产所收回的现金净额”2015年比2014年增加了1 539百万元，增幅为193.16%，“取得投资收益所收到的现金”2015年比2014年减少了261百万元，减幅为41.04%。

在投资活动的在现金流出量中，“购建固定资产、无形资产和其他长期资产所支付的现金”2015年比2014年增加了19 507百万元，增幅为26.58%；“投资所支付的现金”2015年比2014年减少了1 893百万元，减幅为61.56%。说明中国联通2015年固定资产的更新换代处在逐步完成阶段，企业的基本建设投资在收缩，在逐步完成硬件设施的改造等。

（3）中国联通2015年度筹资活动产生的现金流入量比2014年度有所减少，减少了10 032百万元，减幅为4.99%，这主要是偿还借款利息等对现金的需求减少的结果，其中“取得借款所收到的现金”减少了9 162百万元，减幅为4.58%。

2015年的筹资活动产生的现金流出量减少了22 126百万元，减幅为10.31%，其中，“偿还债务所支付的现金”减少了23 398百万元，减幅为11.35%，因此筹资活动现金流出的减少主要是偿还债务所支付的现金的减少。

第三节　现金流量表结构变动分析

与增减变动分析一样，现金流量表的结构变动分析是现金流量表分析的一个重要方面，因为企业不仅要分析现金流量不同年度的增减变动，还需要分析经营、投资和筹资活动不同来源的现金流量占总的现金流量的情况，以确定现金流的来源是否合理，现金流的运用是否科学，是否能为企业带来经济效益。为了解决这个问题，就需要采用结构变动分析法对现金流量表进行分析，了解企业的各类现金流量占总的现金流量的比例情况。

一、现金流量表结构变动分析的含义

现金流量表的结构变动分析，一般指纵向结构分析，是指将同一时期现金流量表中的经营活动、投资活动和筹资活动的各项项目与总的现金流入、现金流出和现金净流量的情况进行对比，计算出占比情况，以揭示各项数据在企业现金流量中的份额，进一步分析现金流量的结构是否合理。

二、现金流量表结构变动分析的目的

现金流量表结构分析的目的在于揭示经营活动、投资活动或筹资活动的现金流入量和现金流出量的结构情况，以及各个组成项目占总流入和总流出的情况，以便了解不同活动产生的现金流在企业全部现金流中所占的比重，分析不同现金流对企业产生的影响，据此判断企业的

现金流是否主要由经营活动的现金流量带来，企业的现金流结构是否合理，从而抓住公司现金流量管理的重点。

三、现金流量表结构分析的思路

由于现金流量表是由经营活动、投资活动和筹资活动组成的．在进行增减变动分析时，就需要按照这三项活动展开，遵循先总体后具体的思路进行分析，即先分析三项活动的现金流量占总的现金流量的百分比，然后再分析每项活动的组成部分占总的现金流量的百分比情况。在分析每项活动时，重点关注以下情况，并按照如下思路进行分析。

1. 现金流入结构分析

现金流入结构是反映企业经营活动的现金流入量、投资活动的现金流入量和筹资活动的现金流入量分别在全部现金流入量中所占比重。通过分析这一比重，可以从总体上了解企业当期现金流入的基本内容及所占份额，还可以初步判断企业经营、投资及筹资活动中资金流量关系。

如果经营活动现金流入占现金流入的总量比较大，是企业现金流量的主要来源，而且在经营活动现金流入中，主营业务收入所占比重比较大，这样的现金流量比较正常。如果投资活动现金流入占现金流入的总量比较小，说明企业投资活动获取的现金较少。其中，如果收回投资的比重比较大，即取得投资收益所占比重比较大，说明企业投资现金流入大部分为回收资金，而非获利。如果筹资活动占现金流入总量的金额也比较大，而且其中的主要来源为借款融资，则需要警惕财务风险。

总之，维持企业运行、支撑企业发展所需要的大部分现金应该是在经营过程中产生的，这无疑是企业财务状况良好的一个标志。而收回投资、分得股利取得的现金以及银行借款、发行债券、接受外部投资取得的现金对公司的运行起到的是辅助性或补充性的融资作用。如果后两项在总的现金流量中所占比重比较大，那么企业的财务状况则比较堪忧。

2. 现金流出结构分析

现金流出结构是反映企业经营活动的现金流出量、投资活动的现金流出量和筹资活动的现金流出量分别在全部现金流出量中所占的比重，包括经营活动、投资活动和筹资活动等各项业务活动现金流出中具体项目的构成情况。现金流出结构可以表明企业的现金究竟流向何方，这些流出是否合理，要节约开支应从哪些方面入手等。

一般而言，经营活动中的“购买商品、接受劳务支付的现金”往往占较大的比重，投资活动和筹资活动的现金流出比重则因企业的投资政策和筹资政策的状况不同而存在很大的差异。尤其是筹资活动的现金流出或流入在很大程度上具有调节企业现金余缺的作用。通常情况下，在公司正常的经营活动中，其经营活动的现金流出具有一定的稳定性，各期变化幅度不会太大，但投资和筹资活动的现金流出稳定性较差，甚至具有偶发性，随着交付投资款、偿还到期债务、支付股利等活动的发生，当期该类活动的现金流出便会呈现剧增。

3. 现金净流量结构分析

现金净流量分析，是反映公司经营活动、投资活动及筹资活动的现金净流量占公司全部净现金流量的百分比，以及公司本年度创造的现金及现金等价物净增加额中，以上三类活动的贡献程度。通过分析，可以明确体现出本期的现金净流量主要由哪类活动产生，以此可说明现金净流量形成的原因是否合理。

如果企业的现金净增加额为正数，而且主要是由经营活动产生的现金流净额引起的，可以反映企业收现能力强，坏账风险小，其营销能力一般不错；如果净现金流是由投资活动或处置非流动资产引起的，可以反映出企业生产能力正在衰退，从而处置资产以缓解资金压力，但也可能是企业在调整资产结构，应结合上市公告的其他资料进行判断；如果净现金流主要是由于筹资活动引起的，则意味着企业在未来将负担更多的股息或利息。除非该企业在未来产生更大的现金流量，否则将承受更大的财务风险。

如果企业现金净增加额为负数，可以分为以下几种情况进行分析：首先，如果企业现金净增加额为负数，而企业经营活动产生的现金流量净额为正数，且数额较大，则这一般是由于企业扩大投资或购置生产设备等所致，反映企业并非经营状况不佳，反而是未来可能有更大的现金流入；其次，如果企业现金流量净额是负数，主要是由于筹资活动引起的，说明企业为了偿还债务及利息大量地支出现金，未来用于满足偿债需求的现金将可能较少，有利于减轻企业未来的偿债压力，财务风险变小，只要企业经营活动正常，就不一定会走向衰退；第三，如果企业现金流量净额为负数是由于经营活动引起的，通过投资活动、筹资活动的现金流入还可以弥补经营活动的现金需求，短期内企业还可以进行正常的经营活动。如果企业投资活动、筹资活动的现金流入无法弥补经营活动的现金需求，则对企业来说将是不好的信号，不仅企业短期偿债能力会受到影响，严重时还会威胁到企业的生存。企业必须采取有效措施，扭转不利局面，从而走向正常的轨道。

四、现金流量表结构变动分析的方法

现金流量表结构变动的分析，需要借助编制现金流量表结构变动分析表进行。如何编制现金流量表的结构变动分析表，直接决定了现金流量结构变动分析的准确性。因此，掌握现金流量表结构变动分析表的编制，显得尤为重要。

在编制现金流量表结构变动分析表时，按照如下方法进行计算并填列增减变动分析表：

首先，计算总的现金流入总额、现金流出总额和现金净流量。

其次，计算经营活动、投资活动和筹资活动以及各现金流入项目和各现金流出项目占总现金流入额和流出额的比例。

第三，分别分析经营活动、投资活动和筹资活动的各类现金流入和各类现金流出小计占现金流入总额和现金流出总额的比例。

第四，分别分析经营活动、投资活动和筹资活动的各项现金收支净流量占全部现金净流量的比例。

第五，按所占比例大小或比例变动大小，找出重要项目进行重点分析，了解现金流量的形成、变动过程及其变动原因。

五、现金流量表结构变动分析的应用

【例 5-2】根据表 5-2，选取中国联通 2015 年度和 2014 年度的数据，按照如下方法编制现金流量表结构变动分析表。

编制方法：

首先，计算所有现金流入占本年度现金总流入的比重。

其次，计算所有现金流出占本年度现金总流出的比重。

第三，计算各部分现金净流量占本年度总现金净流量的比重。

按照上述方法，编制中国联通2015年的现金流量表结构分析表，如表5-4所示。

表5-4 中国联通合并现金流量表结构分析表(2015年)

单位：人民币百万元

项目	2015年度			
	合并	现金流入占总流入%	现金流出占总流出%	现金净流量占总净流量%
一、经营活动产生的现金流量	①	②＝①÷**现金总流入**	③＝①÷**现金总流出**	④＝÷**现金总净流量**
销售商品、提供劳务收到的现金	297 712	60.46%		
收到的税款返还	48	0.01%		
收到其他与经营活动有关的现金	1 009	0.20%		
经营活动现金流入小计	298 769	60.68%		
购买商品、接受劳务支付的现金	－157 197		31.69%	
支付给职工以及为职工支付的现金	－36 496		7.36%	
支付的各项税费	－11 780		2.37%	
支付的其他与经营活动有关的现金	－4 063		0.82%	
经营活动现金流出小计	－209 535		42.25%	
经营活动产生的现金流量净额(减:支付)	89 233			－2 470.23%
二、投资活动产生的现金流量				
处置固定资产、无形资产和其他长期资产所收回的现金净额	2 336	0.47%		
收回投资所收到的现金	19	0.00%		
取得投资收益所收到的现金	376	0.08%		
收到其他与投资活动有关的现金	1	0.00%		
持续经营业务投资活动现金流入小计	2 732	0.55%		
购建固定资产、无形资产和其他长期资产所支付的现金	－92 898		18.73%	
投资所支付的现金	－1 182		0.24%	
取得子公司及其他营业单位支付的现金净额	0		0.00%	
企业合并所支付的现金	0		0.00%	
支付的其他与投资活动有关的现金	－5		0.00%	
持续经营业务投资活动现金流出小计	－94 086		18.97%	
持续经营业务投资活动产生的现金流量净额(减:支付)	0			
终止经营业务投资活动产生的现金流量净额(减:支付)	0			
投资活动产生的现金流量净额(减:支付)	－91 353			2 528.91%

续表

项目	2015年度			
	合并	现金流入占总流入%	现金流出占总流出%	现金净流量占总净流量%
三、筹资活动产生的现金流量—持续经营业务				
子公司吸收少数股东投资所收到的现金	1	0.00%		
发行可转换债券所收到的现金	0	0.00%		
发行债券收到的现金	0	0.00%		
取得借款所收到的现金	190 884	38.77%		
筹资活动现金流入小计	190 885	38.77%		
偿还债务所支付的现金	−182 815		36.86%	
分配股利、利润或偿付利息所支付的现金	−9 562		1.93%	
向SKT回购联通红筹公司股份所支付的现金	0			
筹资活动现金流出小计	−192 377		38.79%	
筹资活动产生的现金流量净额(减:支付)	−1 492			41.31%
四、汇率变动对现金的影响	73			
五、现金及现金等价物净增加(减少)额	−3 539			
持续经营业务期末现金及现金等价物净增加额	0			
终止经营业务期末现金及现金等价物净增加(减少)额	0			
加:年初现金及现金等价物余额	25 344			
六、年末现金及现金等价物余额	21 805			
现金流入总计	492 386	100.00%		
现金流出总计	−495 998		100.00%	
现金净流量总计	−3 612			100.00%

根据表5-4,可以进行如下分析。

1. 现金流入总体结构分析

2015年中国联通现金流入总量为492 386百万元,其中经营活动现金流入量、投资活动现金流入量和筹资活动现金流入量所占比重分别为60.68%、0.55%和38.77%。可见企业的现金流入量主要是经营活动和筹资活动产生的。

经营活动的现金流入量中,“销售商品、提供劳务收到的现金”所占比重很大,达到60.46%,这是正常的。投资活动的现金流入量主要由“处置固定资产、无形资产和其他长期资产所收回的现金净额”和“取得投资收益所收到的现金”构成的，投资活动的现金流入量在总的现金流入量中所占比重只有0.55%，比重非常小。筹资活动的现金流入量中，主要是“取得借款所收到的现金”占了较大的份额，达到了38.77%，借款所得的现金流入对于企业缓解资金压力，进行适度扩张是有积极意义的。但要警惕企业不能过度依赖外部筹资，还是要积极增加经营活动现金流入量的比重。

2. 现金流出总体结构分析

2015年中国联通现金流出总量为495 998百万元，其中经营活动现金流出量、投资活动现金流出量和筹资活动现金流出量所占比重分别为42.25%、18.97%和38.79%。

在现金流出总量中经营活动现金流出量所占比重最大，筹资活动现金流出量所占的比重次之，投资活动所占比重最小。在经营活动现金流出量中，“购买商品、接受劳务支付的现金”所占比重最大，达到了31.69%，这是正常的；筹资活动现金流出量中，“偿还债务所支付的现金”比重最大，达到了36.86%，说明中国联通2015年偿还债务的利息压力仍然很大，而偿还债务利息的现金来源，除了经营所取得的现金流入外，主要通过进一步增加借款来偿还，因此，中国联通要防范由以借还息的资金运作模式所带来的财务风险，尽早采取应对措施。2015年投资活动的现金流出量主要用于“购建固定资产、无形资产和其他长期资产所支付的现金”，占企业当期现金流出的18.73%，占比重和规模都不小，显示出企业进行长期投资的力度比较大。

3. 现金净流量总体结构分析

2015年中国联通的现金净流入总量为3 612百万元，其中经营活动现金净流量、投资活动现金净流量和筹资活动现金净流量，占企业现金净流量的比重分别为2 470.23%、−2 528.91%和−41.31%。很显然企业当年的现金净流量主要是由经营活动产生的，而投资和筹资活动的现金净流量均为负数，说明中国联通的现金净流量主要来源于经营活动产生的现金流入，而公司需要关注投资活动现金净流量过大的现象，以及筹资活动现金净流入比重过小的现象，原因在于筹资活动中偿还债务所支付的现金比重过大，这是中国联通需要予以关注的主要问题。

第四节　现金流量表比率分析

现金流量表分析，在进行结构和比较分析之后，还需要计算相关的财务比率，这些比率可以将现金流量信息与其他财务信息相关联，更好地评价企业的现金流量状况，多角度分析评价企业的经营成果和财务状况。

现金流量比率是指现金流量与其他项目数据相比所得的值。由于现金流量表按照经营活动、投资活动和筹资活动提供现金流入、流出和净流量的数据和信息，它们是衡量和评价经营活动、投资活动和筹资活动的重要标准。与现金流量有密切联系的数据，主要来自资产负债表和利润表，少数来自其他资料。可以从这两张财务报表和其他资料中选择与之相关的数据，换算出很多现金流量比率。这些现金流量比率包括销售现金比率、总资产现金流量率、盈利现金比率、经营现金流入量对主营业务收入的比率、经营活动现金流量净额与营业利润的比率、现金偿债比率。

一、销售现金比率

(一) 销售现金比率的含义

销售现金比率反映企业一定时期内经营活动的净现金流量和营业收入的比率,用以说明营业收入获取现金的能力。

(二) 销售现金比率的计算公式

$$销售现金比率=\frac{经营活动现金净流量}{营业收入}\times 100\%$$

其中,分子“经营活动现金净流量”的数据来源于现金流量表;分母“营业收入”的数据依据利润表中的数据。

(三) 销售现金比率的评价标准

一般而言,该指标值越高越好,如果该指标等于营业利润率,表明企业不但获利能力强,而且获利质量也高;如果该指标小于营业利润率,则表明获利质量有所欠缺。销售现金比率反映每 1 元销售额可以得到的现金。

(四) 销售现金比率的应用分析

【例 5-3】 根据中国联通现金流量表(表 5-2)和利润表(表 4-2)的资料,计算该公司销售现金比率的指标,计算结果如表 5-5 所示。

表 5-5 中国联通销售现金比率计算表

单位:百万元

项目	2015 年度	2014 年度	2013 年度	2012 年度	2011 年度	2010 年度
经营活动产生的现金流量净额(减:支付)①	89 233	92 429	83 369	74 738	69 453	68 210
营业收入②	277 049	288 571	303 727	256 265	215 519	176 168
销售现金比率%③=①÷②	32.21%	32.03%	27.45%	29.16%	32.23%	38.72%

从表 5-5 可以看出,中国联通 2010—2015 年的销售现金比率分别为 38.72%、32.23%、29.16%、27.45%、32.03%和 32.21%,从近六年来看,2011 年度的销售现金比率最高,达到了 38.72%。这一比率反映每 1 元销售额可以得到的现金。一般而言,该指标值越高越好,如果该指标等于营业利润率,表明企业不但获利能力强,而且获利质量也高。如果该指标小于营业利润率,则表明获利质量有所欠缺。而根据表 4-7 的营业利润率的计算结果,中国联通 2010—2015 年的营业利润率分别为 2.22%、2.16%、3.12%、4.25%、5.51%和 2.06%,两者相比较,销售现金比率远远高于营业利润率,说明中国联通的销售获利能力非常强。

为进一步分析销售现金比率的变动情况,根据上述计算结果,按照表 5-6 的内容,绘制如图 5-1 所示中国联通 2010—2015 年的销售现金比率趋势分析图。

表 5-6　中国联通销售现金比率趋势分析表

项目	2015 年度	2014 年度	2013 年度	2012 年度	2011 年度	2010 年度
销售现金比率	32.21%	32.03%	27.45%	29.16%	32.23%	38.72%

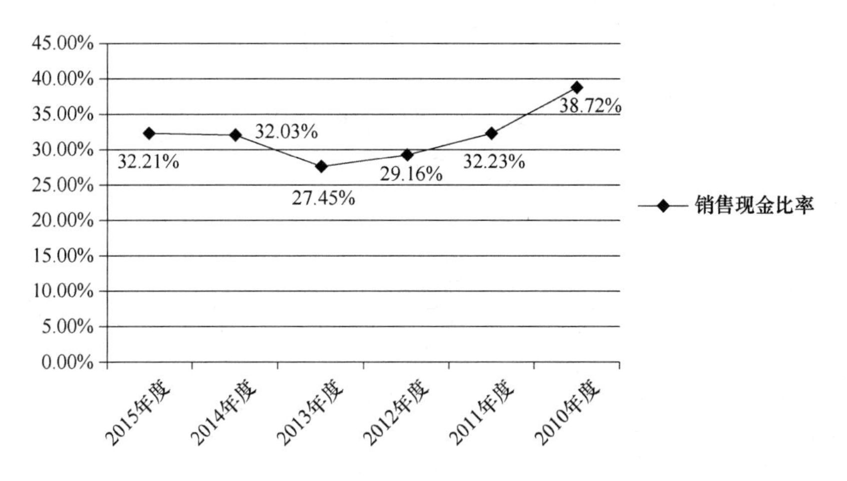

图 5-1　中国联通销售现金比率趋势分析图

由图 5-1 可以看出，中国联通近六年销售现金比率的趋势曲线，2010—2013 年平缓下降，自 2014 年起，开始回升，说明中国联通 2010—2013 年的获利能力是逐年下降的，但从 2014 年起，获利能力开始回升，发展势头较好。

二、总资产现金流量率

（一）总资产现金流量率的含义

总资产现金流量率指的是经营现金净流量与平均总资产的比值，反映企业运用全部资产创造现金的能力，是评价企业资产运营效率的重要指标。

（二）总资产现金流量率的计算公式

$$总资产现金流量率=\frac{经营活动现金净流量}{平均资产总额}\times 100\%$$

其中，分子“经营活动现金净流量”的数据来源于现金流量表；分母“平均资产总额”依据资产负债表资产的年末数与年初数的加权平均数。

（三）总资产现金流量率的评价标准

该指标值越大，企业全部资产创造现金净流量的能力越强，表明企业资产的利用效率越高。总资产现金流量率表明每 1 元资产通过经营流动所能形成的现金净流入，反映企业资产的经营收现水平，同时它也是衡量企业资产的综合管理水平的重要指标。

（四）总资产现金流量率的应用分析

【例 5-4】 根据中国联通现金流量表（表 5-2）和资产负债表（表 3-2）的资料，计算该公司总资产现金流量率的指标，计算结果如表 5-7 所示。

表 5-7　中国联通总资产现金流量率计算表

单位：百万元

项目	2015 年度	2014 年度	2013 年度	2012 年度	2011 年度	2010 年度
	合并	合并	合并	合并	合并	合并
经营活动产生的现金流量净额（减：支付）①	89 233	92 429	83 369	74 738	69 453	68 210
总资产期初余额②	547 125	531 364	518 357	458 524	443 466	419 232
总资产期末余额③	615 319	547 125	531 364	518 357	458 524	443 466
总资产平均余额④＝（②＋③）÷2	581 222	539 245	524 861	488 441	450 995	431 349
总资产现金流量率	15.35％	17.14％	15.88％	15.30％	15.40％	15.81％

从表 5-7 可以看出，中国联通 2010—2015 年的总资产现金流量率分别为 15.81％、15.4％、15.3％、15.88％、17.14％和 15.35，从近六年来看，2014 年度的总资产现金流量率最高，为 17.14％，表明每 1 元资产通过经营流动所能形成的现金净流入达到了 17.14％，说明中国联通资产的经营收现水平很高，企业资产的利用效率很好，企业资产的综合管理水平也很高。

为进一步分析总资产现金流量率的变动情况，根据上述计算结果，按照表 5-8 的内容，绘制如图 5-2 所示中国联通 2010—2015 年的总资产现金流量率趋势分析图。

表 5-8　中国联通总资产现金流量率趋势分析表

单位：百万元

项目	2015 年度	2014 年度	2013 年度	2012 年度	2011 年度	2010 年度
总资产现金流量率	15.35％	17.14％	15.88％	15.30％	15.40％	15.81％

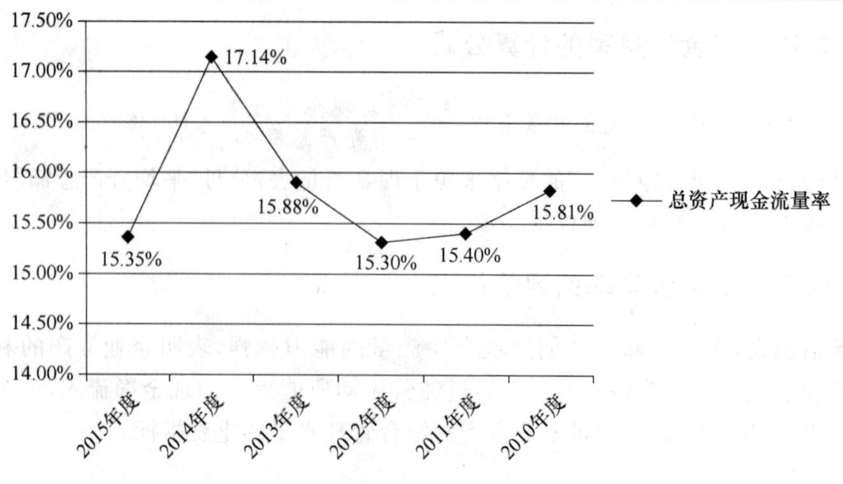

图 5-2　中国联通总资产现金流量率趋势分析图

由图5-2可以看出,中国联通近六年总资产现金流量率的趋势曲线,2010—2012年度平缓下降,自2013年起开始回升,但2015年度却急剧下降,表明中国联通2015年企业资产的利用效率出现问题,需要进一步关注急剧下降的原因,遏制下滑的势头,提高企业资产的综合管理水平。

三、盈利现金比率

(一)盈利现金比率的含义

盈利现金比率也称为盈余现金保障倍数,指经营活动产生动产生的现金净流量与净利润的比率,反映企业当期实现的净利润创造的现金净流量,是评价净收益质量的重要比率。

(二)盈利现金比率的计算公式

$$盈利现金比率=\frac{经营活动现金净流量}{净利润}\times 100\%$$

其中,分子"经营活动现金净流量"的数据来源于现金流量表;分母"净利润"依据利润表中的净利润数据。

(三)盈利现金比率的评价标准

一般而言,该比率越高,说明企业经营活动的现金回收率越高,企业实际收益能力越强。

在分析时,应注意以下方面:第一,一般情况下,比率越大,企业盈利质量就越高,表明企业利润的实现程度越高,可供企业自由支配的货币资金增加量越大,有助于提高企业的偿债能力和付现能力;第二,如果比率小于1,说明本期净利中存在尚未实现现金的收入,在这种情况下,即使企业盈利,也可能发生现金短缺,严重时会导致企业破产;第三,在分析时,还应结合企业的折旧政策,分析其对经营现金净流量的影响;第四,应把一个公司的该比率与一个特定的、不受一般不确定性因素影响的、具有确定的行业基准性比率的公司相比较。

(四)盈利现金比率的应用分析

【例5-5】根据中国联通现金流量表(表5-2)和利润表(表4-2)的资料,计算该公司盈利现金比率的指标,计算结果如表5-9所示。

表5-9　中国联通盈利现金比率计算表

单位:百万元

项目	2015年度	2014年度	2013年度	2012年度	2011年度	2010年度
	合并	合并	合并	合并	合并	合并
经营活动产生的现金流量净额(减:支付)①	89 233	92 429	83 369	74 738	69 453	68 210
净利润②	10 434	11 968	10 292	7 025	4 188	3 671
盈利现金比率③=①÷②	8.55	7.72	8.10	10.64	16.58	18.58

从表 5-9 可以看出，中国联通 2010—2015 年的盈利现金比率分别为 18.58、16.58、10.64、8.10、7.72 和 8.55，从近六年来看，2010 年度的盈利现金比率最高，为 18.58，随着时间的推移，依次递减，2014 年度最低，为 7.72，2015 年度略有回升。虽然 2010—2014 年的盈利现金比率依次减少，但均远远大于 1，说明中国联通的盈利质量很高，企业利润的实现程度也很高，可供企业自由支配的货币资金增加量很大，有助于提高企业的偿债能力和付现能力。

为进一步分析盈利现金比率的变动情况，根据上述计算结果，按照表 5-10 的内容，绘制如图 5-3 所示中国联通 2010—2015 年的盈利现金比率趋势分析图。

表 5-10　中国联通盈利现金比率趋势分析表

项目	2015 年度	2014 年度	2013 年度	2012 年度	2011 年度	2010 年度
盈利现金比率	8.55	7.72	8.10	10.64	16.58	18.58

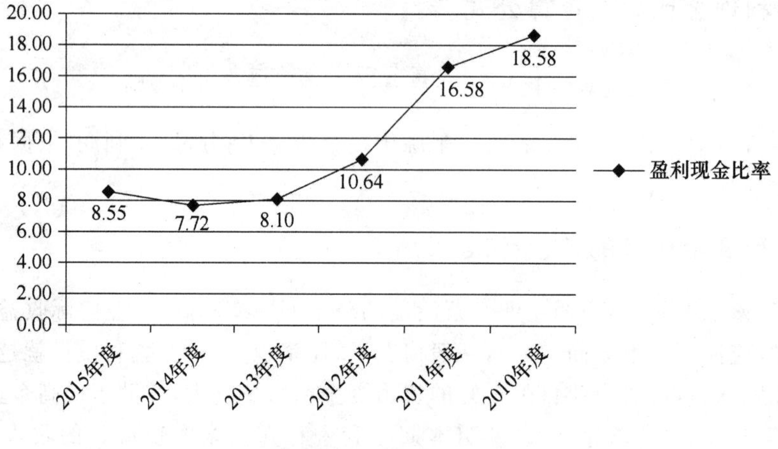

图 5-3　中国联通盈利现金比率趋势分析图

由图 5-3 可以看出，中国联通近六年盈利现金比率的趋势曲线呈平缓下降趋势，表明中国联通的盈利质量在逐年下降，表明中国联通利润的实现程度在逐步降低，可供企业自由支配的货币资金增加量也在逐步降低，中国联通应关注由此可能影响到的企业的偿债能力和付现能力。

四、经营现金流入量对主营业务收入比率

（一）经营现金流入量对主营业务收入比率的含义

经营现金流入量对主营业务收入比率，反映企业一定时期内经营活动的净现金流量和主营业务收入的比率，用以表明主营营业收入获取现金的能力。

该指标表示每 1 元主营业务收入能形成的经营活动现金流入，反映企业主营业务的收现能力。

（二）经营现金流入量对主营业务收入比率的公式

$$经营现金流入量对主营业务收入比率=\frac{经营活动现金流入量}{主营业务收入}$$

其中，分子"经营活动现金流入量"的数据来源于现金流量表；分母"主营业务收入"依据利润表及其"营业收入"的附注说明，因为营业收入包括主营业务收入和其他业务收入，而反映在利润表中的数据为二者的合计数。一般而言，在其他业务收入数额不大或者没有的情况下，以利润表中的"营业收入"作为计算的依据。

（三）经营现金流入量对主营业务收入比率的评价标准

一般而言，该指标值越高，表明企业销售款的回收速度越快，对应收账款的管理越好，坏账损失的风险越小。

若公司本期经营现金流量与主营业务收入基本一致，则说明公司的销售没有形成挂账，周转良好；若本期经营活动现金流量大于主营业务收入，则说明公司当期的销售全部变现，而且还收回了部分前期的应收账款；如果本期经营现金流量小于主营业务收入，则说明账面收入高，变现收入低，挂账较多，必须关注其债权资产的质量。

（四）经营现金流入量对主营业务收入比率的应用分析

【例 5-6】根据中国联通现金流量表（表 5-2）和利润表（表 4-2）的资料，计算该公司经营现金流入量对主营业务收入的比率指标，计算结果如表 5-11 所示。

表 5-11　中国联通经营现金流入量对主营业务收入比率计算表

单位：百万元

项目	2015 年度	2014 年度	2013 年度	2012 年度	2011 年度	2010 年度
	合并	合并	合并	合并	合并	合并
经营活动现金流入①	298 769	283 901	294 518	243 854	206 314	172 154
营业收入②	277 049	288 571	303 727	256 265	215 519	176 168
经营活动现金流入量对主营业务收入比率③＝①÷②	1.08	0.98	0.97	0.95	0.96	0.98

从表 5-11 可以看出，中国联通 2010—2015 年的经营现金流入量对主营业务收入比率分别为 0.98、0.96、0.95、0.97、0.98 和 1.08，从 2010—2014 年，中国联通的这一比率变化不大，均小于 1，说明中国联通五年来的本期经营现金流量均小于主营业务收入，说明账面收入高，变现收入低，挂账较多，必须关注其债权资产的质量。但 2015 年的比率为 1.08，大于 1，说明中国联通 2015 年情况有所好转。

为进一步分析经营现金流入量对主营业务收入比率的变动情况，根据上述计算结果，按照表 5-12 的内容，绘制如图 5-4 所示中国联通 2010—2015 年的经营现金流入量对主营业务收入比率趋势分析图。

表 5-12　中国联通经营活动现金流入量对主营业务收入比率趋势分析表

项目	2015 年度	2014 年度	2013 年度	2012 年度	2011 年度	2010 年度
经营活动现金流入量对主营业务收入比率	1.08	0.98	0.97	0.95	0.96	0.98

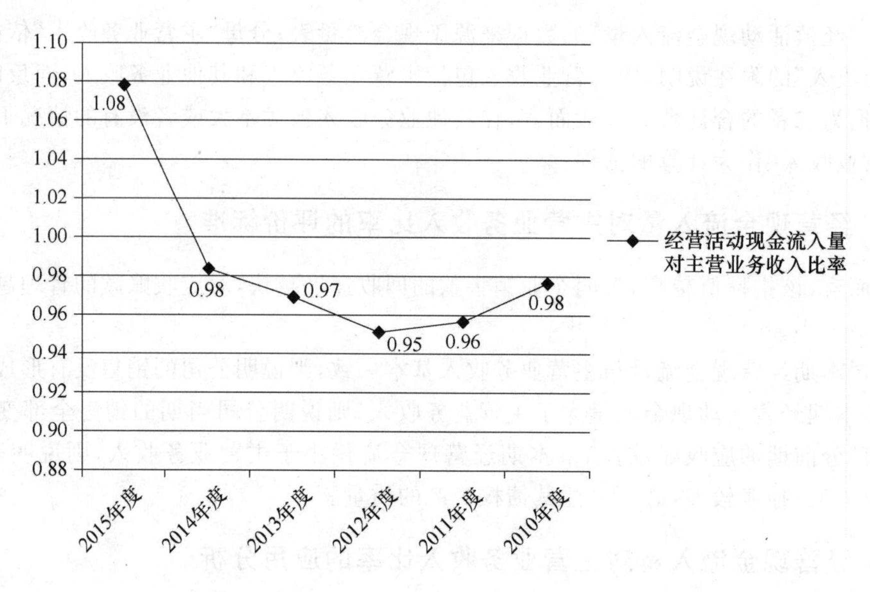

图 5-4　中国联通经营活动现金流入量对主营业务收入比率趋势分析图

由图 5-4 可以看出，中国联通近六年经营现金流入量对主营业务收入比率的趋势曲线在平缓波动中逐步上升，2015 年度达到最高点，而且 2015 年度上升的幅度非常大，说明 2015 年中国联通注重了应收账款等的回收，销售款的回收速度加快，加强了对应收账款的管理，坏账损失的风险越小。

五、经营活动现金流量净额与营业利润比率

（一）经营活动现金流量净额与营业利润比率的含义

经营活动现金流量净额与营业利润的比率是经营活动现金流量净额与营业利润之比，反映了企业经营活动现金流量净额与实现的账面利润之间的比例关系。

（二）经营活动现金流量净额与营业利润比率的计算公式

$$\text{经营活动现金流量净额与营业利润比率}=\frac{\text{经营活动现金流量净额}}{\text{营业利润}}\times 100\%$$

其中，分子“经营活动现金流量净额”的数据来源于现金流量表；分母“营业利润”依据利润表作为计算的依据。

（三）经营活动现金流量净额与营业利润比率的评价标准

该指标值越大，表明企业实现的账面利润中流入现金的利润越多，企业营业利润的质量越好。因为只有真正收到的现金利润才是“实在”的利润，而非“账面”的利润。

（四）经营活动现金流量净额与营业利润比率的应用分析

【例 5-7】根据中国联通现金流量表（表 5-2）和利润表（表 4-2）的资料，计算该公司经营活动现金流量净额与营业利润的比率指标，计算结果如表 5-13 所示。

表 5-13　中国联通经营活动现金流量净额与营业利润的比率计算表

单位：百万元

项目	2015 年度	2014 年度	2013 年度	2012 年度	2011 年度	2010 年度
	合并	合并	合并	合并	合并	合并
经营活动产生的现金流量净额(减：支付)①	89 233	92 429	83 369	74 738	69 453	68 210
营业利润②	5 711	15 893	12 917	7 996	4 654	3 914
经营活动现金流量净额与营业利润的比率③=①÷②	15.62	5.82	6.45	9.35	14.92	17.43

从表 5-13 可以看出，中国联通 2010—2015 年的经营活动现金流量净额与营业利润比率分别为 17.43、14.92、9.35、6.45、5.82 和 15.62，2010—2014 年，随着时间的推移，依次递减，2014 年度最低，为 5.82。2015 年度急剧增加到 15.62，表明中国联通关注了逐年递减的原因，并进行分析，保证了企业实现的利润能够及时收回，因此 2015 年企业实现的账面利润中流入现金的利润增多，企业营业利润的质量很好。

为进一步分析经营活动现金流量净额与营业利润比率的变动情况，根据上述计算结果，按照表 5-14 的内容，绘制如图 5-5 所示中国联通 2010—2015 年的经营活动现金流量净额与营业利润的比率趋势分析图。

表 5-14　中国联通经营活动现金流量净额与营业利润的比率趋势分析表

单位：百万元

项目	2015 年度	2014 年度	2013 年度	2012 年度	2011 年度	2010 年度
经营活动现金流量净额与营业利润的比率	15.62	5.82	6.45	9.35	14.92	17.43

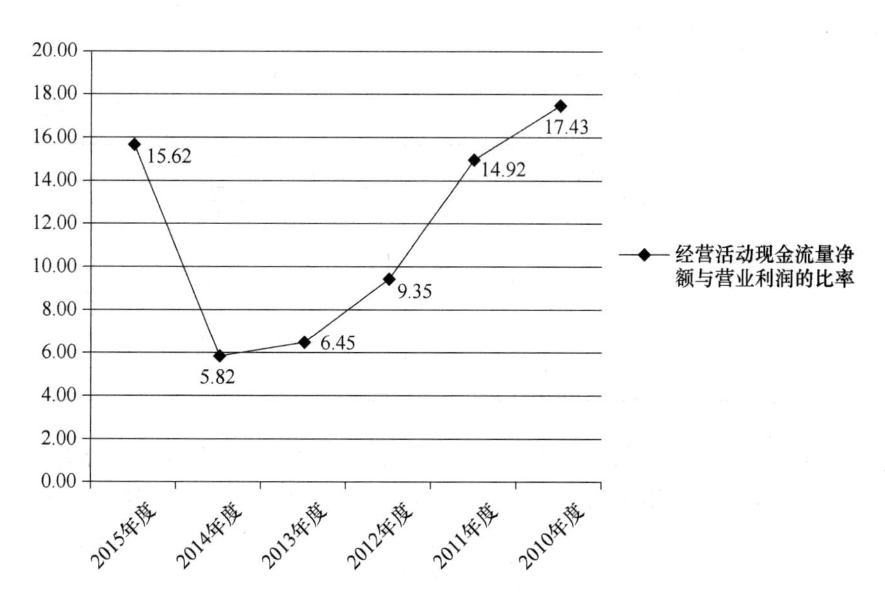

图 5-5　中国联通经营活动现金流量净额与营业利润的比率

由图 5-5 可以看出，中国联通近六年经营活动现金流量净额与营业利润比率的趋势曲线，分为两个趋势阶段，第一阶段为 2010—2014 年度平缓下降，自 2015 年起，急剧回升，说明中国联通2015年遏制了下滑的势头,关注了应收账款的管理,提升了营业利润的质量。

六、现金偿债比率

(一) 现金偿债比率的含义

现金债务总额比是企业经营活动现金净流量与企业长期债务总额的比值,反映企业用年度经营活动现金流偿还长期债务的能力。

(二) 现金偿债比率的公式

$$现金偿债比率=\frac{经营现金净流量}{长期债务总额}$$

其中,分子"经营现金净流量"的数据来源于现金流量表;分母"长期债务总额"依据资产负债表的长期负债总额作为计算的依据。

(三) 现金偿债比率的评价标准

一般而言,这一比率越高,企业偿还债务的能力就越强。

这一比率反映企业用当期经营活动提供的现金偿还长期债务的能力。虽然企业可以用从投资或筹资活动中产生的现金来偿还债务,但从经营活动所获得的现金应该是企业长期现金的主要来源。

(四) 现金偿债比率的应用分析

【例5-8】 根据中国联通现金流量表(表5-2)和资产负债表(表3-2)的资料,计算该公司现金偿债比率指标,计算结果如表5-15所示。

表5-15 中国联通现金偿债比率计算表

单位:百万元

项目	2015年度	2014年度	2013年度	2012年度	2011年度	2010年度
	合并	合并	合并	合并	合并	合并
经营活动产生的现金流量净额(减:支付)①	89 233	92 429	83 369	74 738	69 453	68 210
长期债务②	43 075	25 633	15 045	4 311	36 423	37 392
现金偿债比率③=①÷②	2.07	3.61	5.54	17.34	1.91	1.82

从表5-15可以看出,中国联通2010—2015年的现金偿债比率分别为1.82、1.91、17.34、5.54、3.61和2.07,从近六年来看,2012年度最高,为17.34,之后逐年递减,2015年为最低点,为3.61。说明中国联通用于偿还债务的现金,其中经营活动提供的现金相对于筹资活动中的现金在逐年递减,中国联通应进一步增强经营活动产生的现金流量,提供企业的偿债能力,避免财务风险。

为进一步分析现金偿债比率的变动情况,根据上述计算结果,按照表5-16的内容,绘制如图5-6所示中国联通2010—2015年的现金偿债比率趋势分析图。

表 5-16　中国联通现金偿债比率趋势分析表

项目	2015 年度	2014 年度	2013 年度	2012 年度	2011 年度	2010 年度
现金偿债比率	2.07	3.61	5.54	17.34	1.91	1.82

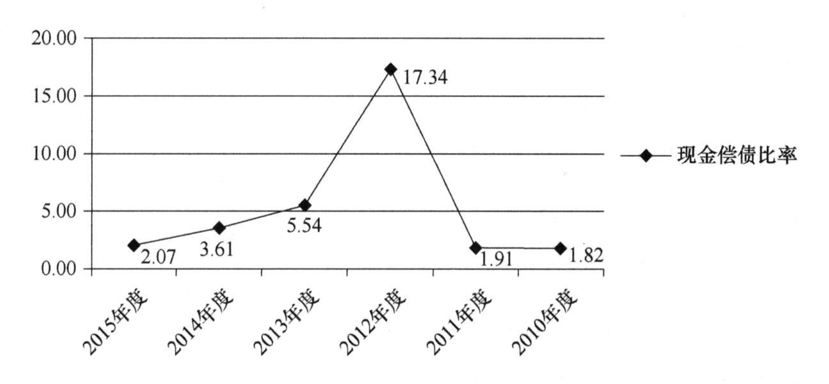

图 5-6　中国联通现金偿债比率趋势分析图

由图 5-6 可以看出，中国联通近六年现金偿债比率的趋势曲线，波动非常大。2010 年和 2011 年变动不大，但 2012 年急剧上升，2013 年度又急剧下降，自 2013 年起，缓慢下降，说明中国联通用当期经营活动提供的现金偿还长期债务的能力非常不稳定，中国联通应关注这一指标的大幅波动，找出原因，以避免出现不可预见的财务风险。

本章知识点小结

本章主要讲授现金流量表的分析，需要掌握的核心知识点梳理如下。

1. 现金流量表增减变动分析表的编制方法

首先，根据现金流量表的本年度和上年度的金额，计算本年度与上年度各项目的差额，并将此差额填列在分析表的增减额一列中。

其次，计算本年度增减比率。增减比率为本年度与上年度各项目的差额分别除以上年度各项目的现金流量，并将计算结果填列在增减比率一列中。

第三，对所计算出来的增减额和增减比率，先从经营活动、投资活动和筹资活动三个方面进行总体分析，然后再进行各个项目分析。

2. 现金流量表结构变动分析表的编制方法

首先，计算总的现金流入总额、现金流出总额和现金净流量。

其次，计算经营活动、投资活动和筹资活动以及各现金流入项目和各现金流出项目占总现金流入额和流出额的比例。

第三，分别分析经营活动、投资活动和筹资活动的各类现金流入和各类现金流出小计占现金流入总额和现金流出总额的比例。

第四，分别分析经营活动、投资活动和筹资活动的各项现金收支净流量占全部现金净流量的比例。

第五，按所占比例大小或比例变动大小，找出重要项目进行重点分析，了解现金流量的形成、变动过程及其变动原因。

3. 现金流量表财务比率指标的计算与评价

(1) 销售现金比率的计算公式与评价标准

$$销售现金比率=\frac{经营现金净流量}{营业收入}\times 100\%$$

一般而言，该指标值越高越好，如果该指标等于营业利润率，表明企业不但获利能力强，而且获利质量也高。

(2) 总资产现金流量率的计算公式与评价标准

$$总资产现金流量率=\frac{经营现金净流量}{平均资产总额}\times 100\%$$

该指标值越大，企业全部资产创造现金净流量的能力越强，表明企业资产的利用效率越高。

(3) 盈利现金比率的计算公式与评价标准

$$盈利现金比率=\frac{经营现金净流量}{净利润}\times 100\%$$

一般而言，该比率越高，说明企业经营活动的现金回收率越高，企业实际收益能力越强。

(4) 经营现金流入量对主营业务收入比率的计算公式与评价标准

$$经营现金流入量对主营业务收入比率=\frac{经营现金流入量}{主营业务收入}$$

一般而言，该指标值越高，表明企业销售款的回收速度越快，对应收账款的管理越好，坏账损失的风险越小。

(5) 经营活动现金流量净额与营业利润比率的计算公式与评价标准

$$经营现金流量净额与营业利润比率=\frac{经营现金流量净额}{营业利润}\times 100\%$$

该指标值越大，表明企业实现的账面利润中流入现金的利润越多，企业营业利润的质量越好。

(6) 销售现金比率的计算公式与评价标准

$$现金偿债比率=\frac{经营现金净流量}{长期债务总额}$$

一般而言，这一比率越高，企业偿还债务的能力就越强。

思考与练习

一、填空题

1. 现金流量表的编制基础为________。

2. 现金流量表包括经营活动、________和筹资活动的现金流量。

3. 现金流量表的结构分析，一般指________结构分析，是指________现金流量表中不同项目间的比较与分析，以揭示各项数据在企业现金流量中的相对意义。

4. 现金流量表比较分析，一般也称________分析，是指用________的形式，对现金流量表内每个项目的本期或多期的金额与其基期的金额进行比较分析，编制出横向结构百分比现金流量表，从而揭示差距，观察和分析企业现金流量的变化趋势。

5. 现金流量比率是指________与其他项目数据相比所得的值。

二、单选题

1. 当经营活动现金净流量为负数，投资活动现金净流量为负数，筹资活动现金净流量为正数时，该企业处于产品（　　）。

A. 初创期　　B. 发展期　　C. 成熟期　　D. 衰退期

2. 当经营活动现金净流量为正数，投资活动现金净流量为负数，筹资活动现金净流量为正数时，企业处于高速（　　）。

A. 初创期　　B. 发展期　　C. 成熟期　　D. 衰退期

3. 当经营活动现金净流量为正数，投资活动现金净流量为正数，筹资活动现金净流量为负数时，企业进入产品（　　）。

A. 初创期　　B. 发展期　　C. 成熟期　　D. 衰退期

4. 当经营活动现金净流量为负数，投资活动现金净流量为正数，筹资活动现金净流量为负数时，企业处于（　　）。

A. 初创期　　B. 发展期　　C. 成熟期　　D. 衰退期

5. 盈利现金比率的计算公式为（　　）。

A. 经营现金净流量÷长期债务总额

B. 经营现金净流量÷净利润

C. 经营活动现金流量净额÷营业利润

D. (现金净流量－优先股股利)÷发行在外的普通股股数

6. 每股现金流量的计算公式为（　　）。

A. 经营现金净流量÷长期债务总额

B. 经营现金净流量÷净利润

C. 经营活动现金流量净额÷营业利润

D. (现金净流量－优先股股利)÷发行在外的普通股股数

7. 现金偿债比率的计算公式为（　　）。

A. 经营现金净流量÷长期债务总额

B. 经营现金净流量÷净利润

C. 经营活动现金流量净额÷营业利润

D. (现金净流量－优先股股利)÷发行在外的普通股股数

三、多选题

1. 现金流量表比较分析的步骤包括（　　）。

A. 计算本年度与上年度各项目的差额

B. 计算本年度的增减比率

C. 计算各现金流入项目和现金流出项目占总现金流入流出的比例

D. 对所计算出来的增减比率从各个项目进行分析

2. 现金流量表的财务比率分析包括（　　）。

A. 销售现金比率

B. 总资产现金流量率

C. 盈利现金比率

D. 现金偿债比率

3. 关于现金流量表财务比率的评价，正确的有(　　)。

A. 销售现金比率越高越好，表明企业不但获利能力强，而且获利质量也高

B. 总资产现金流量率指标值越大，表明企业资产的利用效率越高

C. 现金偿债比率越高，企业偿还债务的能力就越低

D. 盈利现金比率越高，说明企业经营活动的现金回收率越高，企业实际收益能力越强

四、案例分析题

(一) 案例背景资料

承接第三章陕西广电网络传媒(集团)股份有限公司的案例背景资料。

(二) 公司的合并现金流量表如题表 5-1 所示。

题表 5-1　合并现金流量表

编制单位：陕西广电网络传媒(集团)股份有限公司　　　　单位：元

项目	2015 年度	2014 年度
一、经营活动产生的现金流量—持续经营业务		
销售商品、提供劳务收到的现金	2 480 983 220.08	2 474 182 483.70
收到的税款返还	2 742 046.40	
收到其他与经营活动有关的现金	17 443 157.18	21 501 586.56
经营活动现金流入小计	2 501 168 423.66	2 495 684 070.26
购买商品、接受劳务支付的现金	959 845 216.35	898 910 844.94
支付给职工以及为职工支付的现金	643 288 392.06	591 831 577.45
支付的各项税费	36 102 603.27	50 240 379.83
支付的其他与经营活动有关的现金	152 741 031.48	155 194 086.46
经营活动现金流出小计	1 791 977 243.16	1 696 176 888.68
经营活动产生的现金流量净额(减：支付)	709 191 180.50	799 507 181.58
二、投资活动产生的现金流量		
处置固定资产、无形资产和其他长期资产所收回的现金净额	66 501.20	16 261.46
收回投资所收到的现金	154 220 000.00	130 551 288.14
取得投资收益所收到的现金	4 468 150.02	4 906 444.80
收到其他与投资活动有关的现金		181 099.16
持续经营业务投资活动现金流入小计	158 754 651.22	135 655 093.56
购建固定资产、无形资产和其他长期资产所支付的现金	728 936 136.66	790 789 618.81
投资所支付的现金	180 000 000.00	127 870 000.00
取得子公司及其他营业单位支付的现金净额		−3 092 240.07
企业合并所支付的现金		
支付的其他与投资活动有关的现金	50 000.00	157 338.32
持续经营业务投资活动现金流出小计	908 986 136.66	915 724 717.06
持续经营业务投资活动产生的现金流量净额(减：支付)		
终止经营业务投资活动产生的现金流量净额(减：支付)		
投资活动产生的现金流量净额(减：支付)	−750 231 485.44	−780 069 623.50

续表

项目	2015 年度	2014 年度
三、筹资活动产生的现金流量—持续经营业务		
子公司吸收少数股东投资所收到的现金		
发行可转换债券所收到的现金		
发行债券收到的现金		300 000 000.00
取得借款所收到的现金	620 407 997.00	580 000 000.00
收到其他与筹资活动有关的现金	16 400 000.00	
筹资活动现金流入小计	636 807 997.00	880 000 000.00
偿还债务所支付的现金	520 407 997.00	729 060 000.00
分配股利、利润或偿付利息所支付的现金	92 469 652.36	72 451 542.67
其中：子公司支付给少数股东的股利、利润		303 800.00
向 SKT 回购联通红筹公司股份所支付的现金		
支付其他与筹资活动有关的现金		2 430 000.00
筹资活动现金流出小计	612 877 649.36	803 941 542.67
筹资活动产生的现金流量净额(减：支付)	23 930 347.64	76 058 457.33
四、汇率变动对现金的影响		
五、现金及现金等价物净增加(减少)额	−17 109 957.30	95 496 015.41
持续经营业务期末现金及现金等价物净增加额		
终止经营业务期末现金及现金等价物净增加(减少)额		
加：年初现金及现金等价物余额	313 056 454.65	217 560 439.24
六、年末现金及现金等价物余额	295 946 497.35	313 056 454.65

注：案例资料和报表数据来源：上海证券交易所广电网络(股票代码：600831)2015 年年报。

（三）案例要求

1. 根据上述资料编制现金流量表的增减变动分析表、结构变动分析表，并进行分析。

2. 根据上述资料分别计算 2015 年度和 2014 年度的销售现金比率、盈利现金比率，并进行分析。

3. 根据上述资料分别计算 2015 年度和 2014 年度的经营现金流入量对主营业务收入的比率、经营活动现金流量净额与营业利润的比率和现金偿债比率，并进行分析。

第六章　股东权益变动表分析

本章知识体系框架

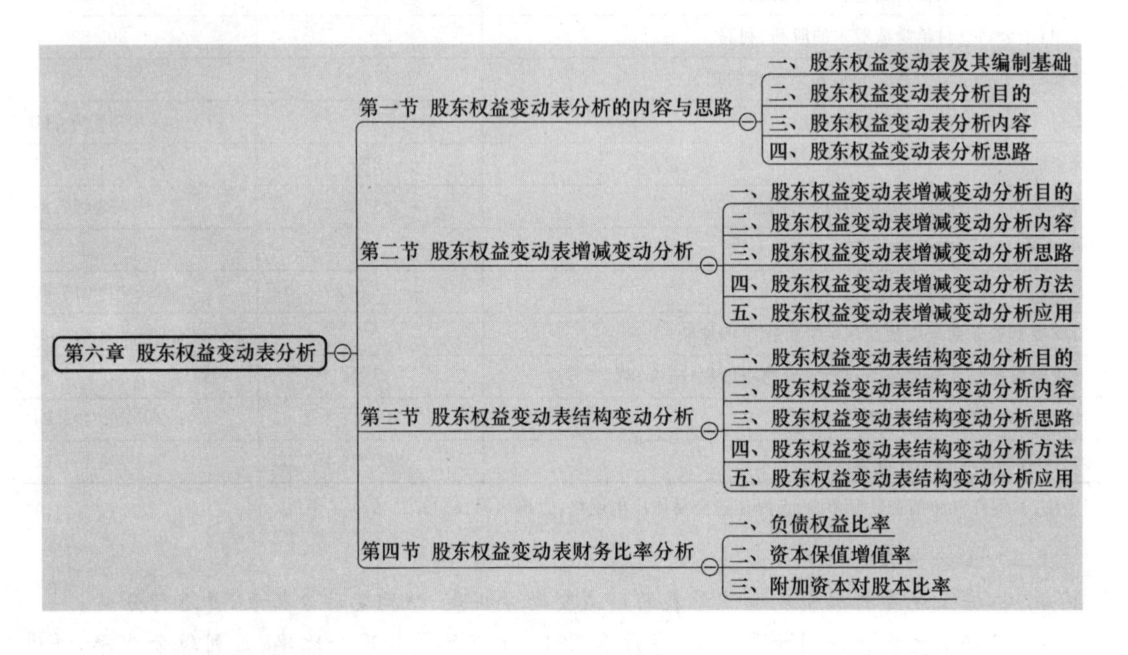

【引导案例】

前续第三章，2015 年度中电广通（股票代码：600764）公司的合并股东权益表如表 6-1 所示。

表 6-1　合并股东权益变动表（2015 年）

编制单位：中电广通股份有限公司　　　　单位：人民币百万元

项目	归属于母公司股东权益					少数股东权益	股东权益合计
	股本	资本公积	其他综合收益	盈余公积	未分配利润		
一、2014 年 12 月 31 日余额	330	42	−15	63	188	121	729
二、2015 年 1 月 1 日年初余额	330	42	−15	63	188	121	729
三、本期增减变动金额（减少以“－”号填列）	0	−3	5	0	−128	−1	−126
（一）综合收益总额	0	0	5	0	−125	4	−116

续 表

项目	归属于母公司股东权益					少数股东权益	股东权益合计
	股本	资本公积	其他综合收益	盈余公积	未分配利润		
(二)股东投入和减少的资本	0	−3	0	0	0	2	−1
1. 股东投入的普通股—确认子公司员工行使股份期权所增加的子公司权益影响	0	0	0	0	0	0	0
2. 其他	0	−3	0	0	0	2	−1
(三) 利润分配	0	0	0	0	−3	−6	−10
1. 提取盈余公积—法定公积金	0	0	0	0	0	0	0
2. 对股东的分配	0	0	0	0	−3	−6	−10
3. 提取一般风险准备	0	0	0	0	0	0	0
(四) 股东权益的内部结转	0	0	0	0	0	0	0
1. 其他—因所持子公司股份变化对资本公积的影响	0	0	0	0	0	0	0
2015 年 12 月 31 日年末余额	330	39	−10	63	59	120	602
一、2013 年 12 月 31 日余额	330	48	−24	63	188	112	717
加:会计政策变更	0	−6	8	0	−1	0	0
二、2014 年 1 月 1 日余额	330	42	−16	63	187	112	717
三、本期增减变动金额(减少以“一”号填列)	0	0	1	1	1	9	12
(一) 综合收益总额	0	0	1	0	5	13	19
(二) 股东投入和减少的资本	0	0	0	0	0	0	0
1. 股东投入的普通股—确认子公司员工行使股份期权所增加的子公司权益影响	0	0	0	0	0	0	0
2. 其他—财政拨款	0	0	0	0	0	0	0
(三) 利润分配	0	0	0	1	−4	−4	−7
1. 提取盈余公积—法定公积金	0	0	0	1	−1	0	0
2. 向股东分派的普通股股利	0	0	0	0	−3	−4	−7
(四) 股东权益的内部结转	0	0	0	0	0	0	0
1. 其他—因所持子公司股份变化对资本公积的影响	0	0	0	0	0	0	0
2014 年 12 月 31 日年末余额	330	42	−15	63	188	121	729

注:上述资料和报表数据根据上海证券交易所中电广通(股票代码 600764)2015 年年报整理。

面对中电广通所披露的上述股东权益变动表,公司的股东权益变动是否合理?公司的利润分配政策是否合理?如何透过该股东权益变动表评价该公司的股利政策?该公司影响利润表中的“净利润”与资产负债表中的“股东权益”的重要影响因素是什么?

本章的内容就是通过一系列理论知识的学习与实践能力的培养,解决上述问题。

第一节 股东权益变动表分析的内容与思路

股东权益变动表分析的对象是股东权益变动表，因此，在进行股东权益变动表分析之前，应了解股东权益变动表是一张什么样的报表，它的编制基础是什么，为什么要对股东权益变动表进行分析，分析的目的是什么，在此前提下，才能更进一步理解股东权益变动表分析的内容，理清股东权益变动表分析的思路。

一、股东权益变动表及其编制基础

（一）股东权益变动表的含义

股东权益变动表是指反映构成股东权益各组成部分的当期增减变动情况的报表，又称所有者权益变动表。

股东权益主要包括投资者投入的资本，即股本和资本公积；企业生产经营过程中形成的留存收益，包括盈余公积和未分配利润。股东权益是企业资产扣除负债后由所有者享有的“剩余权益”，是所有者投入资本和企业经营积累的总和，又称净资产。

（二）编制股东权益变动表的目的

编制股东权益变动表，能够为报表使用者提供以下信息：

第一，编制股东权益变动表，能够使报表使用者通过股东权益的增减变化了解企业一定时期股东权益的概况、股东权益变动的原因以及相关变动因素对股东权益的贡献程度。

第二，报表使用者通过股东权益变动表，不仅能够了解企业股东权益总量及其增减变动，还可以了解股东权益增减变动的重要结构性信息，特别是直接计入所有者权益的利得和损失，使报表使用者能够更准确地理解股东权益增减变动的根源。

第三，报表使用者可以通过股东权益变动表，了解资产负债表与利润表之间的联系。股东权益变动表是联系资产负债表与利润表之间的纽带，由于外币报表折算差额、可供出售金融资产公允价值变动等已确认未实现的利得和损失不在利润表中确认，而是直接在资产负债表中的股东权益中列支，使得利润表和资产负债表之间形成了“断裂”的关系，而股东权益变动表正好弥补了两者之间这种断裂的关系。

第四，报表使用者可以通过股东权益变动表，更加详细地了解全面收益。由于一些传统会计原则的限制，诸如外币折算调整、可供出售金融资产上的未实现利得或损失等越来越多的项目无法在利润表中确认，而是直接在股东权益中列示，这些项目的共同特点在于它们都是未实现的，都不能够包括在净收益中，而是在资产负债表上作为股东权益的组成部分列示，但是股东权益报表能够全面反映上述收益信息，能够使投资者更加全面地了解企业的收益。

总之，编制股东权益变动表能够反映股东权益的增减变动，评估企业管理层的受托责任的履行情况，可以在所有者权益的本期增减变动中揭示全面收益，更好地为投资者或股东提供全面的决策信息。

（三）股东权益变动表编制基础

股东权益变动表，是以利润表中的“净利润”为起点，在反映净利润以及利润分配对股东权益的影响的基础上，加之其他股东权益变动因素，如投资者对企业投入的增减变化等，最终归于资产负债表中的股东权益项目，起到联结利润表和资产负债表的作用，揭示利润表和资产负债表的相互关系。

因此，股东权益变动表的编制基础，体现在以下两个等式中：

上年年末余额＋会计政策变更＋前期差错更正＝本年年初余额　　(6-1)

一般而言，财务会计报表的上年年末余额即是本年年初余额，但是，由于年终结算后，存在的会计政策变更以及前期差错等因素的影响，使得两者不一致，而等式(6-1)能够补充反映上年年末余额与本年年初余额之间的变动信息，使得会计报表的信息反映更加全面。

本年年初余额＋净利润＋直接计入股东权益的利得与损失＋股东投入和减少资本＋利润分配＋所有者权益内部结转＝本年年末余额　　(6-2)

特别需要说明的是，等式(6-2)中，如果是减少额，以“－“号表示。

等式(6-2)则更加清晰地反映了没能够计入利润表中的“直接计入股东权益的利得与损失”等因素的变动情况，把利润表中的“净利润”与资产负债表中的“股东权益”联结起来，交代清楚两者之间不一致的原因。

二、股东权益变动表分析目的

由于股东权益变动表主要反映股东权益的变动情况，弥补利润表与资产负债表之间的信息断层，报表使用者可以通过股东权益变动表，了解企业一定时期股东权益的概况、股东权益变动的原因，以及相关变动因素对股东权益的贡献程度。

因此，分析股东权益变动表，可以达到以下目的：

第一，由于股东权益变动表等式反映了上年期末余额与本年年初余额之间的变动信息，因此，分析股东权益变动表，可以反映会计政策变更的合理性以及前期差错更正的幅度，具体报告会计政策变更和前期差错更正对股东权益的影响金额。

第二，由于股东权益变动表弥补了利润表中的“净利润”与资产负债表中的“股东权益”之间不对等的原因的信息，因此，分析股东权益变动表，可以使投资者能够更加全面地了解企业的全面收益情况，更加全面地分析有用的财务业绩信息，以满足报表使用者投资、信贷及其他经济决策的需要。

第三，由于股东权益变动表揭示了股东权益变动的原因及过程，因此，分析股东权益变动表，可以清晰地体现会计期间构成股东权益各个组成项目的结构比例和变动趋势，反映公司自有资本的质量，提供资本保值增值的重要信息。

第四，由于股东权益变动表清晰地反映了利润分配等重要的财务信息，因此，分析股东权益变动表，可以反映股利分配政策、股权分置等财务活动对股东权益的影响。

三、股东权益变动表分析内容

股东权益变动表不仅反映企业当期期末股东权益的总量、构成，而且反映当期盈利（或亏损)、发生利得或损失、投资者对企业投入的增减变化以及利润分配等各项目对当期股东权益的影响。在分析股东权益变动表时,重点分析以下内容:

第一,分析会计政策变更和前期差错更正等信息对股东权益的影响。

第二,分析本年度直接计入股东权益的利得与损失对股东权益的影响,包括可供出售金融资产公允价值的变动净额、权益法下被投资单位其他所有者权益的变动、与计入股东权益项目相关的所得税影响等。

第三,分析本年度所有者投入和减少的资本对股东权益的影响,包括股东投入的资本以及股份支付计入股东权益的金额等。

第四,分析本年度利润分配对股东权益的影响,包括提取盈余公积、对股东的分配等。

第五,分析本年度股东权益内部结转对股东权益的影响,包括资本公积转增资本、盈余公积转增资本以及盈余公积补亏等。

通过分析以上内容,可以更加深入地判断上述各项因素的影响及作用程度,为公司下年度的股利政策、利润分配等政策提供依据。

四、股东权益变动表分析思路

股东权益变动表是弥补利润表中的"净利润"与资产负债表中的"股东权益"之间不对等的原因的信息,这些信息包括直接计入股东权益的利得与损失、股东投入和减少资本、利润分配和所有者权益内部结转等,要评价这些信息变动的影响和原因,需要按照一定的思路进行分析。在分析时,按照如下思路进行分析,这样才能层层剖析,深入挖掘股东权益变动表所反映的股东权益的变动情况和原因。

第一,编制股东权益变动表增减变动分析表,并对所编制的增减变动分析表,按照股东净利润与股东权益之间的逻辑线索进行比较分析。

第二,编制股东权益变动表结构变动分析表,分析各项因素对股东权益的影响比重。

第三,计算负债权益比率、资本保值增值率和附加资本对实收资本比率等指标,进行具体的分析。

第四,重点关注异常变动值,并对异常变动值的项目和年度进行重点分析。

第二节　股东权益变动表增减变动分析

股东权益变动表的增减变动分析,是指通过编制股东权益增减变动表,将股东权益各个项目的本期数与上期数等进行对比,揭示公司当期股东权益各个项目的水平及其变情况,解释公司净资产的变动原因,从而进行相关决策的过程。

一、股东权益变动表增减变动分析目的

股东权益变动表增减变动分析的目的,是从总体上了解股东权益各个项目的变动情况,揭示股东权益各个项目变动的差异,透过差异进一步分析差异产生的原因,为企业未来的发展规划提供数据信息,为企业管理层进行决策提供合理的建议。

股东权益变动表增减变动分析的依据是股东权益变动表,通过增减变动分析,将股东权益

变动表的实际数与选定的标准进行比较，编制股东权益变动表增减变动的比较分析表，并在此基础上进行分析评价。

具体来说，股东权益变动表增减变动分析的目的，包括如下几个方面：

第一，从总体上了解股东权益的变动情况，揭示股东权益变动的差异，分析差异产生的原因。

第二，分析评价企业实收资本的变动情况及变动的合理性。

第三，分析评价企业盈余公积的变动情况及变动的合理性。

第四，分析评价企业资本公积和未分配利润等的变动情况及增长的合理性。

二、股东权益变动表增减变动分析内容

对企业股东权益变动表进行增减变动分析，首先要通过股东权益总量的变动情况，分析其规模增长的速度是否合理，股东权益变动表包括归属于母公司的股东权益和少数股东权益，而归属于母公司的股东权益又分为股本、资本公积、其他综合收益、盈余公积和未分配利润。另外，股东权益变动表的主要项目包括上年期末余额、本年期初余额、本期增减变动金额和本期期末余额。因此，在进行股东权益变动表的增减变动分析时，要从上述几个方面进行分析。

第一，分析本年期初余额与上年期末余额的变动情况。在分析时，注意分股本、资本公积、其他综合收益、盈余公积和未分配利润等项目进行分别分析。

第二，分析本年度增减变动的主要原因，从综合收益总额、所有者投入和减少资本、利润分配、所有者权益内部结转等方面分析股东权益的变化情况。

第三，重点分析所有者投入和减少资本的变动情况，并分析其投入和减少的合理性。

第四，重点分析利润分配的变动情况，包括提取盈余公积、提取一般风险准备以及对股东的分配等方面，并进一步分析公司的股利政策等是否合理。

第五，重点分析股东权益内部结转是否合理，包括资本公积转增资本、盈余公积转增资本和盈余公积弥补亏损等。

三、股东权益变动表增减变动分析思路

股东权益变动表的增减变动分析，按照以下思路进行分析与评价：

第一，编制股东权益变动表增减变动的比较分析表，进行股东权益变动表各要素的横向比较分析。

第二，根据所编制的增减变动分析表，比较所选择的标准与上年实际数之间的差异，分析股东权益变动表的变动情况、分析产生实际差异的原因；或者选择股东权益变动表的预算数或计划数，分析影响股东权益预算或计划执行情况的原因。

第三，在进行分析时，按照股东权益变动表的编制基础进行分析，先从结果进行分析，即先分析“本年期末余额”的增减变化情况，再分析引起本年期末余额增减变化的原因。

第四，在进行本年年末余额增减变化的原因分析时，采用层层剖析的方法，先分析“综合收益总额”“所有者投入和减少资本”“利润分配”“所有者权益内部结转”“专项储备”等的增减变化情况，再具体分析每一项的增减变动情况，最终找出影响本年年末余额增减变动的原因，以分析其合理性。

四、股东权益变动表增减变动分析方法

股东权益变动表增减变动分析要根据分析的目的来选择比较的标准，当分析的目的在于揭示股东权益变动表的变动情况、分析产生实际差异的原因时，其比较的标准应选择股东权益变动表的上年实际作为比较的标准。当分析的目的在于揭示股东权益的预算或计划执行情况、分析影响股东权益的预算或计划执行情况的原因时，其比较的标准应选择股东权益变动表的预算数或计划数。

股东权益变动表增减变动分析除了要计算某项目的变动额和变动率外，还应计算该项目变动对股东权益总额的影响程度，以便确定影响股东权益总额的重点项目，为进一步分析指明方向。某项目变动对股东权益总额的影响程度可按下式计算：

$$\text{某项目变动对股东权益的影响}=\frac{\text{某项目的变动额}}{\text{基期股东权益总额}}\times 100\%$$

股东权益变动表增减变动分析表的编制步骤如下：

第一，增减金额为本年度减去上年度的差额。

第二，增减比重为增加金额除以上年度的比值。

第三，对股东权益的影响等于各项增减额除以上年度的各项股东权益。

五、股东权益变动表增减变动分析应用

【例 6-1】以中国联通为例，说明股东权益变动表增减变动分析法的编制与分析。中国联通 2014—2015 年的股东权益变动表的数据，如表 6-2 和表 6-3 所示。

要求根据表 6-2 和表 6-3，编制股东权益增减变动分析表，进行增减变动分析。

表 6-2 中国联通合并股东权益变动表（2014 年）

单位：人民币百万元

项目	归属于母公司股东权益					少数股东权益	股东权益合计
	股本	资本公积	其他综合收益	盈余公积	未分配利润		
2014 年 1 月 1 日年初余额	21 197	28 024	−1 309	919	26 027	146 767	221 626
（一）综合收益总额		0	−160		3 982	7 667	11 489
（二）股东投入和减少的资本	0	0	0	0	0	0	0
1. 股东投入的普通股—确认子公司员工行使股份期权所增加的子公司权益影响		290				581	871
2. 其他—财政拨款		0				0	1
（三）利润分配	0	0	0	0	0	0	0
1. 提取盈余公积—法定公积金		0		126	−126		
2. 向股东分派的普通股股利		0			−1 132	−2 527	−3 659
（四）股东权益的内部结转	0	0	0	0	0	0	
1. 其他—因所持子公司股份变化对资本公积的影响		−503				503	

续表

项目	归属于母公司股东权益					少数股东权益	股东权益合计
	股本	资本公积	其他综合收益	盈余公积	未分配利润		
2014 年 12 月 31 日年末余额	21 197	27 812	−1 468	1 045	28 752	152 991	230 328
2013 年 1 月 1 日年初余额	21 197	28 285	−1 534	824	23 525	139 937	212 234
(一) 综合收益总额		0	225		3 443	7 295	10 963
(二) 股东投入和减少的资本	0	0	0	0	0	0	0
1. 股东投入的普通股—确认子公司员工行使股份期权所增加的子公司权益影响		370				732	1102
2. 股份支付计入股东权益的金额—与股份支付相关的员工薪酬的确认		17				33	50
3. 其他—财政拨款		0				1	1
(三) 利润分配	0	0	0	0	0	0	0
1. 提取盈余公积—法定公积金		0		95	−95		
2. 向股东分派的普通股股利		0			−846	−1 878	−2 724
(四) 股东权益的内部结转	0	0	0	0	0	0	0
1. 其他—因所持子公司股份变化对资本公积的影响		−647				647	
2013 年 12 月 31 日年末余额	21 197	28 024	−1 309	919	26 027	146 767	221 626

表 6-3　中国联通合并股东权益变动表(2015 年)

单位:人民币百万元

项目	归属于母公司股东权益					少数股东权益	股东权益合计
	股本	资本公积	其他综合收益	盈余公积	未分配利润		
2015 年 1 月 1 日年初余额	21 197	27 812	−1 468	1 045	28 752	152 991	230 328
(一) 综合收益总额			−699		3 472	5 565	8 337
(二) 股东投入和减少的资本	0	0	0	0	0	0	0
1. 股东投入的普通股—确认子公司员工行使股份期权所增加的子公司权益影响		0				0	1
2. 其他—财政拨款							
(三) 利润分配	0	0	0	0	0	0	0
1. 提取盈余公积—法定公积金				159	−159		
2. 对股东的分配					−1 427	−3 193	−4 619
3. 提取一般风险准备				1	−1		
(四) 股东权益的内部结转	0	0	0	0	0	0	0
1. 其他—因所持子公司股份变化对资本公积的影响		0				0	
2015 年 12 月 31 日年末余额	21 197	27 812	−2 167	1 204	30 637	155 364	234 046
	0	0	0	0	0	0	0

续表

项目	归属于母公司股东权益					少数股东权益	股东权益合计
	股本	资本公积	其他综合收益	盈余公积	未分配利润		
	0	0	0	0	0	0	0
2014年1月1日年初余额	21 197	28 024	−1 309	919	26 027	146 767	221 626
(一)综合收益总额			−160		3 982	7 667	11 489
(二)股东投入和减少的资本	0	0	0	0	0	0	0
1. 股东投入的普通股—确认子公司员工行使股份期权所增加的子公司权益影响		290				581	871
2. 其他—财政拨款		0				0	1
(三)利润分配	0	0	0	0	0	0	0
1. 提取盈余公积—法定公积金				126	−126		
2. 向股东分派的普通股股利					−1 132	−2 527	−3 659
(四)股东权益的内部结转	0	0	0	0	0	0	0
1. 其他—因所持子公司股份变化对资本公积的影响		−503				503	
2014年12月31日年末余额	21 197	27 812	−1 468	1 045	28 752	152 991	230 328

根据表6-2和表6-3,按照以下方法,编制中国联通2014—2015年度的增减变动分析表,见表6-4和表6-5。

编制步骤如下:

第一,增减金额为2015年减去2014年的差额。

第二,增减比重为增加金额除以2014年的比值。

第三,对股东权益的影响等于各项增减额除以2014年的各项股东权益。

根据表6-4和表6-5,通过2015年与2014年的对比,可以从以下方面进行分析:

从年末余额总体上来看,中国联通2015年股东权益年末总额比2014年增加了21 812百万元,增长幅度为10.28%;从影响的主要项目看,最主要的原因是盈余公积增加159百万元,增长幅度为15.22%,未分配利润增加1 885百万元,增加幅度为6.56%。可见盈余公积和未分配利润的增加是经营资本增加的源泉,也是股东权益增长的重要途径;除上述原因外,还有少数股东权益增加2 373百万元,增长幅度为1.55%,其他综合收益减少699百万元,减少幅度为47.62%,上述因素的共同作用,使得中国联通2015年年末的股东权益总额比2014年度有所增加。

从具体项目来看,中国联通2015年度的"综合收益总额"比2014年度减少了3 152百万元,减幅为27.44%;从"股东投入和减少的资本"来看,2015年"股东投入的普通股"2015年比2014年度减少了870百万元,减幅为99.94%,可见,股东投入的减少幅度很大;从"利润分配"方面来看,"对股东的分配"2015年度比2014年度增加了960百万元,增幅达26.25%,进一步分析发现,分派的普通股股利中,未分配利润增加了295百万元,增幅达26.03%,少数股东权益增加了666百万元,增幅为26.34%。

可见,2015年度由于股东普通股投入的减少,使得中国联通采取了加大分派普通股股利的方式,吸引股东投入。而分派的股利,资金主要来源于当年的未分配利润和少数股东权益。

表 6-4 中国联通合并股东权益变动表增减变动分析表一

单位：百万元

项目	归属于母公司股东权益															
	股本				资本公积				其他综合收益				盈余公积			
	2015年度	2014年度	增减额	增减率(%)	2015年度	2014年度	增减额	增减率(%)	2015年度	2014年度	增减额	增减率(%)	2015年度	2014年度	增减额	增减率(%)
年初余额	21 197	21 197	0	0	27 812	28 024	−212	−0.007 6	−1 468	−1 309	−159	0.121 5	1 045	919	126	0.137 1
(一) 综合收益总额		0	0			0	0		−699	0	−699			0	0	
(二) 股东投入和减少的资本	0	0	0		0	0	0		0	0	0		0	0	0	
1. 股东投入的普通股—确认子公司员工行使股份期权所增加的子公司权益影响		0	0		0	290	−290	−0.999 4		0	0			0	0	
2. 其他—财政拨款		0	0			0	0	−1		0	0			0	0	
(三) 利润分配	0	0	0		0	0	0		0	0	0		0	0	0	
1. 提取盈余公积—法定公积金		0	0			0	0			0	0		159	0	159	
2. 对股东的分配		0	0			0	0			0	0			0	0	
3. 提取一般风险准备		0	0			0	0			0	0		1	0	1	
(四) 股东权益的内部结转	0	0	0		0	0	0		0	0	0		0	0	0	
1. 其他—因所持子公司股份变化对资本公积的影响		0	0		0	−503	503	−0.999 3		0	0			0	0	
年末余额	21 197	21 197	0	0	27 812	27 812	0	0	−2 167	−1 468	−699	0.476 2	1 204	1 045	159	0.152 2
(一) 综合收益总额		0	0			0	0		−160	225	−385	−1.709		0	0	
(二) 股东投入和减少的资本	0	0	0		0	0	0		0	0	0		0	0	0	
1. 股东投入的普通股—确认子公司员工行使股份期权所增加的子公司权益影响		0	0		290	370	−80	−0.215 1		0	0			0	0	

续 表

项目	归属于母公司股东权益															
	股本				资本公积				其他综合收益				盈余公积			
	2015年度	2014年度	增减额	增减率（%）	2015年度	2014年度	增减额	增减率（%）	2015年度	2014年度	增减额	增减率（%）	2015年度	2014年度	增减额	增减率（%）
2. 股份支付计入股东权益的金额—与股份支付相关的员工薪酬的确认	0	0	0		0	17	−17	−1	0	0	0		0	0	0	
3. 其他—财政拨款		0	0		0	0	0	−0.310 7		0	0			0	0	
（三）利润分配	0	0	0		0	0	0		0	0	0		0	0	0	
1. 提取盈余公积—法定公积金		0	0			0	0			0	0		126	95	31	0.327 3
2. 向股东分派的普通股股利		0	0			0	0			0	0			0	0	
（四）股东权益的内部结转	0	0	0		0	0	0		0	0	0		0	0	0	
1. 其他—因所持子公司股份变化对资本公积的影响		0	0		−503	−647	144	−0.222 8		0	0			0	0	
2014年12月31日年末余额	21 197	0	21 197		27 812	0	27 812		−1 468	0	−1 468		1 045	0	1 045	
2013年12月31日年末余额	0	21 197	−21 197	−1	27 812	28 024	−213	−0.007 6	−1 468	−1 309	−160	0.122	1 045	919	126	0.136 8

表 6-5　中国联通合并股东权益变动表增减变动分析表二

单位：百万元

项目	归属于母公司股东权益				少数股东权益				股东权益合计			
	未分配利润											
	2015 年度	2014 年度	增减额	增减率(%)	2015 年度	2014 年度	增减额	增减率(%)	2015 年度	2014 年度	增减额	增减率(%)
年初余额	28 752	26 027	2 725	0.104 7	152 991	146 767	6 224	0.042 4	230 328	221 626	8 702	0.039 3
(一) 综合收益总额	3 472	0	3 472		5 565	7 667	−2 102	−0.274 2	8 337	11 489	−3 152	−0.274 4
(二) 股东投入和减少的资本	0	0	0		0	0	0		0	0	0	
1. 股东投入的普通股—确认子公司员工行使股份期权所增加的子公司权益影响		0	0		0	581	−580	−0.999 4	1	871	−870	−0.999 4
2. 其他—财政拨款		0	0			0	0	−1		1	−1	−1
(三) 利润分配	0	0	0		0	0	0		0	0	0	
1. 提取盈余公积—法定公积金	−159	0	−159			0	0			0	0	
2. 对股东的分配	−1 427	−1 132	−295	0.260 3	−3 193	−2 527	−666	0.263 4	−4 619	−3 659	−960	0.262 5
3. 提取一般风险准备	−1	0	−1			0	0			0	0	
(四) 股东权益的内部结转	0	0	0		0	0	0		0	0	0	
1. 其他—因所持子公司股份变化对资本公积的影响		0	0		0	503	−503	−0.999 3		230 328	−230 328	−1
年末余额	30 637	28 752	1 885	0.065 6	155 364	152 991	2 373	0.015 5	234 046	212 234	21 812	0.102 8
(一) 综合收益总额	3 982	3 443	539	0.156 5	7 667	7 295	372	0.051	11 489	0	11 489	
(二) 股东投入和减少的资本	0	0	0		0	0	0		0	0	0	
1. 股东投入的普通股—确认子公司员工行使股份期权所增加的子公司权益影响		0	0		581	732	−151	−0.206 9	871	1 102	−231	−0.209 7
2. 股份支付计入股东权益的金额—与股份支付相关的员工薪酬的确认	0	0	0		0	33	−33	−1	0	50	−50	−1

续表

项目	归属于母公司股东权益				少数股东权益				股东权益合计			
	未分配利润											
	2015 年度	2014 年度	增减额	增减率(%)	2015 年度	2014 年度	增减额	增减率(%)	2015 年度	2014 年度	增减额	增减率(%)
3. 其他—财政拨款		0	0		0	1	0	−0.303 5	1	1	0	−0.305 9
(三) 利润分配	0	0	0		0	0	0		0	0	0	
1. 提取盈余公积—法定公积金	−126	−95	−31	0.327 3		0	0			0	0	
2. 向股东分派的普通股股利	−1 132	−846	−286	0.338 3	−2 527	−1 878	−649	0.345 6	−3 659	−2 724	−935	0.343 4
(四) 股东权益的内部结转	0	0	0		0	0	0		0	0	0	
1. 其他—因所持子公司股份变化对资本公积的影响		0	0		503	647	−144	−0.222 8		0	0	
2014 年 12 月 31 日年末余额	28 752	0	28 752		152 991	0	152 991		230 328	0	230 328	
2013 年 12 月 31 日年末余额	28 752	26 027	2 724	0.104 7	152 991	146 767	6 224	0.042 4	230 328	221 626	8 702	0.039 3

第三节　股东权益变动表的结构变动分析

股东权益变动表结构，反映了股东权益变动表各项目间的相互关系以及各项目所占的比重。股东权益变动表的结构分析，是对股东权益各个子项目变动占股东权益变动的比重予以计算，并进行分析评价，揭示公司当期股东权益各个子项目的比重及其变动情况，解释公司净资产构成的变动原因，从而进行相关决策的过程。

一、股东权益变动表结构变动分析目的

股东权益变动表结构分析的目的，包括如下几个方面：

第一，从总体上了解企业股东权益结构的变动情况，揭示各项股东权益结构的变动差异，分析差异产生的原因。

第二，分析评价企业实收资本结构的变动情况及变动的合理性。

第三，分析评价企业盈余公积结构的变动情况及变动的合理性。

第四，分析评价企业资本公积和未分配利润结构等的变动情况及增减的合理性。

二、股东权益变动表结构变动分析内容

对企业股东权益变动表进行结构变动分析，首先要通过股东权益总量结构的变动情况，股东权益变动表包括归属于母公司的股东权益和少数股东权益，而归属于母公司的股东权益又分为股本、资本公积、其他综合收益、盈余公积和未分配利润。另外，股东权益变动表的主要项目包括上年期末余额、本年期初余额、本期增减变动金额和本期期末余额。因此，在进行股东权益变动表的结构变动分析时，要从下述几个方面进行分析：

第一，分析本年期初余额与上年期末余额的结构变动情况。在分析时，注意分股本、资本公积、其他综合收益、盈余公积和未分配利润等项目的结构进行分别分析。

第二，分析本年度结构变动的主要原因，从综合收益总额、所有者投入和减少资本、利润分配、所有者权益内部结转等方面分析股东权益结构的变化情况。

第三，重点分析所有者投入和减少资本的结构变动情况，并分析其投入和减少的合理性。

第四，重点分析利润分配结构的变动情况，包括提取盈余公积、提取一般风险准备以及对股东的分配等方面，并进一步分析公司的股利政策等是否合理。

第五，重点分析股东权益内部结转的结构是否合理，包括资本公积转增资本、盈余公积转增资本和盈余公积弥补亏损等。

三、股东权益变动表结构变动分析思路

股东权益变动表结构变动分析，指的是股东权益变动表中各内容各要素间的相互关系，股东权益变动表的结构分析就是分析股东权益变动表中的各要素间的关系，从而对企业股东权益结构的合理性做出判断。

股东权益变动表的结构分析按照以下思路进行分析与评价：

第一，编制股东权益变动表结构变动的比较分析表，进行股东权益变动表各要素的纵向比较分析。

第二，根据编制的结构变动分析表，分析计算股东权益变动表中各项目占股东权益总额的比重，分析评价企业股东权益结构的变动情况及合理程度。

第三，在进行分析时，按照股东权益变动表的编制基础进行分析，先从结果进行分析，即先分析“本年期末余额”的结构变化情况，再分析引起本年期末余额结构变化的原因。

第四，在进行本年年末余额结构变化的原因分析时，采用层层剖析的方法，先分析“综合收益总额”“所有者投入和减少资本”“利润分配”“所有者权益内部结转”“专项储备”等的结构变化情况，再具体分析每一项的结构变动情况，最终找出影响本年年末余额结构变动的原因，以分析其合理性。

四、股东权益变动表结构变动分析方法

股东权益变动表结构变动分析，是指通过将股东权益变动表中各项目与股东权益总额的对比，分析企业的股东权益构成，揭示企业股东权益的合理程度，探索企业最优股东权益的思路。

股东权益变动表结构变动分析表的编制步骤如下：

首先，将本年年初和本年年末的各项股东权益项目除以股东权益总额，得出各股东权益项目占股东权益总额的比重。

其次，用本年度股东权益变动表各项目占股东权益总额的比重减去上年度的比重，得出变动的差额。

五、股东权益变动表结构变动分析应用

【例 6-2】根据表 6-2 和表 6-3，选取中国联通 2015 年度和 2014 年度的数据，按照如下方法，编制股东权益变动表结构变动分析表 6-6 和表 6-7。

首先，将 2015 年年初和 2015 年年末的各项股东权益项目除以股东权益总额，得出各股东权益项目占股东权益总额的比重。

其次，用 2015 年度股东权益变动表各项目占股东权益总额的比重减去 2014 年度的比重，得出变动的差额。

按照上述方法计算出来后，编制完成股东权益变动表结构变动分析表，如表 6-6 和表 6-7 所示。

表 6-6　中国联通合并股东权益变动表结构变动分析表一

单位：百万元

项目	归属于母公司股东权益															
	股本				资本公积				其他综合收益				盈余公积			
	2015年度	2014年度	2015年度占总股东权益之比	2014年度占总股东权益之比	2015年度	2014年度	2015年度占总股东权益之比	2014年度占总股东权益之比	2015年度	2014年度	2015年度占总股东权益之比	2014年度占总股东权益之比	2015年度	2014年度	2015年度占总股东权益之比	2014年度占总股东权益之比
年初余额	21 197	21 197	0.090 6	0.092	27 812	28 024	0.118 8	0.121 7	−1 468	−1 309	−0.006	−0.005 7	1 045	919	0.004 5	0.004 0
(一) 综合收益总额		0				0			−699	0	−0.003	0		0		
(二) 股东投入和减少的资本	0	0			0	0			0	0			0	0		
1. 股东投入的普通股—确认子公司员工行使股份期权所增加的子公司权益影响		0			0	290		0.001 3		0				0		
2. 其他—财政拨款		0				0				0				0		
(三) 利润分配	0	0			0	0			0	0			0	0		
1. 提取盈余公积—法定公积金		0				0				0			159	0	0.000 7	
2. 对股东的分配		0				0				0				0		
3. 提取一般风险准备		0				0				0			1	0	0	
(四) 股东权益的内部结转	0	0			0	0			0	0			0	0		
1. 其他—因所持子公司股份变化对资本公积的影响		0			0	−503				0				0		
年末余额	21 197	21 197	0.090 6	0.092 0	27 812	27 812	0.118 8	0.120 7	−2 167	−1 468	−0.009 3	−0.006 4	1 204	1 045	0.005 1	0.004 5
(一) 综合收益总额		0				0			−160	225	−0.000 7	0.001 1		0		
(二) 股东投入和减少的资本	0	0			0	0			0	0			0	0		

续表

项目	归属于母公司股东权益															
	股本				资本公积				其他综合收益				盈余公积			
	2015年度	2014年度	2015年度占总股东权益之比	2014年度占总股东权益之比	2015年度	2014年度	2015年度占总股东权益之比	2014年度占总股东权益之比	2015年度	2014年度	2015年度占总股东权益之比	2014年度占总股东权益之比	2015年度	2014年度	2015年度占总股东权益之比	2014年度占总股东权益之比
1. 股东投入的普通股—确认子公司员工行使股份期权所增加的子公司权益影响		0			290	370				0				0		
2. 股份支付计入股东权益的金额—与股份支付相关的员工薪酬的确认	0	0			0	17			0	0			0	0		
3. 其他—财政拨款		0			0	0				0				0		
（三）利润分配	0	0			0	0			0	0			0	0		
1. 提取盈余公积—法定公积金		0				0				0			126	95	0.000 5	0.000 4
2. 向股东分派的普通股股利		0				0				0				0		
（四）股东权益的内部结转	0	0			0	0			0	0			0	0		
1. 其他—因所持子公司股份变化对资本公积的影响		0			−503	−647				0				0		
2014年12月31日年末余额	21 197	0			27 812	0			−1 468	0			1 045	0		
2013年12月31日年末余额	0	21 197			27 812	28 024			−1 468	−1 309			1 045	919		

表 6-7 中国联通合并股东权益变动表结构变动分析表二

单位：百万元

项目	归属于母公司股东权益				少数股东权益				股东权益合计			
	未分配利润											
	2015年度	2014年度	2015年度占总股东权益之比	2014年度占总股东权益之比	2015年度	2014年度	2015年度占总股东权益之比	2014年度占总股东权益之比	2015年度	2014年度	2015年度占总股东权益之比	2014年度占总股东权益之比
年初余额	28 752	26 027	0.122 8	0.113	152 991	146 767	0.653 7	0.637 2	230 328	221 626	0.984 1	0.962 2
（一）综合收益总额	3 472	0	0.014 8		5 565	7 667	0.023 8	0.036 1	8 337	11 489	0.035 6	0.054 1
（二）股东投入和减少的资本	0	0			0	0			0	0		
1. 股东投入的普通股—确认子公司员工行使股份期权所增加的子公司权益影响		0			0	581		0.002 7	1	871	0	0.004 1
2. 其他—财政拨款		0				0				1		0
（三）利润分配	0	0			0	0			0	0		
1. 提取盈余公积—法定公积金	−159	0	−0.000 7			0				0		
2. 对股东的分配	−1 427	−1 132	−0.006 1	−0.004 9	−3 193	−2 527	−0.013 6	−0.011	−4 619	−3 659	−0.019 7	−0.015 9
3. 提取一般风险准备	−1	0	0			0				0		
（四）股东权益的内部结转	0	0			0	0			0	0		
1. 其他—因所持子公司股份变化对资本公积的影响		0			0	503		0.002 2		230 328		1.085 3
年末余额	30 637	28 752	0.130 9	0.124 8	155 364	152 991	0.663 8	0.664 2	234 046	230 328	1	1
（一）综合收益总额	3 982	3 443	0.017	0.016 2	7 667	7 295			11 489	0	0.049 1	
（二）股东投入和减少的资本	0	0			0	0			0	0		

续表

项目	归属于母公司股东权益				少数股东权益				股东权益合计			
	未分配利润											
	2015年度	2014年度	2015年度占总股东权益之比	2014年度占总股东权益之比	2015年度	2014年度	2015年度占总股东权益之比	2014年度占总股东权益之比	2015年度	2014年度	2015年度占总股东权益之比	2014年度占总股东权益之比
1. 股东投入的普通股—确认子公司员工行使股份期权所增加的子公司权益影响		0			581	732	0.002 5	0.003 4	871	1 102	0.003 7	0.005 2
2. 股份支付计入股东权益的金额—与股份支付相关的员工薪酬的确认	0	0			0	33		0.000 2	0	50		0.000 2
3. 其他—财政拨款		0			0	1		0	1	1	0	0
(三) 利润分配	0	0			0	0			0	0		
1. 提取盈余公积—法定公积金	−126	−95	−0.000 5	−0.000 4		0				0		
2. 向股东分派的普通股股利	−1 132	−846	−0.004 8	−0.004	−2 527	−1 878	−0.010 8	−0.008 8	−3 659	−2 724	−0.015 6	−0.012 8
(四) 股东权益的内部结转	0	0			0	0			0	0		
1. 其他—因所持子公司股份变化对资本公积的影响		0			503	647	0.002 2	0.003 1		0		
2014年12月31日年末余额	28 752	0			152 991	0			230 328	0		
2013年12月31日年末余额	28 752	26 027			152 991	146 767			230 328	221 626		

根据表6-6和表6-7，通过2015年与2014年度相关项目比重的对比，可以从以下方面进行分析：

从年初余额来看，中国联通2015年与2014年相比，其股东权益项目年初余额比重增加了2.19%[(0.984 1－0.962 2)×100%]。具体分析之后发现，2015年度"股本"占股东权益的总额比2014年度减少了0.14%[(0.090 6－0.092)×100%]，"资本公积"2015年度比2014年度减少了0.29%[(0.118 8－0.121 7)×100%]，"其他综合收益"2015年度比2014年度减少了0.03%[(0.006－0.005 7)×100%]，"盈余公积"2015年度比2014年度增加了0.05%[(0.004 5－0.004 0)×100%]，"未分配利润"2015年度比2014年度增加了0.98%[(0.122 8－0.113)×100%]，"少数股东权益"2015年度比2014年度增加了1.65%[(0.653 7－0.637 2)×100%]。上述因素的共同作用，使得2015年度股东权益年初余额占股东权益总额的比重减少了，在所有的影响因素中，影响最大的是股本、资本公积的减少和少数股东权益的增加。

从具体项目来看，2015年"综合收益总额"比重比2014年度减少了0.85%，即0.85%＝(0.035 6－0.054 1)×100%，"股东投入的普通股"减少了0.38%；从"利润分配"方面来看，"对股东的分配"增加了0.38%，即(0.019 7－0.015 9)×100%＝0.38%。

可见，从2015年度股东权益各项目占年末股东权益总额的比重来看，"未分配利润"和"少数股东权益"是变化最大的两个方面。而由于股东投入的普通股的减少，使得中国联通加大了对普通股的利润分配，以吸引股东投资，保障公司资本的积累。

第四节　股东权益变动表比率分析

股东权益变动表分析，在进行增减变动和结构变动的比较分析之后，还需要计算相关的财务比率，这些比率可以将股东权益信息与其他财务信息相关联，更好地评价企业的股东权益状况，多角度分析评价企业的股东权益对企业的影响。

股东权益变动表比率分析，包括负债权益比率、资本保值增值率、附加资本对实收资本比率等。

一、负债权益比率

(一) 负债权益比率的含义

负债与权益比率是企业负债总额与股东权益总额的比值。负债权益比率是反映企业资本结构的重要比率之一，即通过它在经营活动中发挥财务杠杆的作用，来评价企业资本结构的合理性和效率性。

(二) 负债权益比率的计算公式

$$负债权益比率=\frac{负债}{股东权益}\times 100\%$$

上述公式可以作如下变换：

$$负债权益比率=\frac{负债总额}{股东权益总额}=\frac{负债总额/资产总额}{股东权益总额/资产总额}=\frac{资产负债率}{股权比率}$$

可见，负债与权益比率和资产负债率同方向变动，和股权比率反方向变动。

（三）负债权益比率的评价标准

负债与权益比率反映了股东权益对负债的保障程度。负债与权益比率越高，股东权益对负债的保障程度越低；反之亦然。

（四）负债权益比率的应用分析

【例 6-3】根据中国联通股东权益变动表（表 6-2 和附录四）和资产负债表（见表 3-2）的资料，计算该公司负债权益比率的指标，计算结果如表 6-8 所示。

表 6-8　中国联通负债权益比率计算表

单位：百万元

项目	2015 年度	2014 年度	2013 年度	2012 年度	2011 年度	2010 年度
负债总额①	381 273	316 797	309 738	306 123	249 913	235 286
年末股东权益总额②	234 046	230 328	221 626	212 234	208 611	208 180
负债权益比率%③＝①÷②	162.90%	137.54%	139.76%	144.24%	119.80%	113.02%

从表 6-8 可以看出，中国联通 2010—2015 年的负债权益比率分别为 113.02%、119.80%、144.24%、139.76%、137.54%和 162.90%，从近六年来看，2015 年的负债权益比率最高，达到了 162.9%。这一比率反映每 1 元负债有多少股东权益予以保障。一般而言，该指标值越高，股东权益对负债的保障程度越低。中国联通 2015 年的负债权益比率最高，说明近六年来，2015 年股东权益对负债的保障程度最低。

为进一步分析负债权益比率的变动情况，根据上述计算结果，按照表 6-9 的内容，绘制如图 6-1 所示中国联通 2010—2015 年的负债权益比率趋势分析图。

表 6-9　中国联通负债权益比率趋势分析表

项目	2015 年度	2014 年度	2013 年度	2012 年度	2011 年度	2010 年度
负债权益比率	162.90%	137.54%	139.76%	144.24%	119.80%	113.02%

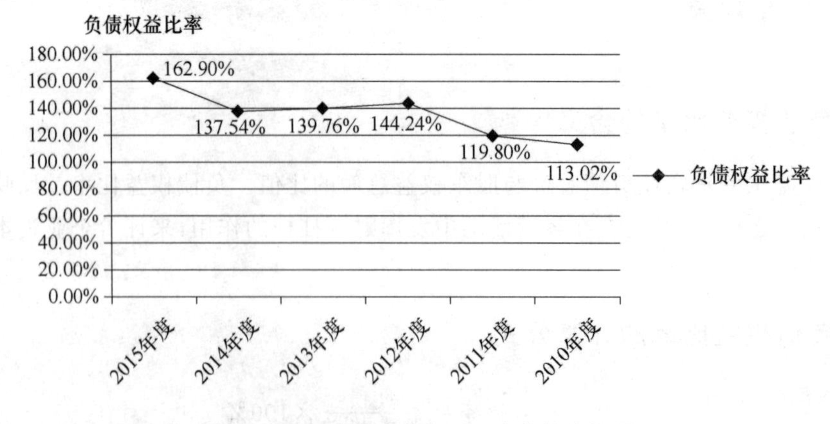

图 6-1　中国联通负债权益比率趋势分析图

由图 6-1 可以看出，中国联通近六年负债权益比率的趋势曲线，在波动中平稳上升，到 2015 年达到最大值，说明近六年来，中国联通股东权益对负债权益的保护程度在逐年下降。

二、资本保值增值率

(一) 资本保值增值率的含义

资本积累率是指企业年末股东权益同年初股东权益的比值。

该指标是企业当年股东权益总的增长率，反映了股东权益在本年度的变动水平，体现了企业资本积累的状况，是企业发展强弱的标志，也是企业扩大再生产的源泉，是评价企业发展潜力的重要指标。

(二) 资本保值增值率的计算公式

$$资本保值增值率=\frac{年末股东权益}{年初股东权益}\times 100\%$$

其中，数据依据资产负债表的年初和年末的股东权益进行计算。

(三) 资本保值增值率的评价标准

资本保值增值率越高，表明企业的资本积累越多，企业保全资本的安全性越强，抵抗风险的能力越强，持续发展的后劲越足。若该指标为负值，表明企业资本受到侵蚀，股东权益受到侵害，这时候需要公司予以高度关注。

(四) 资本保值增值率的应用分析

【例 6-4】根据中国联通股东权益变动表(表 6-2、表 6-3 和附录四)和资产负债表(见表 3-2)的资料，计算该公司资本保值增值率的指标，计算结果见表 6-10。

表 6-10　中国联通资本保值增值率计算表

单位：百万元

项目	2015 年度	2014 年度	2013 年度	2012 年度	2011 年度	2010 年度
年末股东权益①	234 046	230 328	221 626	212 234	208 611	208 180
年初股东权益②	230 328	221 626	212 234	208 611	208 180	208 845
资本保值增值率③=①÷②	101.61%	103.93%	104.43%	101.74%	100.21%	99.68%

从表 6-10 可以看出，中国联通 2010—2015 年的资本保值增值率分别为 99.68%、100.21%、101.74%、104.43%、103.93%和 101.61%，从近六年来看，2013 年度的资本保值增值率最高，为 104.43%，表明 2013 年中国联通的资本积累最多，企业保全资本的安全性越强，抵抗风险的能力越强，持续发展的后劲最足。而 2010 年则最弱，为 99.68%。

为进一步分析资本保值增值率的变动情况，根据上述计算结果，按照表 6-11 的内容，绘制如图 6-2 所示中国联通 2010—2015 年的资本保值增值率趋势分析图。

表 6-11　中国联通资本保值增值率趋势分析表

项目	2015 年度	2014 年度	2013 年度	2012 年度	2011 年度	2010 年度
资本保值增值率	101.61%	103.93%	104.43%	101.74%	100.21%	99.68%

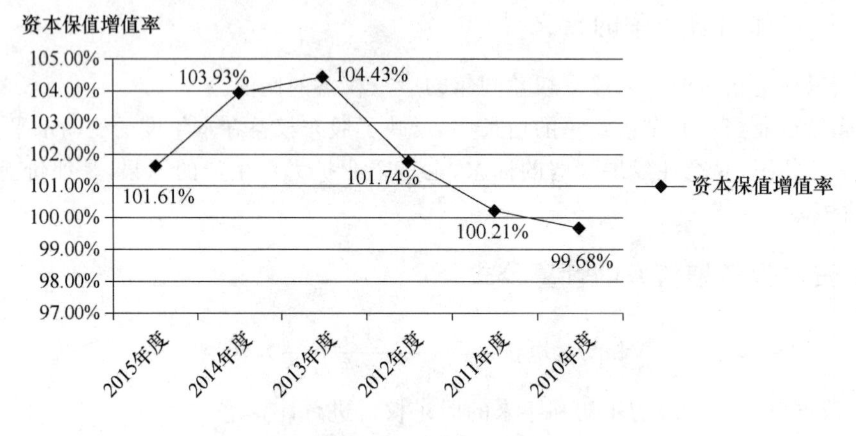

图 6-2　中国联通资本保值增值率趋势分析图

由图 6-2 可以看出，中国联通近六年资本保值增值率的趋势曲线，波动较大，2010—2013 年度呈直线上升，而 2013 年之后，则呈逐步下降趋势，表明 2013 年之后，中国联通的资本积累开始出现下滑，企业保全资本的安全性开始逐步减弱，抵抗风险的能力也开始变弱，虽然还没有出现较大的风险，但这种下滑的势头需要予以关注，找出原因，适当控制，以避免企业的资本积累出现较大的风险。

三、附加资本对股本比率

（一）附加资本对股本比率的含义

附加资本是指企业股东权益扣除股本后的余额。附加资本对股本比率是附加资本与股本的比值。

（二）附加资本对股本比率的计算公式

$$附加资本对股本的比率=\frac{股东权益-股本}{股本}$$

其中，分子“股东权益”的数据，采用年末股东权益的数据，依据资产负债表的年末股东权益进行计算；分母“股本”也采用年末的股本进行计算，以保持一致性。

（三）附加资本对股本比率的评价标准

该比率能反映企业用股东的实际投资所带来的资本积累。该比率越高，说明股东投入的股本所带来的资本积累越大，企业发展的后劲越足；反之，则表明股东投入的股本所带来的资本积累越弱，企业发展的后劲不足。

（四）附加资本对股本比率的应用分析

【例 6-5】根据中国联通股东权益变动表（表 6-2、表 6-3 和附录四）和资产负债表（见表 3-2）的资料，计算该公司附加资本对股东比率的指标，计算结果如表 6-12 所示。

表 6-12　中国联通附加资本对股本比率计算表

单位：百万元

项目	2015 年度	2014 年度	2013 年度	2012 年度	2011 年度	2010 年度
年末股东权益①	234 046	230 328	221 626	212 234	208 611	208 180
股本②	21 197	21 197	21 197	21 197	21 197	21 197
附加资本对股本比率③＝(①－②)÷②	10.04	9.87	9.46	9.01	8.84	8.82

从表 6-12 可以看出，中国联通 2010—2015 年的附加资本对股本比率分别为 8.82、8.84、9.01、9.46、9.87 和 10.04，从近六年来看，2010 年度的附加资本对股本的比率最低，而随着时间的推移，依次递增，2015 年度的附加资本对股本比率最高，为 10.04，说明中国联通股东的实际投资所带来的资本积累的能力越来越强。

为进一步分析附加资本对股本比率的变动情况，根据上述计算结果，按照表 6-13 的内容，绘制如图 6-3 所示中国联通 2010—2015 年的附加资本对股本比率的趋势分析图。

表 6-13　中国联通附加资本对股本比率趋势分析表

单位：百万元

项目	2015 年度	2014 年度	2013 年度	2012 年度	2011 年度	2010 年度
附加资本对股本比率	10.04	9.87	9.46	9.01	8.84	8.82

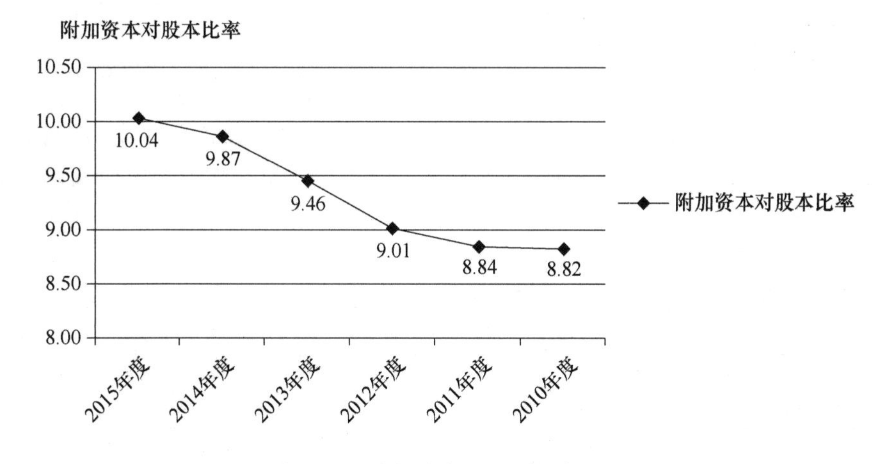

图 6-3　中国联通附加资本对股本比率趋势分析图

由图 6-3 可以看出，中国联通的附加资本对股本比率的曲线呈逐渐上升趋势，到 2015 年度达到最大值，说明中国联通股东的投入资本带给企业的资本积累越来越强，预示着公司未来的发展能力也越来越强。

本章知识点小结

本章主要讲授股东权益变动表的分析，需要掌握的核心知识点梳理如下。

1. 股东权益变动表增减变动分析表的编制方法

首先,增减金额为本年度减去上年度的差额。

其次,增减比重为增加金额除以上年度的比值。

第三,对股东权益的影响等于各项增减额除以上年度的各项股东权益。

2. 股东权益变动表结构变动分析表的编制方法

首先,将本年年初和本年年末的各项股东权益项目除以股东权益总额,得出各股东权益项目占股东权益总额的比重。

其次,用本年度股东权益变动表各项目占股东权益总额的比重减去上年度的比重,得出变动的差额。

3. 股东权益变动表的比率分析

(1) 负债权益比率的计算公式与评价标准

$$负债权益比率=\frac{负债}{股东权益}\times 100\%$$

负债与权益比率反映了股东权益对负债的保障程度。负债与权益比率越高,股东权益对负债的保障程度越低;反之亦然。

(2) 资本保值增值率的计算公式与评价标准

$$资本保值增值率=\frac{年末股东权益}{年初股东权益}\times 100\%$$

资本保值增值率越高,表明企业的资本积累越多,企业保全资本的安全性越强,抵抗风险的能力越强,持续发展的后劲越足。若该指标为负值,表明企业资本受到侵蚀,股东权益受到侵害,这时候需要公司予以高度关注。

(3) 附加资本对股本比率的计算公式与评价标准

$$附加资本对股本的比率=\frac{股东权益-股本}{股本}$$

该比率能反映企业用股东的实际投资所带来的资本积累。该比率越高,说明股东投入的股本所带来的资本积累越大,企业发展的后劲越足;反之,则表明股东投入的股本所带来的资本积累越弱,企业发展的后劲不足。

思考与练习

一、填空题

1. ________是指反映构成股东权益各组成部分的当期增减变动情况的报表,又称所有者权益变动表。

2. 股东权益主要包括投资者投入的资本,即________和资本公积;企业生产经营过程中形成的留存收益,包括________和未分配利润。

3. 股东权益是企业资产扣除负债后由所有者享有的________,是所有者投入资本和企业经营积累的总和,又称________。

二、单选题

1. 负债权益比率的计算公式(　　)。

A. 负债权益比率$=\frac{负债}{股东权益}\times 100\%$

B. 负债权益比率$=\frac{年末股东权益}{年初股东权益}\times 100\%$

C. 负债权益比率$=\frac{股东权益-股本}{股本}$

D. 负债权益比率$=\frac{资产-股本}{股本}$

2. 资本保值增值率的计算公式为(　　)。

A. 资本保值增值率$=\frac{负债}{股东权益}\times 100\%$

B. 资本保值增值率$=\frac{年末股东权益}{年初股东权益}\times 100\%$

C. 资本保值增值率$=\frac{股东权益-股本}{股本}$

D. 资本保值增值率$=\frac{资产-股本}{股本}$

3. 附加资本对股本比率的计算公式为(　　)。

A. 附加资本对股本的比率$=\frac{负债}{股东权益}\times 100\%$

B. 附加资本对股本的比率$=\frac{年末股东权益}{年初股东权益}\times 100\%$

C. 附加资本对股本的比率$=\frac{资产-股本}{股本}$

D. 附加资本对股本的比率$=\frac{股东权益-股本}{股本}$

三、多选题

1. 当经营活动现金净流量为负数，投资活动现金净流量为负数，筹资活动现金净流量为正数时，该企业处于产品(　　)。

A. 上年年末余额＋会计政策变更＋前期差错更正＝本年年初余额

B. 上年年末余额－会计政策变更＋前期差错更正＝本年年初余额

C. 本年年初余额＋净利润－直接计入股东权益的利得与损失＋股东投入和减少资本＋利润分配＋所有者权益内部结转＝本年年末余额

D. 本年年初余额＋净利润＋直接计入股东权益的利得与损失＋股东投入和减少资本＋利润分配＋所有者权益内部结转＝本年年末余额

2. 下列关于负债与权益比率，说法正确的是(　　)。

A. 负债与权益比率越高，股东权益对负债的保障程度越低

B. 负债与权益比率越低，股东权益对负债的保障程度越高

C. 负债与权益比率越高，表明企业的资本积累越多

D. 负债与权益比率越低，表明企业的资本积累越少

3. 下列关于资本保值增值比率，说法正确的是(　　)。

A. 资本保值增值比率越高，股东权益对负债的保障程度越低

B. 资本保值增值比率越低，股东权益对负债的保障程度越高

C. 资本保值增值比率越高，表明企业的资本积累越多，企业保全资本的安全性越强

D. 资本保值增值比率越低，表明企业的资本积累越少，企业保全资本的安全性越弱

4. 下列关于附加资本对股本比率，说法正确的是(　　)。

A. 附加资本对股本比率越高，说明股东投入的股本所带来的资本积累越大，企业发展的后劲越足

B. 附加资本对股本比率越高，股东权益对负债的保障程度越低

C. 附加资本对股本比率越低，股东权益对负债的保障程度越高

D. 附加资本对股本比率越低，表明股东投入的股本所带来的资本积累越弱，企业发展的后劲不足

四、案例分析题

(一) 案例背景资料

承接第三章陕西广电网络传媒(集团)股份有限公司的案例背景资料。

(二) 公司的合并股东权益变动表，如题表 6-1 所示。

题表 6-1　合并股东权益变动表

编制单位：陕西广电网络传媒(集团)股份有限公司　　　　单位：人民币百万元

项目	归属于母公司股东权益					少数股东权益	股东权益合计
	股本	资本公积	其他综合收益	盈余公积	未分配利润		
一、2014 年 12 月 31 日余额	563	433	0	81	714	52	1 843
二、2015 年 1 月 1 日年初余额	563	433	0	81	714	52	1 843
三、本期增减变动金额(减少以“－”号填列)	0	0	0	11	105	－1	115
(一) 综合收益总额	0	0	0	0	133	－1	132
(二) 股东投入和减少的资本	0	0	0	0	0	0	0
1. 股东投入的普通股—确认子公司员工行使股份期权所增加的子公司权益影响	0	0	0	0	0	0	0
2. 其他	0	0	0	0	0	0	0
(三) 利润分配	0	0	0	11	－28	0	－17
1. 提取盈余公积—法定公积金	0	0	0	11	－11	0	0
2. 对股东的分配	0	0	0	0	－17	0	－17
3. 提取一般风险准备	0	0	0	0	0	0	0
(四) 股东权益的内部结转	0	0	0	0	0	0	0
1. 其他—因所持子公司股份变化对资本公积的影响	0	0	0	0	0	0	0
2015 年 12 月 31 日年末余额	563	433	0	92	819	51	1 958
一、2013 年 12 月 31 日余额	563	433	0	70	613	26	1 705
加：会计政策变更	0	0	0	0	0	0	0
二、2014 年 1 月 1 日余额	563	433	0	70	613	26	1 705

续表

项目	归属于母公司股东权益					少数股东权益	股东权益合计
	股本	资本公积	其他综合收益	盈余公积	未分配利润		
三、本期增减变动金额(减少以“－”号填列)	0	0	0	11	100	26	137
(一) 综合收益总额	0	0	0	0	117	14	131
(二) 股东投入和减少的资本	0	0	0	0	0	12	12
1. 股东投入的普通股—确认子公司员工行使股份期权所增加的子公司权益影响	0	0	0	0	0	12	12
2. 其他	0	0	0	0	0	0	0
(三) 利润分配	0	0	0	11	－17	0	－6
1. 提取盈余公积—法定公积金	0	0	0	11	－11	0	0
2. 向股东分派的普通股股利	0	0	0	0	－6	0	－6
(四) 股东权益的内部结转	0	0	0	0	0	0	0
1. 其他—因所持子公司股份变化对资本公积的影响	0	0	0	0	0	0	0
2014 年 12 月 31 日年末余额	563	433	0	81	714	52	1 843

注:案例资料和报表数据来源:根据上海证券交易所广电网络(股票代码:600831)2015 年年报整理。

(三) 案例要求

根据上述资料,要求完成以下任务:

1. 编制股东权益变动表的增减变动分析表,并进行分析。

2. 编制股东权益变动表的结构变动分析表,并进行分析。

3. 根据上述资料,分别计算 2015 年度和 2014 年度的负债权益比率、资本保值增值率、附加资本对股本比率,并进行分析。

第七章　财务报表综合分析

本章知识体系框架

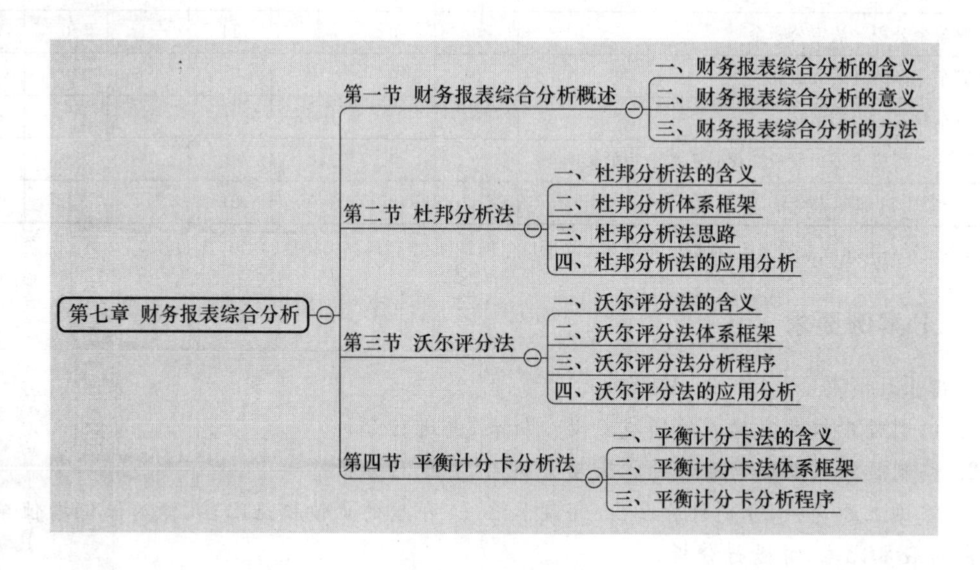

【引导案例】

前续第三章，2015 年 12 月 31 日中电广通(股票代码:600764)公司的合并资产负债表如表 7-1 所示。

表 7-1　合并资产负债表

编制单位：中电广通股份有限公司　　　　单位:人民币元

项目	2015 年 12 月 31 日	2014 年 12 月 31 日
流动资产		
货币资金	118 294 392.00	148 596 135.07
以公允价值计量且其变动计入当期损益的金融资产		
应收票据	5 860 556.40	11 954 868.05
应收账款	121 574 450.07	194 987 046.33
预付款项	29 165 406.58	37 867 712.13
应收利息		

续 表

项目	2015 年 12 月 31 日	2014 年 12 月 31 日
应收股利		
其他应收款	11 767 807.37	10 869 890.28
存货	138 051 661.31	268 549 963.85
划分为持有待售的资产	177 230 000.00	
其他流动资产	2 539 143.53	3 692 574.34
流动资产合计	604 483 417.26	676 518 190.05
非流动资产		
可供出售金融资产		191 960 666.23
长期股权投资	446 803 590.93	420 010 386.39
长期应收款	35 032 010.78	36 083 282.42
固定资产	96 928 714.19	85 125 995.95
在建工程	345 561.24	3 253 778.37
工程物资		
无形资产	26 396 935.15	20 040 881.45
开发支出	611 320.75	
长期待摊费用		
递延所得税资产	11 532 813.37	11 635 683.25
其他非流动资产	1 908 484.45	
非流动资产合计	619 559 430.86	768 110 674.06
资产总计	1 224 042 848.12	1 444 628 864.11
流动负债		
短期借款	265 814 727.54	366 681 340.36
应付短期债券		
应付票据	139 000 180.99	138 208 955.83
应付账款	63 316 838.53	59 927 092.44
预收款项	41 009 450.94	37 969 766.59
应付职工薪酬	5 777 213.16	1 350 906.35
应交税费	210 129.96	1 313 669.08
应付利息		
应付股利	2 728 667.05	2 728 667.05
其他应付款	66 048 900.35	65 277 341.78
一年内到期的非流动负债		
其他流动负债		
流动负债合计	583 906 108.52	673 457 739.48
非流动负债		
长期借款		
应付债券		

续表

项目	2015年12月31日	2014年12月31日
长期应付款		
长期应付职工薪酬		
其他非流动负债(递延收益)	37 838 450.20	42 388 821.63
递延所得税负债		
非流动负债合计	37 838 450.20	42 388 821.63
负债合计	621 744 558.72	715 846 561.11
股东权益		
股本	329 726 984.00	329 726 984.00
资本公积	39 293 005.35	41 922 073.58
其他综合收益	−9 583 541.52	−14 623 612.52
盈余公积	63 251 821.03	63 251 821.03
未分配利润	59 464 507.44	187 755 083.21
外币报表折算差额		
归属母公司股东权益合计	482 152 776.30	608 032 349.30
少数股东权益	120 145 513.10	120 749 953.70
股东权益合计	602 298 289.40	728 782 303.00
负债和股东权益总计	1 224 042 848.12	1 444 628 864.11

注:上述资料和报表数据来源于上海证券交易所中电广通(股票代码600764)2014年和2015年年报。

2015年度中电广通(股票代码:600764)公司的合并利润表如表7-2所示。

表7-2 合并利润表

编制单位:中电广通股份有限公司　　　　单位:人民币元

项目	2015年度	2014年度
	合并	合并
一、营业收入	409 163 405.23	718 950 384.45
二、减:营业成本	327 268 462.10	605 947 486.26
营业税金及附加	1 517 954.46	3 017 605.57
销售费用	13 839 192.18	14 768 952.18
管理费用	63 950 983.27	65 039 584.92
财务费用(加:收入)	27 654 069.92	36 494 268.46
资产减值损失	145 567 796.91	10 804 619.36
加:公允价值变动收益		
投资收益	46 543 371.84	30 799 612.36
其中:对联营和合营企业的投资损失	46 543 371.84	36 639 407.17
三、营业利润	−124 091 681.77	13 677 480.06
加:营业外收入	5 652 363.43	10 454 261.56
其中:非流动资产处置利得	55 672.87	221 918.39
减:营业外支出	197 539.71	1 808 718.72

续表

项目	2015 年度	2014 年度
	合并	合并
其中：非流动资产处置损失	47 539.71	764 590.53
四、利润总额	－118 636 858.05	22 323 022.90
减：所得税费用	2 825 733.09	4 135 161.27
五、净利润	－121 462 591.14	18 187 861.63
归属于母公司普通股股东净利润	－124 993 305.93	5 219 200.84
少数股东损益	3 530 714.79	12 968 660.79
六、其他综合收益的税后净额	5 102 177.38	1 047 250.93
归属母公司股东的其他综合收益的税后净额	5 040 071.00	1 077 442.84
（一）以后不能重分类进损益的其他综合收益		
1. 重新计量设定受益计划负债的变动		
（二）以后将重分类进损益的其他综合收益：	5 040 071.00	1 077 442.84
1. 权益法下在被投资单位以后将重分类进损益的其他综合收益中享有的份额	4 027 832.70	1 483 306.23
2. 可供出售金融资产公允价值变动损益		
3. 外币财务报表折算差额	1 012 238.30	－405 863.39
归属于少数股东的其他综合收益的税后净额	62 106.38	－30 191.91
七、综合收益总额	－116 360 413.76	19 235 112.56
归属于母公司普通股股东综合收益总额	－119 953 234.93	6 296 643.68
归属于少数股东的综合收益总额	3 592 821.17	12 938 468.88
八、每股收益(归属于母公司普通股股东)		
基本每股收益	－0.379	0.016
稀释每股收益	－0.379	0.016

注：上述资料和报表数据来源于上海证券交易所中电广通(股票代码 600764)2014 年和 2015 年年报。

面对中电广通所披露的上述资产负债表和利润表，如何选取相关数据，计算中电广通的股东权益报酬率？如何进一步分解股东权益报酬率？如何计算总资产报酬率和权益乘数？如何进一步分解总资产报酬率和权益乘数？如何计算营业净利率和总资产周转率？如此层层剖析，如何按照杜邦财务分析体系框架层层分解为各项收入、费用、负债和股东权益的各个明细项目，最终综合评价中电广通的财务状况和财务成果？

另外，除了杜邦财务分析法，是否还有其他方法能够综合评价中电广通的财务状况和财务成果？

本章的内容，就是通过一系列理论知识的学习与实践能力的培养，解决上述问题。

第一节　财务报表综合分析概述

企业是一个有机联系的整体，虽然以上各章分别从不同的角度对企业的财务状况和经营成果进行了具体研究，但财务分析的最终目的在于全方位地了解企业经营理财的状况，并借以对企业经济效益的优劣做出系统的、合理的评价。因此，在进行完偿债能力、营运能力和盈利能力等单个角度的分析之后，需要综合将相互关联的各种报表和财务能力指标联系在一起，从全局出发，进行全面、系统、综合的分析。

一、财务报表综合分析的含义

财务报表综合分析是在有关单项分析的基础上，借助于财务预算、财务会计报告等资料，将企业的偿债能力、营运能力、盈利能力和发展能力等方面的主要财务指标进行汇总反映，纳入到一个完整的系统之中，以便全面地对企业的经营状况、财务状况进行解剖和分析，从而对企业经济效益的优劣做出准确的评价，并编写出财务情况分析报告的一种专门方法。

理解财务综合分析，要注意以下几个方面：

第一，财务综合分析，是在进行完偿债能力、营运能力等各单项分析的基础上，进行的综合分析，因此，在进行财务综合分析前，应先进行各个单项分析。

第二，财务综合分析，是一个从总体到具体的解剖过程，在这个过程中，注意对相关指标的评价，以便找到挖掘的重点。

第三，财务综合分析，不仅仅分析财务指标，还可能涉及非财务指标，以全面对企业的经营状况做出评价。

二、财务报表综合分析的意义

财务综合分析的意义在于对企业使用资金的经济效果进行全面分析和综合评价，目的是保证企业生产经营活动的正常需要，同时又要节约、合理地使用资金。具体来说，表现在以下方面：

第一，通过财务综合分析，能全面分析财务预算的完成情况，评价企业的整体财务状况，提供较为系统、全面的财务信息资料，有利于做出恰当的决策。

企业的生产经营是一个有机的整体，财务分析的最终目的在于全面地、准确地、客观地揭示企业财务状况和经营情况，并借以对企业经济效益优劣做出合理的评价。显然，要达到这样一个分析目的，仅仅只测算几个简单的、孤立的财务比率，或者将一些孤立的财务分析指标垒在一起，彼此毫无联系地考察，是不可能得出合理、正确的综合性结论的，因此，在进行财务分析时，应该将企业的经营状况看作一个系统，内部各种因素都是相互依存、相互作用的，财务分析者必须对整个系统进行综合分析。

第二，财务综合分析有利于把握企业财务的全面状况，而不会将精力只局限于个别的具体问题上。因为财务综合分析强调一定要抓住主要指标，只有抓住主要指标，才能抓住影响企业财务状况的主要矛盾，在主要财务指标分析的基础上再对辅助指标进行分析，才能分析透彻、准确、详尽，各主辅指标功能应相互协调匹配。

第三，财务综合分析通过几种主要财务指标之间的关系，能直观、明了地反映出企业的财务状况及经营成果，还可以帮助确定使权益报酬率等达到预定目标的途径和方法。

总之，只有进行财务综合分析，将企业偿债能力、营运能力、盈利能力及发展趋势等各项分析指标有机地联系起来，作为一套完整的体系，相互配合使用，做出系统地综合评价，才能从总体意义上把握企业财务状况和经营情况的优劣。

三、财务报表综合分析的方法

财务报表综合分析方法有很多，主要有杜邦财务分析法、沃尔评分法及平衡计分卡法等。

这几种方法，本章后面会做进一步的阐述与运用。

作为研究方法之一，财务报表综合分析方法与其他的研究方法一样，不能只重视定性分析，忽视定量分析；另一方面，也不要把定量分析搞成公式罗列和烦琐计算，而是应从实际需要出发，灵活地运用各种方法，将定量分析和定性分析相结合。

在应用财务综合分析的相关方法时，首先，应注意既要重视经济效益，也要重视社会效益，必须把企业的直接经济效益和对社会的贡献程度统一商量来考察和评价；其次，在进行综合评价时，必须将企业的微观经济效益同宏观经济效益联系起来，在保证宏观经济效益得以提高的前提下，判断微观经济效益的大小；第三，把短期效益和长期效益统一起来，有时短期效益可能是不明显的，但从长远看，未来可能获得更大的经济效益。

因此，在进行综合评价时，必须着眼于长期效益的提高，重视考察企业经济效益的变化前景。

第二节　杜邦财务分析法

企业的财务状况是一个完整的系统，这个系统内部的各个因素是相互依存、相互作用的，财务分析需要深入了解企业财务状况内部的各项因素的变动，这样才能较全面地揭示企业财务状况的全貌。而杜邦分析法，就是利用各主要财务比率之间的内在联系来综合分析企业财务状况的方法。

一、杜邦财务分析法的含义

杜邦财务分析体系，亦称杜邦财务分析法，简称杜邦分析法(DuPont-analysis)，由美国杜邦公司首创，是从财务角度评价公司盈利能力和股东权益回报水平，评价企业绩效的经典方法。

杜邦分析法，从评价企业的净资产收益率出发，利用各主要财务比率指标间的内在有机联系，将指标层层分解，形成一个完整的指标体系，揭示指标变动的原因和趋势，使分析者对企业财务情况的分析有一个全局的视野，满足分析者全面分析和评价企业财务能力和经营绩效的需要。

杜邦分析法的核心是根据各主要财务比率指标之间的内在联系，建立财务分析指标体系，综合分析企业财务状况。采用这一方法，将反映企业盈利状况的总资产净利率、反映资产营运状况的总资产周转率和反映偿债能力状况的资产负债率按内在联系有机结合起来，并将这些比率进一步分解为多项财务指标，使财务比率分析的层次清晰、因果关系明确，为报表分析者全面仔细地了解企业的经营和盈利状况提供方便。在指标层层分解的基础上，再结合财务分析的其他方法，可以对影响净资产收益率的原因做出深入的揭示。

杜邦分析法有助于企业管理层更加清晰地看到影响净资产收益率的各种因素，为管理层提供了一张明晰的考察公司资产管理效率，争取实现股东投资回报最大化的路线图。

二、杜邦财务分析体系框架

企业的财务状况是一个完整的系统，内部各因素是相互依存、相互作用的，任何一个因素的变动都会引起企业整体财务状况的改变。财务分析者必须深入了解企业财务状况内部的各项因素及其相互关系，才能较全面地揭示企业财务状况的全貌。

杜邦财务分析体系的框架，可以用图 7-1 来表示。

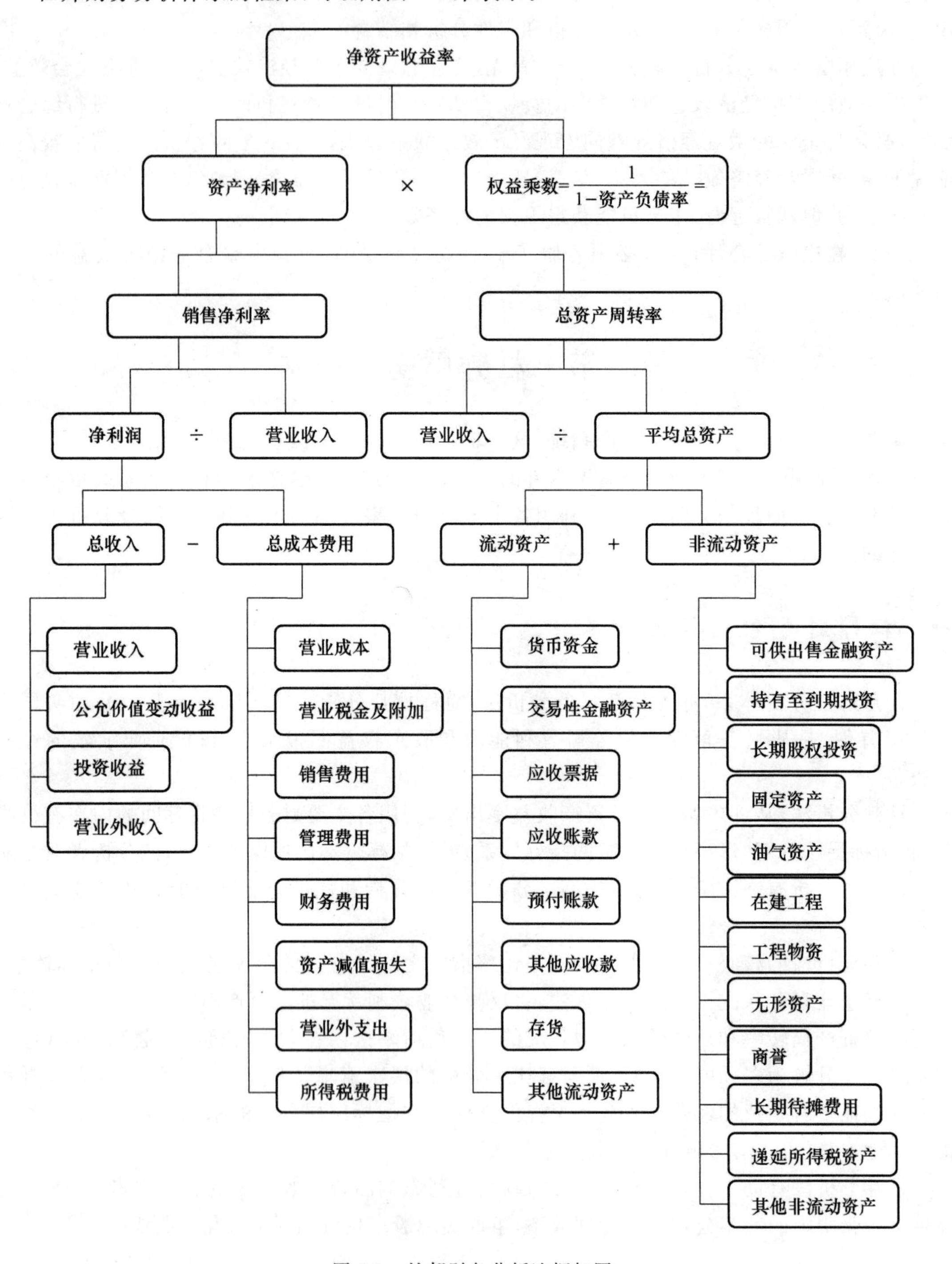

图 7-1　杜邦财务分析法框架图

上述杜邦财务分析体系主要反映了以下几种主要的财务比率关系。

(一) 净资产收益率与资产净利率及权益乘数之间的关系

$$净资产收益率=总资产净利率\times权益乘数$$

$$权益乘数=\frac{平均总资产}{平均净资产}=\frac{1}{1-平均资产负债率}$$

(二)总资产净利率与销售净利率及资产周转率之间的关系

$$总资产净利率=销售净利率\times资产周转率$$

$$销售净利率=\frac{净利润}{销售收入}$$

$$资产周转率=\frac{销售收入}{平均资产总额}$$

三、杜邦财务分析法的思路

杜邦财务分析是一个层层分解的系统,需要按照以下思路进行分析:

第一,净资产收益率是综合性最强的财务指标,是企业综合财务分析的核心。这一指标反映了投资者的投入资本获利能力的高低,能体现出企业经营的目标。从企业财务活动和经营活动的相互关系上看,净资产收益率的变动取决于企业商品经营、资产经营和资本经营的效率。所以净资产收益率是企业财务活动效率和经营活动效率的综合体现。

第二,销售净利率是反映企业商品经营盈利能力最重要的指标,是企业商品经营的结果,也是实现净资产收益率最大化的业务保证。企业从事商品经营,目的在于获利。企业获利的途径从经营层面上看只有两条:一是扩大营业收入;二是降低成本费用。

第三,总资产周转率是反映企业资产营运能力最重要的指标,是企业资产经营的结果,也是实现净资产收益率最大化的物质基础。企业总资产由流动资产和非流动资产组成。资产构成是否合理、营运效率的高低是企业资产经营的核心,并最终影响到企业的经营业绩。

第四,权益乘数既是反映企业资本结构的指标,也是反映企业筹资活动的结果。它对提高净资产收益率起到杠杆作用。因此,权益乘数也叫财务杠杆,它会放大其他指标的影响作用。适度开展负债经营,合理安排资本结构,可以提高净资产收益率。

四、杜邦财务分析法的应用分析

【例 7-1】以中国联通为例,根据表 3-2 的资产负债表和表 4-2 的利润表的数据,运用杜邦财务分析方法,对中国联通进行综合财务分析。

表 7-3　中国联通杜邦分析比率表

单位:百万元

项目	2015 年度	2014 年度	2013 年度	2012 年度	2011 年度	2010 年度
净资产收益率①=②×③ 或①=③×④×⑤	4.49%	5.30%	4.74%	3.34%	2.01%	3.53%

续表

项目	2015 年度	2014 年度	2013 年度	2012 年度	2011 年度	2010 年度
总资产报酬率②=④×⑤	1.80%	2.22%	1.96%	1.44%	0.93%	0.85%
权益乘数③$=\frac{1}{1-⑥}$	2.63	2.38	2.40	2.44	2.20	2.13
销售净润率④	3.77%	4.15%	3.39%	2.74%	1.94%	2.08%
总资产周转率⑤	0.48	0.54	0.58	0.52	0.48	0.41
资产负债率⑥	61.96%	57.90%	58.29%	59.06%	54.50%	53.06%

注:各项比率的计算见第三章和第四章,本章不予列出。

根据表 7-3 可以分析如下:

(1) 分解出来的销售净利率和总资产周转率,可以反映企业的经营战略。一些企业销售净利率较高,而总资产周转率较低;两者经常呈反方向变化,这种现象不是偶然的。为了提高销售净利率,就要增加产品的附加值,往往需要增加资产的投入,这会引起总资产周转率的下降。与此相反,为了加快资产的周转,尤其是流动资产的周转,就要降低销售价格,引起销售净利率下降。通常,销售净利率较高的制造业,其周转率都较低;周转率很高的零售商业,销售净利率可能较低。采取"高盈利、低周转"还是"低盈利、高周转"的方针,是企业根据外部环境和自身资源做出的战略选择。正因为如此,仅仅根据销售净利率的高低并不能看出业绩好坏,把它与总资产周转率联系起来,就可以考察企业经营战略。真正重要的是,两者共同作用而得到的资产净利率,可以反映管理者运用受托资产获得利润的业绩,是一项很重要的盈利能力。

中国联通 2010—2015 年的净资产收益率分别为 3.53%、2.01%、3.34%、4.74%、5.3%和 4.49%,销售净利率分别为 2.08%、1.94%、2.74%、3.39%、4.15%和 3.77%,总资产周转率分别为 0.41、0.48、0.52、0.58、0.54 和 0.48,权益乘数分别为 2.13、2.20、2.44、2.40、2.38 和 2.63,由此可以看出,近六年来中国联通的总资产周转率并不高,而每个年度的净资产收益率大于销售净利率,这说明较高的净资产收益率主要是由财务杠杆(即权益乘数)带来的。

(2) 分解出来的财务杠杆可以反映企业的财务政策。在资产净利率不变的情况下,提高财务杠杆可以提高净资产收益率,但同时也会增加财务风险。一般而言,资产净利率较高的企业,财务杠杆较低,反之亦然。这种现象也不是偶然的,可以设想,为了提高净资产收益率,企业倾向于尽可能提高财务杠杆,但是,贷款提供者不一定会同意这种做法。贷款提供者不分享超过利息的收益,更倾向于为预期未来经营现金流量比较稳定的企业提供贷款。

中国联通的权益乘数分别为 2.13、2.20、2.44、2.40、2.38 和 2.63,总资产报酬率分别为 0.85%、0.93%、1.44%、1.96%、2.22%和 1.8%,说明中国联通的总资产报酬率并不高,而净资产收益率大于资产净利率,这说明较高的净资产收益率同样是由财务杠杆(即权益乘数)带来的。

由此可见,中国联通可以将企业收益能力的提高与现金流量管理结合起来。为了稳定现金流量,企业的一种选择是降低价格以减少竞争,另一种选择是增加营运资本以防止现金流中断,这都会导致资产净利率下降。这就是说,为了提高流动性,只能降低盈利性。因此,实务中我们经常看到的是,经营风险低的企业可以得到较多的贷款,其财务杠杆较高;经营风险高的企业,只能得到较少的贷款,其财务杠杆较低。资产净利率与财务杠杆呈现负相关关系,共同决定了企业的净资产收益率。企业必须使其经营战略和财务政策相匹配。

第三节　沃尔评分法

沃尔评分法在实践中有着非常广泛的应用。就我国来说，各部委就颁布了一系列的综合评价体系。虽然这些综合评价体系的财务比率在不断创新，标准在不断变化，结构在不断调整，计分方法在不断修正，考虑的因素也越来越周全，但始终没有脱离沃尔评分法的基本思想。因此，掌握沃尔评分法的基本体系和方法，显得尤为重要。

一、沃尔评分法的含义

沃尔评分法，是通过对选定的多项财务比率进行评分，然后计算综合得分，并据此评价企业的综合财务状况的一种方法。由于创造这种方法的先驱者之一是亚历山大·沃尔，因此被称作沃尔评分法。

二、沃尔评分法体系框架

（一）沃尔评分法框架雏形

20 世纪初，美国学者亚历山大·沃尔把若干个财务比率用线性关系结合起来，以此评价企业的信用水平，这一方法能够判断所计算出来的财务比率，是偏高还是偏低。

亚历山大·沃尔选择了 7 个财务比率，分别给定各个比率在 100 分的总分中所占的分数，即权重，然后确定各个比率的标准值，并用比率的实际值与标准值相除得到的相对值乘以权重，计算出各项比率的得分，最后将 7 个比率的得分加总得到总分，即信用能力指数，这就是沃尔评分法的雏形。

沃尔评分法的雏形如表 7-4 所示。

表 7-4　沃尔评分法理论框架雏形

财务比率	权重	标准值	实际值	相对值	评分
	①	②	③	④=③÷②	⑤=①×④
流动比率	25	2			
净资产/负债	25	1.5			
资产/固定资产	15	2.5			
销售成本/存货	10	9			
营业收入/应收账款	10	6			
营业收入/固定资产	10	4			
营业收入/净资产	5	3			

随着社会经济的发展，虽然沃尔评分法的理论框架指标体系在不断丰富完善，但原始的沃尔评分法为综合评价企业的财务状况提供了一个非常重要的思路。

(二)我国应用沃尔评分法的框架体系

沃尔评分法在实践中有着非常广泛的应用。以我国为例,20 世纪 90 年代以来,各部委颁布了一系列的综合评价体系。

其中,涉及工业企业的业绩评价标准为:1999 年 6 月 1 日,财政部、国家经贸委、人事部、原国家计委联合印发了《国有资本绩效评价规则》和《国有资本金绩效评价操作细则》,对国有企业业绩评价进行了重新规范,这个评价体系分为工商企业和金融企业两类,工商企业又分为竞争性企业和非竞争性企业两类。工商类竞争性企业绩效评价指标体系如表 7-5 所示。

表 7-5　工商类竞争性企业绩效评价指标体系

内容	权重	基本指标	权重	修正指标	权重	专家评议指标	权重
财务效益状况	42	净资产收益率	30	资本保值增值率	16	领导班子基本素质	20
		总资产收益率	12	销售利润率	14	产品市场占有率	18
				成本费用利润率	12	基础管理比较水平	20
资产运营状况	18	总资产周转率		存货周转率	4	在岗员工素质状况	12
		流动资产周转率		应收账款周转率	4	技术装备更新能力	10
				不良资产比率	6	行业区域影响力	5
				资产损失比率	4	行业经营发展策略	5
偿债能力状况	22	资产负债率	12	流动比率	6	长期发展能力预测	10
		已获利息倍数	10	速动比率	4		
				现金流动负债率	4		
				长期资产适合率	5		
				经营亏损挂账率	3		
发展能力状况	18	销售增长率	9	总资产增长率	7		
		资本积累率	9	固定资产更新率	5		
				三年平均利润增长率	3		
				三年平均资本增长率	3		
合计	100		100		100		100

资料来源:财政部《国有资本金绩效评价规则》,国务院公告,1999 年,第 1 599-1 607 页。

三、沃尔评分法分析程序

运用沃尔评分法对企业财务状况进行分析的程序如下。

1. 选择财务比率

在选择财务比率时要注意:所选择的比率要具有全面性、代表性和方向的一致性。就全面性来说,反映偿债能力、营运能力和盈利能力的指标都应包括在内;就代表性来说,要选择那些典型的、重要的财务比率;就方向一致性来说,财务比率增大说明财务状况改善,财务比率减小说明财务状况恶化。

2. 确定各项财务比率的权重

根据各项比率指标的重要程度，确定其评分值，各项比率指标的评分值之和应等于100。分配的标准是各个比率的重要程度，对越重要的比率分配的权重越高。对各个比率重要程度的判断，应结合企业的经营状况、管理要求、发展趋势等具体情况而定。一般而言，盈利能力、偿债能力和发展能力之间的比例可按5∶3∶2来分配比重。

3. 确定各项比率指标的标准值

财务比率指标的标准值是指该指标在本企业现时条件下的最理想的数值，即最优值。标准值可以是企业的历史水平，可以是竞争企业的水平，也可以是同行业的平均水平。比较常用的是同行业的平均水平。

4. 计算企业在一定时期各项比率指标的实际值

利用相关的财务数据计算各个企业的财务比率的实际值。

5. 计算各个财务比率的得分

计算财务比率得分的方法有很多，其中最常见的是用实际值除以标准值得到一个相对值，再用这个相对值乘以权重得到该比率的得分。

6. 求得各项比率指标的综合得分及其合计数

一般而言，如果以同行业平均值作为标准值，综合评分合计数若为100或接近100，表明其财务状况接近行业的平均水平；企业的综合得分若明显超过100分，说明企业的综合财务状况优于行业的平均水平；相反，企业的综合得分如果明显低于100分，则说明企业的综合财务状况较差，应积极采取措施加以改善。

四、沃尔评分法的应用分析

【例7-2】以中国联通为例，根据本书前几章所计算的偿债能力、营运能力和盈利能力等指标，选取相关财务比率如下，运用沃尔评分法对中国联通进行综合评价分析。

(1) 先确定中国联通综合评价的财务比率

根据第三章、第四章对中国联通偿债能力、营运能力和盈利能力指标的计算机分析，选取以下13个比率作为评价中国联通的财务比率。其中，偿债能力比率包括流动比率、速动比率、产权比率和资产负债率；营运能力比率包括应收账款周转率、存货周转率、流动资产周转率、固定资产周转率和总资产周转率；盈利比率包括净资产报酬率、总资产报酬率、营业净利率、每股现金流量。具体如表7-6所示。

表7-6　中国联通财务状况综合评价表(2015年)

财务比率	权重	标准值	实际值	相对值	评分
	①	②	③	④=③÷②	⑤=①×④
偿债能力	30				20.33
流动比率	8	2.27	0.18	0.08	0.63
速动比率	8	2.13	0.17	0.08	0.64
产权比率	8	1.17	1.63	1.39	11.15
资产负债率	6	0.47	0.62	1.32	7.91

续 表

财务比率	权重	标准值	实际值	相对值	评分
	①	②	③	④=③÷②	⑤=①×④
营运能力	20				22.54
应收账款周转率	2	13.53	16.57	1.22	2.45
存货周转率	3	32.64	49.9	1.53	4.59
流动资产周转率	2	1.81	4.76	2.63	5.26
固定资产周转率	3	3.52	0.76	0.22	0.65
总资产周转率	10	0.5	0.48	0.96	9.60
盈利能力	50				200.31
净资产报酬率	14	0.01	0.04	4.00	56.00
总资产报酬率	12	0.004 2	0.02	4.76	57.14
营业净利率	12	0.01	0.04	4.00	48.00
每股现金流量	12	1.29	4.21	3.26	39.16
合计	100				243.18

注:①权重的确定:盈利能力、偿债能力和营运能力,按照财务评价的一般分配比例 5∶3∶2 进行分配。

②表中“标准值”根据 6 家公司 2015 年的数据计算得到的行业平均值。这六家公司为前文所选取的中国联通、中电广通、广电网络、歌华有线、大唐电信、号百控股,具体计算过程见表 7.3～表 7.9;另外,营运能力指标的行业平均值见第三章,“每股现金流量”的行业平均值见第四章,本章不予列出。

③表中“实际值”为中国联通 2015 年各项比率的数值,具体计算过程见第三章和第四章,本章不予列出。

(2) 确定所选取的中国联通的各项财务比率的权重

根据第三章和第四章所分析的各项比率指标的重要程度,确定其评分值,由于最终评价企业经营成果的指标,盈利能力指标最有代表性,而偿债能力是中国联通一直需要面对的问题,因此,按照一般财务综合分析评价的比例,并结合中国联通的经营状况、管理要求、发展趋势,按照 5∶3∶2 来分配盈利能力、偿债能力和发展能力的权重,具体见表 7-6 第二列“权重②”。

(3) 确定所选取的中国联通各项财务比率指标的标准值

由于财务比率指标的标准值,比较常用的是选取同行业的平均水平。因此,本教材继续沿用第三章所选取的 6 家公司的数据,并根据相关数据计算平均值,作为标准值。各项财务比率的平均值计算如下,并将结果填在表 7-6 中,见表 7-6 第三列“标准值②”。

表 7-7　同行业 6 家公司流动比率行业平均值(2015 年)

单位:人民币元

项目	中国联通	中电广通	广电网络	歌华有线	大唐电信	号百控股	行业平均值
流动资产合计	59 758	604	937	8 046	8 255	2 573	13 362
流动负债合计	338 198	584	2 769	1 241	5 944	615	58 225
流动比率	0.18	1.04	0.34	6.48	1.39	4.18	2.27

注:表中数据,根据 2015 年 6 家公司在上海证券交易所披露的年报数据计算,下同。

表 7-8　同行业 6 家公司速动比率行业平均值(2015 年)

单位:百万元

项目	中国联通	中电广通	广电网络	歌华有线	大唐电信	号百控股	行业平均值
流动资产合计	59 758	604	937	8 046	8 255	2 573	13 362
流动负债合计	338 198	584	2 769	1 241	5 944	615	58 225
存货	3 946	138	130	162	2 060	20	1 076
速动比率	0.17	0.80	0.29	6.35	1.04	4.15	2.13

表 7-9　同行业 6 家公司产权比率行业平均值(2015 年)

单位:百万元

项目	中国联通	中电广通	广电网络	歌华有线	大唐电信	号百控股	行业平均值
负债合计	381 273	622	3 453	2 488	9 456	618	66 318
股东权益合计	234 046	602	1 958	11 533	4 339	3 071	42 592
产权比率	1.63	1.03	1.76	0.22	2.18	0.20	1.17

表 7-10　同行业 6 家公司资产负债率行业平均值(2015 年)

单位:百万元

项目	中国联通	中电广通	广电网络	歌华有线	大唐电信	号百控股	行业平均值
负债合计	381 273	622	3 453	2 488	9 456	618	66 318
资产总计	615 319	1 224	5 411	14 021	13 795	3 689	108 910
资产负债率	0.62	0.51	0.64	0.18	0.69	0.17	0.47

表 7-11　同行业 6 家公司净资产收益率行业平均值(2015 年)

单位:百万元

项目	中国联通	中电广通	广电网络	歌华有线	大唐电信	号百控股	行业平均值
净利润①	10 434	－121	132	673	45	54	1 870
年初净资产②	230 328	729	1 843	6 295	4 271	3 037	41 084
年末净资产③	234 046	602	1 958	11 533	4 339	3 071	42 592
平均净资产④＝(②＋③)÷2	232 187	666	1 900	8 914	4 305	3 054	41 838
净资产收益率⑤＝①÷④	0.04	－0.18	0.07	0.08	0.01	0.02	0.01

表 7-12　同行业 6 家公司总资产报酬率行业平均值(2015 年)

单位:百万元

项目	中国联通	中电广通	广电网络	歌华有线	大唐电信	号百控股	行业平均值
净利润①	10 434	－121	132	673	45	54	1 870
总资产期初余额②	547 125	1 445	5 118	10 454	13 965	3 733	96 973
总资产期末余额③	615 319	1 224	5 411	14 021	13 795	3 689	108 910
总资产平均余额④＝(②＋③)÷2	581 222	1 334	5 264	12 237	13 880	3 711	102 941
总资产报酬率⑤＝①÷④	0.02	－0.09	0.03	0.05	0.00	0.01	0.004 2

表 7-13　同行业 6 家公司营业净利率行业平均值(2015 年)

单位:百万元

项目	中国联通	中电广通	广电网络	歌华有线	大唐电信	号百控股	行业平均值
净利润①	10 434	−121	132	673	45	54	1 870
营业收入②	277 049	409	2 387	2 568	8 603	3 381	49 066
营业净润率③＝①÷②	0.04	−0.30	0.06	0.26	0.01	0.02	0.01

(4) 计算中国联通 2015 年度各项比率指标的实际值

中国联通的偿债能力、营运能力和盈利能力各项财务比率的计算,具体计算过程见第三章和第四章,本章不予列出;计算结果填列在表 7-6“实际值③”。

(5) 计算中国联通各个财务比率的得分

用表 7-6 中的“实际值③”除以“标准值②”得到“相对值④”,再用“相对值④”乘以“权重①”得到该比率的“评分⑤”。

(6) 求得中国联通各个比率指标的综合得分及其合计数

将表 7-6 第 5 列各财务比率“评分⑤”相加,得出中国联通的综合得分。

根据表 7-6,中国联通的综合得分为 243.18,远远大于 100,说明中国联通的综合财务状况优于行业平均水平。

第四节　平衡计分卡法

平衡计分卡是一种战略管理工具。它不仅涉及财务指标,还涉及非财务指标,具体包括财务、顾客、业务流程、学习与成长等方面,由于财务指标只是其中的一部分,所以该指标不仅应用在财务领域,更应用于其他管理领域。由于该方法涉及财务综合分析,因此,有必要了解该方法是一种什么样的评价方法,它的理论体系如何,以及如何运用该方法进行财务综合分析。

一、平衡计分卡的含义

平衡计分卡是一套能使高层经理快速而又全面地考察企业的业绩评价的系统,它从四个角度审视自身业绩,即财务、顾客、业务流程、学习与成长。其中,财务是最终目的,顾客是关键,业务流程是基础,学习与成长是核心。

平衡计分卡的平衡主要表现为企业财务指标与非财务指标的平衡,长期目标与短期目标的平衡,企业目标与员工个人目标的平衡,外部环境与内部管理的平衡。平衡计分卡中的目标和评估指标来源于组织战略,它把组织的使命和战略转化为有形的目标和衡量指标,从上至下逐级分解,使员工的个人目标与组织战略目标有机结合起来。

二、平衡计分卡的体系框架

平衡计分卡建立了财务指标和非财务指标相结合的业绩评价指标体系,强调企业从整体上考虑营销、生产、研发、财务、人力资源等部门之间的协调统一,而不再将它们割裂开来;以实现企业的整体目标为导向，强调整体最优，全面地考虑了各利益相关者，强调企业要从长期和短期、结果和过程等多个视野来思考问题。因此，平衡计分卡评价系统从财务、顾客、业务流程、学习与成长这四个方面对企业进行全方位的测评和综合分析。

从财务角度看，财务评价系统是其他几个衡量方面的出发点和落脚点，从财务目标开始，然后将它们同其他方面和一系列行动相联系，最终实现长期经营目标。

从顾客角度看，平衡计分卡认为，在买方市场下，如何吸引客户、如何让客户满意，对企业的生存和发展至关重要，因此，需要评价客户满意度，并把使客户满意作为企业努力的目标，并把这一目标转化为实际的行动。

从业务流程看，平衡计分卡所界定的流程是以销定产式，常常要创造新的流程，在这个流程过程中，信息管理系统的应用在帮助管理者将总体目标分解到基层的过程中扮演了极为重要的角色。

从学习与成长看，学习与成长部分的绩效评价指标是为了衡量企业的长期发展潜力，其关键的因素包括雇员能力、信息系统、组织程序等，平衡记分卡制度强调对未来进行投资的重要性，即企业必须对员工、信息系统和组织程序进行大量投资。

平衡计分卡认为使用财务指标设计激励机制将导致企业行为短期化，追求局部利益最优而忽视企业整体利益最优。因而，平衡计分卡引入了非财务指标，这些指标有的来自企业内部，有的来自企业外部，非财务指标超出了会计信息系统的“势力”范围，尤其是市场占有率、顾客满意度等外部数据的获取更对企业的管理信息系统提出了挑战。平衡计分卡以相关者利益最大化为目标，设计了多种类别的评价指标。基于这种设计思路，在实际应用时可根据组织类型的不同，灵活地调整指标类别。

三、平衡计分卡法的分析程序

由于平衡计分卡是从财务、顾客、业务流程和学习与成长四个方面进行综合分析评价自身成长的，因此，在进行平衡计分卡分析时，按照上述四个方面选取相关指标，并从上述四个方面进行分析。

从财务角度看，财务指标显示了公司的战略及其执行是否有助于利润的增加，典型的财务指标包括营业收入增长率、资本报酬率、现金流量。

从顾客角度看，顾客所关心的事情有：时间、质量、性能、服务和成本，这些指标应能真正反映与顾客有关的因素，包括顾客满意程度、顾客保持程度、新顾客的获得、顾客盈利能力、市场占有率、重要顾客的购买份额等。

从业务流程看，生产业务流程与组织的研发、生产、售后服务密不可分，经理必须从内部价值链分析入手，对企业内部进行考察。典型的指标包括影响新产品引入、周转期、质量、雇员技能和生产率的各种因素。

从学习与成长看，只有通过持续不断地开发新产品，为顾客提供更多价值并提高经营效率，公司才能打入新市场，增加收入和利润，才能壮大发展，从而增加股东价值。典型的指标包括开发新产品所需时间、产品成熟过程所需时间、销售比重较大的产品的百分比、新产品上市时间等。

运用平衡计分卡进行财务综合分析的基本程序如下：

第一，定义企业的发展战略。由于平衡计分卡所考察的四个方面，均与企业战略密切相关，因此，定义企业的发展战略，是设计一个好的平衡计分卡进行财务综合分析的基础。

第二，选择和设计需要测评的指标。在设计指标时，需要选择能够体现企业发展战略和长远规划的，对企业有较大影响的重要指标，一般不宜采取过多的指标，每一个方面使用3～4个指标就足够了。

第三，制订切实可行的计划。平衡计分卡所涉及的指标，与企业各层次的管理人员均有关系，因此，要求各层次的管理人员均参与测评，并做好企业的数据库和管理信息系统的工作。

第四，做好监测和反馈。平衡计分卡的目的，是被用作战略规划、目标制订以及资源配置过程的依据之一，作为决策的依据，应该不断地监测和反馈，使财务分析具有动态性，这样才有助于企业适应竞争激烈的市场经济。因此，每隔一定时间就要向最高主管人报告测评情况，在认为已经达到目标时，就要设定新的目标或对原有目标设定新的指标。

本章知识点小结

本章主要讲授财务报表的综合分析，需要掌握的核心知识点梳理如下。

1. 财务报表综合分析方法主要有三种

(1) 杜邦财务分析法

(2) 沃尔评分法

(3) 平衡计分卡法

2. 杜邦财务分析法的基本公式

(1) 净资产收益率＝总资产净利率×权益乘数

(2) 总资产净利率＝销售净利率×资产周转率

3. 沃尔评分法的分析程序

(1) 选择财务比率。所选择的比率要具有全面性、代表性和方向的一致性。

(2) 确定各项财务比率的权重。根据各项比率指标的重要程度，确定其评分值，各项比率指标的评分值之和应等于100。一般认为，盈利能力、偿债能力和发展能力之间的比例可按5∶3∶2来分配比重。

(3) 确定各项比率指标的标准值。标准值可以是企业的历史水平，可以是竞争企业的水平，也可以是同行业的平均水平，比较常用的是同行业的平均水平。

(4) 计算企业在一定时期各项比率指标的实际值。

(5) 计算各个财务比率的得分。最常见的是用实际值除以标准值得到一个相对值，再用这个相对值乘以权重得到该比率的得分。

(6) 求得各项比率指标的综合得分及其合计数。综合评分合计数如果为100或接近100，表明其财务状况接近行业的平均水平；企业的综合得分如果明显超过100分，则说明企业的综合财务状况优于行业的平均水平；相反，企业的综合得分如果明显低于100分，则说明企业的综合财务状况较差，应积极采取措施加以改善。

思考与练习

一、填空题

1. 财务综合分析方法有很多，其中主要有________________、沃尔评分法及平衡计分卡法等________________。

2. ＿＿＿＿＿是通过对选定的多项财务比率进行评分，然后计算综合得分，并据此评价企业的综合财务状况的一种方法。

二、单选题

1. 沃尔评分法中，根据各项比率指标的重要程度，确定其评分值，各项比率指标的评分值之和应等于(　　)。

A. 50　　B. 100　　C. 150　　D. 200

2. 应用沃尔评分法，确定各项比率指标的标准值时，最常用的是采用(　　)作为标准值。

A. 企业的历史水平　　B. 竞争企业的水平

C. 同行业的平均水平　　D. 企业当年的水平

3. 应用沃尔评分法，如果以同行业平均值作为标准值，求得的综合得分为100或者接近100，表明(　　)。

A. 表明该企业的财务状况接近行业的平均水平

B. 表明该企业的财务状况优于行业的平均水平

C. 表明该企业的财务状况低于行业的平均水平

D. 表明该企业的财务状况与同行业的平均水平没有可比性

4. 应用沃尔评分法，如果以同行业平均值作为标准值，求得的综合得分高于100，表明(　　)。

A. 表明该企业的财务状况接近行业的平均水平

B. 表明该企业的财务状况优于行业的平均水平

C. 表明该企业的财务状况低于行业的平均水平

D. 表明该企业的财务状况与同行业的平均水平没有可比性

5. 应用沃尔评分法，如果以同行业平均值作为标准值，求得的综合得分低于100，表明(　　)。

A. 表明该企业的财务状况接近行业的平均水平

B. 表明该企业的财务状况优于行业的平均水平

C. 表明该企业的财务状况低于行业的平均水平

D. 表明该企业的财务状况与同行业的平均水平没有可比性

三、多选题

1. 杜邦财务分析法的基本公式包括(　　)。

A. 总资产净利率＝销售净利率×资产周转率

B. 总资产净利率＝销售净利率×资产周转率

C. 净资产收益率＝总资产净利率×权益乘数

D. 净资产收益率＝总资产净利率×权益乘数

2. 应用沃尔评分法，确定各项比率指标的标准值，可以选取以下(　　)值，作为标准值。

A. 企业的历史水平　　B. 竞争企业的水平

C. 同行业的平均水平　　D. 企业当年的水平

3. 平衡计分卡法，是一种战略管理工具，主要从以下(　　)方面考察企业。

A. 财务　　B. 顾客

C. 业务流程　　D. 学习与成长

四、案例分析题

(一) 案例背景资料

承接第三章陕西广电网络传媒(集团)股份有限公司的案例背景资料。

(二) 案例资料

1. 公司的合并资产负债表如题表7-1所示。

题表7-1　合并资产负债表

编制单位：陕西广电网络传媒(集团)股份有限公司　　单位：元　　币种：人民币

项目	2015年12月31日	2014年12月31日
流动资产		
货币资金	295 946 497.35	313 056 454.65
以公允价值计量且其变动计入当期损益的金融资产		
应收票据		700 000.00
应收账款	119 163 299.78	101 767 077.90
预付款项	105 191 526.02	78 108 622.14
应收利息		
应收股利		
其他应收款	23 798 073.50	27 764 486.06
存货	130 390 562.96	118 688 165.87
划分为持有待售的资产		
其他流动资产	262 887 256.99	172 447 479.72
流动资产合计	937 377 216.60	812 532 286.34
非流动资产		
可供出售金融资产	16 000 000.00	13 000 000.00
长期股权投资	26 909 126.11	27 315 950.47
长期应收款		
固定资产	3 597 852 849.65	3 426 852 773.23
在建工程	517 376 399.00	543 263 216.80
固定资产清理	15 814.58	75 518.38
工程物资		
无形资产	91 984 477.57	68 215 632.39
开发支出		
长期待摊费用	221 670 867.15	226 336 776.17
递延所得税资产	1 424 019.36	761 423.94
其他非流动资产		
非流动资产合计	4 473 233 553.42	4 305 821 291.38
资产总计	5 410 610 770.02	5 118 353 577.72
流动负债		

续表

项目	2015年12月31日	2014年12月31日
短期借款	620 000 000.00	460 000 000.00
应付短期债券		
应付票据		
应付账款	932 691 846.63	863 462 287.22
预收款项	954 515 650.94	985 020 311.71
应付职工薪酬	109 589 764.82	100 015 122.88
应交税费	16 550 569.60	10 609 039.24
应付利息	9 000 000.00	9 000 000.00
应付股利	1 079 352.36	997 473.94
其他应付款	65 858 534.66	45 743 942.00
一年内到期的非流动负债	60 000 000.00	60 000 000.00
其他流动负债		
流动负债合计	2 769 285 719.01	2 534 848 176.99
非流动负债		
长期借款	375 000 000.00	435 000 000.00
应付债券	298 735 507.65	297 950 505.91
长期应付款		
长期应付职工薪酬		
预计负债	8 366 275.00	8 022 295.00
其他非流动负债(递延收益)	1 202 075.00	
递延所得税负债		
非流动负债合计	683 303 857.65	740 972 800.91
负债合计	3 452 589 576.66	3 275 820 977.90
股东权益		
股本	563 438 537.00	563 438 537.00
资本公积	432 859 976.01	432 859 976.01
其他综合收益		
盈余公积	91 924 582.27	80 667 885.89
未分配利润	818 574 148.17	713 505 592.26
外币报表折算差额		
归属母公司股东权益合计	1 906 797 243.45	1 790 471 991.16
少数股东权益	51 223 949.91	52 060 608.66
股东权益合计	1 958 021 193.36	1 842 532 599.82
负债和股东权益总计	5 410 610 770.02	5 118 353 577.72

注:案例资料和报表数据来源为上海证券交易所广电网络(股票代码:600831)2015年年报。

2. 公司的合并利润表如题表 7-2 所示。

题表 7-2 合并利润表

编制单位：陕西广电网络传媒(集团)股份有限公司　　单位：人民币元

项目	2015 年度	2014 年度
一、营业收入	2 386 860 188.20	2 298 132 690.49
二、减：营业成本	1 560 270 476.47	1 494 563 351.29
营业税金及附加	8 788 099.35	20 360 716.88
销售费用	260 205 486.33	258 566 848.36
管理费用	358 229 401.73	321 353 554.00
财务费用(加：收入)	76 085 091.04	76 383 978.60
资产减值损失	6 656 455.93	3 664 781.81
加：公允价值变动收益		
投资收益	4 949 934.89	7 979 172.66
其中：对联营和合营企业的投资损失	1 093 175.64	3 290 857.65
三、营业利润	121 575 112.24	131 218 632.21
加：营业外收入	13 733 821.04	9 369 119.89
其中：非流动资产处置利得	14 324.00	16 261.46
减：营业外支出	2 979 918.45	6 138 703.81
其中：非流动资产处置损失	494 039.78	2 622 336.20
四、利润总额	132 329 014.83	134 449 048.29
减：所得税费用	－62 734.71	3 627 619.78
五、净利润	132 391 749.54	130 821 428.51
归属于母公司普通股股东净利润	133 228 408.29	116 903 625.13
少数股东损益	－836 658.75	13 917 80
六、其他综合收益的税后净额		
归属母公司股东的其他综合收益的税后净额		
(一) 以后不能重分类进损益的其他综合收益		
1. 重新计量设定受益计划负债的变动		
(二) 以后将重分类进损益的其他综合收益		
1. 权益法下在被投资单位以后将重分类进损益的其他综合收益中享有的份额		
2. 可供出售金融资产公允价值变动损益		
3. 外币财务报表折算差额		
归属于少数股东的其他综合收益的税后净额		
七、综合收益总额	132 391 749.54	130 821 428.51
归属于母公司普通股股东综合收益总额	133 228 408.29	116 903 625.13
归属于少数股东的综合收益总额	－836 658.75	13 917 803.38
八、每股收益(归属于母公司普通股股东)		
基本每股收益	0.236 5	0.207 5
稀释每股收益		

注：案例资料和报表数据来源为上海证券交易所广电网络(股票代码：600831)2015 年年报。

（三）案例要求

1．根据上述资料，计算股东权益报酬率。

2．根据上述资料，计算总资产报酬率、平均权益乘数。

3．根据上述资料，计算营业净利率、总资产周转率。

4．根据上述计算结果和所给定的资产负债表和利润表，填制完成题图7-1所示的杜邦财务分析体系框架，将相应数据填在相应项目的括号中；并根据上述计算结果，综合分析广电网络2015年的财务状况和财务成果。

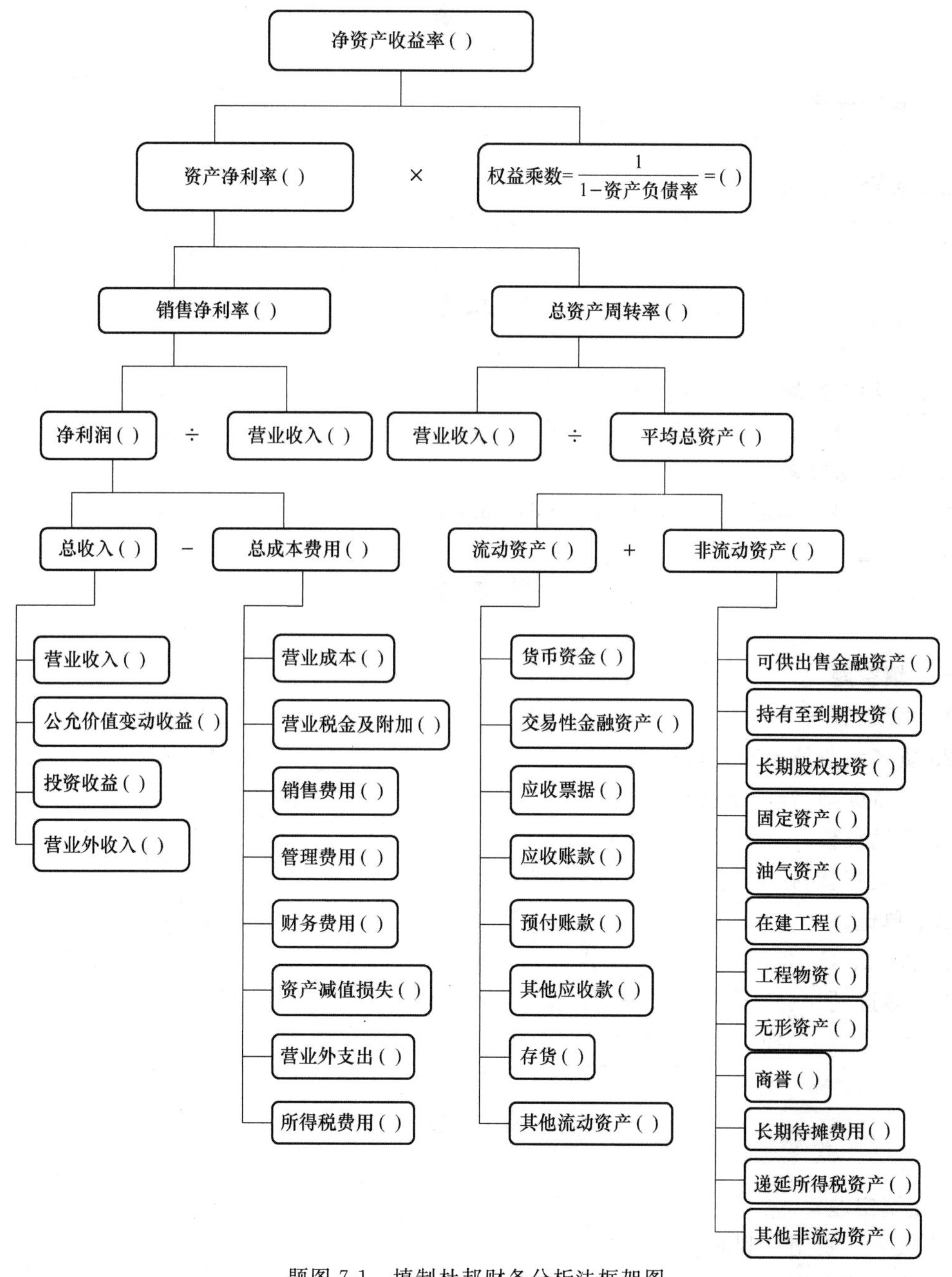

题图7-1 填制杜邦财务分析法框架图

各章思考与练习答案(客观题)

第一章

一、单项选择题

1. B　2. C　3. A　4. D　5. B

二、多项选择题

1. ABCD　2. ABCD　3. ABC　4. ABD　5. AB

第二章

一、单项选择题

1. C　2. D　3. D　4. B　5. A　6. C

二、多项选择题

1. ACD　2. ABC　3. ABD　4. BCD　5. ABC

第三章

一、填空题

1. 负债、收入
2. 资产=负债+所有者权益
3. 总量变动、资产结构
4. 流动负债
5. 应收账款、存货

二、单选题

1. A　2. C　3. A　4. C　5. A

三、多选题

1. ABC　2. ABC　3. ABCD　4. ABCD　5. AD

第四章

一、填空题

1. 收入-费用=利润
2. 多步式利润表

3. 利润表水平分析、利润变动差异
4. 利润表垂直分析、营业收入
5. 收支结构分析、盈利结构分析

二、单选题

1. A 2. B 3. C 4. D 5. D

三、多选题

1. ABC 2. ABCD 3. BCD 4. AD 5. ABC

第五章

一、填空题

1. 现金流入－现金流出＝现金流量净额
2. 投资活动
3. 纵向、同一时期
4. 横向结构、金额和百分比
5. 现金流量

二、单选题

1. A 2. B 3. C 4. D 5. B 6. D 7. A

三、多选题

1. ABD 2. ABCD 3. ABD

第六章

一、填空题

1. 股东权益变动表
2. 股本、盈余公积
3. 剩余权益、净资产

二、单选题

1. A 2. B 3. D

三、多选题

1. AD 2. AB 3. CD 4. AD

第七章

一、填空题

1. 杜邦财务分析法
2. 沃尔评分法

二、单选题

1. B 2. C 3. A 4. B 5. C

三、多选题

1. AD 2. ABC 3. ABCD

附录一 中国联通资产负债表

附表 1-1 中国联合网络通信股份有限公司合并及公司资产负债表

2010 年 12 月 31 日

单位:人民币元

资产	2010 年 12 月 31 日	2009 年 12 月 31 日	2010 年 12 月 31 日	2009 年 12 月 31 日
流动资产	合并	合并	公司	公司
货币资金	22 790 656 271	8 828 101 716	22 094 474	11 533 374
应收票据	61 453 402	24 522 070	—	—
应收账款	10 407 880 852	9 870 653 801	—	—
预付款项	3 066 549 854	1 853 329 628	—	—
应收利息	1 654 138	6 874 902	—	—
应收股利	—	—	423 498 119	307 361 297
其他应收款	1 616 611 493	6 667 416 291	1 840 968	2 002 560
存货	3 728 424 300	2 412 408 382	—	—
其他流动资产	619 616 472	1 059 443 471	—	—
流动资产合计	42 292 846 782	30 722 750 261	447 433 561	320 897 231
非流动资产				
可供出售金融资产	6 213 538 603	7 976 911 996	—	—
长期股权投资	47 713 824	15 000 000	38 538 133 791	38 538 133 791
固定资产	304 422 521 027	285 035 422 340	6 352 817	5 898 094
在建工程	55 861 735 600	57 843 899 232	—	—
工程物资	3 366 788 885	6 291 784 814	—	—
无形资产	19 869 756 964	19 645 275 246	10 999 555	11 247 662
长期待摊费用	7 723 855 943	7 620 496 398	—	—
递延所得税资产	3 667 496 079	4 080 756 622	—	—
非流动资产合计	401 173 406 925	388 509 546 648	38 555 486 163	38 555 279 547
资产总计	443 466 253 707	419 232 296 909	39 002 919 724	38 876 176 778
流动负债				
短期借款	36 726 520 000	63 908 500 000	—	—
应付短期债券	23 000 000 000	—	—	—
应付票据	585 181 600	1 380 861 045	—	—
应付账款	93 695 041 747	100 567 494 864	—	—
预收款项	29 971 070 505	21 135 828 170	—	—
应付职工薪酬	3 402 371 265	3 598 220 139	—	—

续表

资产	2010年12月31日	2009年12月31日	2010年12月31日	2009年12月31日
应交税费	1 483 998 972	911 986 749	28 281	96 292
应付利息	743 909 825	216 387 694	—	—
应付股利	24 118 117	24 133 609	61 049	76 541
其他应付款	8 077 305 416	7 780 884 818	5 823 876	7 409 145
一年内到期的非流动负债	184 035 033	88 098 747	—	—
流动负债合计	197 893 552 480	199 612 395 835	5 913 206	7 581 978
非流动负债				
长期借款	1 462 239 790	759 455 307	—	—
应付债券	33 557 754 642	7 000 000 000	—	—
长期应付款	161 603 695	190 913 424	—	—
其他非流动负债(递延收益)	2 170 526 901	2 557 781 469	—	—
递延所得税负债	40 130 185	266 278 342	—	—
非流动负债合计	37 392 255 213	10 774 428 542	—	—
负债合计	235 285 807 693	210 386 824 377	5 913 206	7 581 978
股东权益				
股本	21 196 596 395	21 196 596 395	21 196 596 395	21 196 596 395
资本公积	27 818 940 772	28 060 074 201	17 111 103 108	17 111 103 108
盈余公积	684 955 035	558 500 106	684 955 035	558 500 106
未分配利润	21 153 277 236	21 188 259 723	4 351 980	2 395 191
外币报表折算差额	(17 733 819)	(19 544 587)	—	—
归属母公司股东权益合计	70 836 035 619	70 983 885 838	38 997 006 518	38 868 594 800
少数股东权益	137 344 410 395	137 861 586 694	—	—
股东权益合计	208 180 446 014	208 845 472 532	38 997 006 518	38 868 594 800
负债和股东权益总计	443 466 253 707	419 232 296 909	39 002 919 724	38 876 176 778

注:根据上海证券交易所披露的中国联通(股票代码:600050)的年报整理,以下同。

附表 1-2 中国联合网络通信股份有限公司合并及公司资产负债表

2011年12月31日

单位:人民币元

资产	2011年12月31日	2010年12月31日	2011年12月31日	2010年12月31日
流动资产	合并	合并	公司	公司
货币资金	15 439 016 285	22 892 569 517	28 383 556	22 094 474
应收票据	31 490 161	61 453 402	—	—
应收账款	12 439 244 269	10 425 387 072	—	—
预付款项	3 689 114 396	3 067 243 483	—	—

续 表

资产	2011 年 12 月 31 日	2010 年 12 月 31 日	2011 年 12 月 31 日	2010 年 12 月 31 日
应收利息	1 583 338	1 654 138	—	—
应收股利	—	—	479 119 262	423 498 119
其他应收款	1 924 610 778	1 616 633 144	1 835 991	1 840 968
存货	4 651 374 730	3 728 424 300	—	—
其他流动资产	696 047 622	619 616 472	—	—
流动资产合计	38 872 481 579	42 412 981 528	509 338 809	447 433 561
非流动资产				
可供出售金融资产	6 951 106 326	6 213 538 603	—	—
长期股权投资	47 465 488	47 713 824	38 538 133 791	38 538 133 791
固定资产	325 436 125 614	304 440 266 558	5 960 958	6 352 817
在建工程	52 328 892 232	55 861 735 600	—	—
工程物资	2 337 301 169	3 366 791 778	—	—
无形资产	20 739 627 902	19 871 863 623	10 751 448	10 999 555
长期待摊费用	8 100 299 374	7 724 362 908	—	—
递延所得税资产	3 710 544 195	3 668 413 433	—	—
非流动资产合计	419 651 362 300	401 194 686 327	38 554 846 197	38 555 486 163
资产总计	458 523 843 879	443 607 667 855	39 064 185 006	39 002 919 724
流动负债				
短期借款	32 321 530 000	36 726 520 000	—	—
应付短期债券	38 000 000 000	23 000 000 000	—	—
应付票据	1 046 319 417	585 181 600	—	—
应付账款	91 138 684 831	93 688 780 320	—	—
预收款项	36 620 704 885	29 972 285 104	—	—
应付职工薪酬	3 550 320 691	3 404 906 636	—	—
应交税费	1 233 433 789	1 483 483 552	71 267	28 281
应付利息	834 595 861	743 909 825	—	—
应付股利	8 940 742	24 118 117	—	61 049
其他应付款	8 607 473 651	8 078 377 564	2 816 515	5 823 876
一年内到期的非流动负债	127 919 616	184 035 033	—	—
流动负债合计	213 489 923 483	197 891 597 751	2 887 782	5 913 206
非流动负债				
长期借款	1 383 679 474	1 462 239 790	—	—
应付债券	33 118 105 681	33 557 754 642	—	—
长期应付款	88 460 997	161 603 695	—	—
其他非流动负债（递延收益）	1 801 330 590	2 170 526 901	—	—
递延所得税负债	31 647 601	40 130 185	—	—

续 表

资产	2011年12月31日	2010年12月31日	2011年12月31日	2010年12月31日
非流动负债合计	36 423 224 343	37 392 255 213	—	—
负债合计	249 913 147 826	235 283 852 964	2 887 782	5 913 206
股东权益				
股本	21 196 596 395	21 196 596 395	21 196 596 395	21 196 596 395
资本公积	27 159 443 685	27 859 867 254	17 111 103 108	17 111 103 108
盈余公积	746 495 256	684 955 035	746 495 256	684 955 035
未分配利润	21 944 910 470	21 160 924 580	7 102 465	4 351 980
外币报表折算差额	(23 643 600)	(17 733 819)	—	—
归属母公司股东权益合计	71 023 802 206	70 884 609 445	39 061 297 224	38 997 006 518
少数股东权益	137 586 893 847	137 439 205 446	—	—
股东权益合计	208 610 696 053	208 323 814 891	39 061 297 224	38 997 006 518
负债和股东权益总计	458 523 843 879	443 607 667 855	39 064 185 006	39 002 919 724

附表1-3　中国联合网络通信股份有限公司合并及公司资产负债表

2012年12月31日

单位:人民币元

资产	2012年12月31日	2011年12月31日	2012年12月31日	2011年12月31日
流动资产	合并	合并	公司	公司
货币资金	18 320 075 382	15 439 016 285	38 308 031	28 383 556
应收票据	73 892 565	31 490 161	—	—
应收账款	14 299 836 695	12 439 244 269	—	—
预付款项	4 169 984 192	3 689 114 396	—	—
应收利息	53 941	1 583 338	—	—
应收股利	—	—	551 400 293	479 119 262
其他应收款	5 418 707 908	1 924 610 778	1 523 411	1 835 991
存货	5 803 260 310	4 651 374 730	—	—
其他流动资产	154 280 444	696 047 622	—	—
流动资产合计	48 240 091 437	38 872 481 579	591 231 735	509 338 809
非流动资产				
可供出售金融资产	5 567 113 651	6 951 106 326	—	—
长期股权投资	49 964 427	47 465 488	38 538 133 791	38 538 133 791
固定资产	367 280 968 600	325 436 125 614	5 587 415	5 960 958
在建工程	59 934 754 887	52 328 892 232	—	—
工程物资	1 965 004 362	2 337 301 169	—	—
无形资产	21 362 042 730	20 739 627 902	10 503 341	10 751 448
长期待摊费用	8 898 958 739	8 100 299 374	—	—

续表

资产	2012年12月31日	2011年12月31日	2012年12月31日	2011年12月31日
递延所得税资产	5 058 391 277	3 710 544 195	—	—
非流动资产合计	470 117 198 673	419 651 362 300	38 554 224 547	38 554 846 197
资产总计	518 357 290 110	458 523 843 879	39 145 456 282	39 064 185 006
流动负债				
短期借款	69 175 125 170	32 321 530 000	—	—
应付短期债券	38 000 000 000	38 000 000 000	—	—
应付票据	285 077 142	1 046 319 417	—	—
应付账款	103 512 018 697	91 138 684 831	—	—
预收款项	43 083 175 709	36 620 704 885	—	—
应付职工薪酬	3 916 948 966	3 550 320 691	—	—
应交税费	1 832 111 706	1 233 433 789	12 181 648	71 267
应付利息	845 799 827	834 595 861	—	—
应付股利	8 940 742	8 940 742	—	—
其他应付款	8 959 530 980	8 607 473 651	2 859 636	2 816 515
一年内到期的非流动负债	32 193 020 545	127 919 616	—	—
流动负债合计	301 811 749 484	213 489 923 483	15 041 284	2 887 782
非流动负债				
长期借款	535 851 778	1 383 679 474	—	—
应付债券	2 000 000 000	33 118 105 681	—	—
长期应付款	331 300 694	88 460 997	—	—
其他非流动负债(递延收益)	1 411 941 680	1 801 330 590	—	—
递延所得税负债	32 133 209	31 647 601	—	—
非流动负债合计	4 311 227 361	36 423 224 343	—	—
负债合计	306 122 976 845	249 913 147 826	15 041 284	2 887 782
股东权益				
股本	21 196 596 395	21 196 596 395	21 196 596 395	21 196 596 395
资本公积	26 775 590 138	27 159 443 685	17 111 103 108	17 111 103 108
盈余公积	824 415 632	746 495 256	824 415 632	746 495 256
未分配利润	23 525 010 902	21 944 910 470	(1 700 137)	7 102 465
外币报表折算差额	(24 329 887)	(23 643 600)	—	—
归属母公司股东权益合计	72 297 283 180	71 023 802 206	39 130 414 998	39 061 297 224
少数股东权益	139 937 030 085	137 586 893 847	—	—
股东权益合计	212 234 313 265	208 610 696 053	39 130 414 998	39 061 297 224
负债和股东权益总计	518 357 290 110	458 523 843 879	39 145 456 282	39 064 185 006

附表 1-4　中国联合网络通信股份有限公司合并及公司资产负债表

2013 年 12 月 31 日

单位:人民币元

资产	2013 年 12 月 31 日	2012 年 12 月 31 日	2013 年合并 12 月 31 日	2012 年合并 12 月 31 日
流动资产	合并	合并	公司	公司
货币资金	21 589 060 597	18 320 075 382	28 492 707	38 308 031
应收票据	85 806 786	73 892 565	—	—
应收账款	15 312 304 551	14 299 836 695	—	—
预付款项	4 005 637 554	4 169 984 192	—	—
应收利息	310 566	53 941	—	—
应收股利	—	—	651 379 217	551 400 293
其他应收款	5 643 332 565	5 418 707 908	1 452 574	1 523 411
存货	5 535 771 415	5 803 260 310	—	—
其他流动资产	160 549 881	154 280 444	—	—
流动资产合计	52 332 773 915	48 240 091 437	681 324 498	591 231 735
非流动资产				
可供出售金融资产	6 497 100 997	5 567 113 651	—	—
长期股权投资	53 141 130	49 964 427	38 538 133 791	38 538 133 791
固定资产	370 674 381 416	367 280 968 600	5 255 227	5 587 415
在建工程	57 176 424 958	59 934 754 887	—	—
工程物资	1 796 895 217	1 965 004 362	—	—
无形资产	23 822 847 423	21 362 042 730	10 255 234	10 503 341
长期待摊费用	11 334 651 709	8 898 958 739	—	—
递延所得税资产	5 180 414 136	5 058 391 277	—	—
其他非流动资产	2 495 822 362	—	—	—
非流动资产合计	479 031 679 348	470 117 198 673	38 553 644 252	38 554 224 547
资产总计	531 364 453 263	518 357 290 110	39 234 968 750	39 145 456 282
流动负债				
短期借款	95 765 895 663	69 175 125 170	—	—
应付短期债券	35 000 000 000	38 000 000 000	—	—
应付票据	406 317 719	285 077 142	—	—
应付账款	95 745 696 314	103 512 018 697	—	—
预收款项	50 352 480 435	43 083 175 709	—	—
应付职工薪酬	4 927 070 472	3 916 948 966	—	—
应交税费	2 634 109 942	1 832 111 706	75 493	12 181 648
应付利息	568 100 158	845 799 827	—	—
应付股利	2 266 014	8 940 742	—	—
其他应付款	9 081 352 828	8 959 530 980	3 173 915	2 859 636
一年内到期的非流动负债	209 733 286	32 193 020 545	—	—

续表

资产	2013年12月31日	2012年12月31日	2013年合并12月31日	2012年合并12月31日
流动负债合计	294 693 022 831	301 811 749 484	3 249 408	15 041 284
非流动负债				
长期借款	481 296 995	535 851 778	—	—
应付债券	13 001 630 309	2 000 000 000	—	—
长期应付款	254 652 354	331 300 694	—	—
其他非流动负债(递延收益)	1 268 860 999	1 411 941 680	—	—
递延所得税负债	38 885 611	32 133 209	—	—
非流动负债合计	15 045 326 268	4 311 227 361	—	—
负债合计	309 738 349 099	306 122 976 845	3 249 408	15 041 284
股东权益				
股本	21 196 596 395	21 196 596 395	21 196 596 395	21 196 596 395
资本公积	26 745 949 454	26 775 590 138	17 111 103 108	17 111 103 108
盈余公积	919 120 486	824 415 632	919 120 486	824 415 632
未分配利润	26 027 415 661	23 525 010 902	4 899 353	(1 700 137)
外币报表折算差额	(30 142 535)	(24 329 887)	—	—
归属母公司股东权益合计	74 858 939 461	72 297 283 180	39 231 719 342	39 130 414 998
少数股东权益	146 767 164 703	139 937 030 085	—	—
股东权益合计	221 626 104 164	212 234 313 265	39 231 719 342	39 130 414 998
负债和股东权益总计	531 364 453 263	518 357 290 110	39 234 968 750	39 145 456 282

附表 1-5　中国联合网络通信股份有限公司合并及公司资产负债表

2014年12月31日

单位:人民币元

资产	2014年12月31日	2013年12月31日	2014年12月31日	2013年12月31日
流动资产	合并	合并	公司	公司
货币资金	25 399 678 650	21 589 060 597	35 965 094	28 492 707
以公允价值计量且其变动计入当期损益的金融资产	12 871 426			
应收票据	38 444 704	85 806 786	—	—
应收账款	16 632 115 939	15 312 304 551	—	—
预付款项	4 094 478 005	4 005 637 554	—	—
应收利息	887 145	310 566	—	—
应收股利	—	—	770 946 023	651 379 217
其他应收款	4 801 396 395	5 643 332 565	1 448 866	1 452 574
存货	4 378 472 861	5 535 771 415	—	—
其他流动资产	1 262 309 623	160 549 881	—	—

续表

资产	2014年12月31日	2013年12月31日	2014年12月31日	2013年12月31日
流动资产合计	56 620 654 748	52 332 773 915	808 359 983	681 324 498
非流动资产				
可供出售金融资产	5 901 979 614	6 497 100 997	—	—
长期股权投资	3 056 537 978	53 141 130	38 538 133 791	38 538 133 791
固定资产	377 765 033 457	370 674 381 416	5 003 766	5 255 227
在建工程	57 190 574 167	57 176 424 958	—	—
工程物资	1 375 300 871	1 796 895 217	—	—
无形资产	25 716 538 830	23 822 847 423	10 007 127	10 255 234
长期待摊费用	13 623 954 065	11 334 651 709	—	—
递延所得税资产	4 679 264 541	5 180 414 136	—	—
其他非流动资产	1 194 730 574	2 495 822 362	—	—
非流动资产合计	490 503 914 097	479 031 679 348	38 553 144 684	38 553 644 252
资产总计	547 124 568 845	531 364 453 263	39 361 504 667	39 234 968 750
流动负债				
短期借款	93 321 002 921	95 765 895 663	—	—
应付票据	107 766 020	406 317 719	—	—
应付账款	112 372 702 753	95 745 696 314	—	—
预收款项	47 470 423 706	50 352 480 435	—	—
应付职工薪酬	6 873 016 135	4 927 070 472	—	—
应交税费	1 466 511 521	2 634 109 942	38 817	75 493
应付利息	765 503 758	568 100 158	—	—
应付股利	2 266 014	2 266 014	—	—
其他应付款	7 425 989 256	9 081 352 828	4 622 028	3 173 915
一年内到期的非流动负债	11 380 300 366	209 733 286	—	—
其他流动负债	9 978 520 548	35 000 000 000	—	—
流动负债合计	291 164 002 998	294 693 022 831	4 660 845	3 249 408
非流动负债				
长期借款	419 824 527	481 296 995	—	—
应付债券	23 459 900 328	13 001 630 309	—	—
长期应付款	120 107 898	157 397 760	—	—
长期应付职工薪酬	96 804 663	97 254 594	—	—
递延收益	1 496 636 678	1 268 860 999	—	—
递延所得税负债	39 370 551	38 885 611	—	—
非流动负债合计	25 632 644 645	15 045 326 268	—	—
负债合计	316 796 647 643	309 738 349 099	4 660 845	3 249 408
股东权益				
股本	21 196 596 395	21 196 596 395	21 196 596 395	21 196 596 395

续 表

资产	2014年12月31日	2013年度12月31日	2014年度12月31日	2013年度12月31日
资本公积	27 811 699 351	28 024 362 928	17 111 103 108	17 111 103 108
其他综合收益	(1 468 152 809)	(1 308 556 009)	—	—
盈余公积	1 044 822 759	919 120 486	1 044 822 759	919 120 486
未分配利润	28 751 553 676	26 027 415 661	4 321 560	4 899 353
归属母公司股东权益合计	77 336 519 372	74 858 939 461	39 356 843 822	39 231 719 342
少数股东权益	152 991 401 830	146 767 164 703	—	—
股东权益合计	230 327 921 202	221 626 104 164	39 356 843 822	39 231 719 342
负债和股东权益总计	547 124 568 845	531 364 453 263	39 361 504 667	39 234 968 750

附表1-6　中国联合网络通信股份有限公司合并及公司资产负债表

2015年12月31日

单位:人民币元

资产	2015年12月31日	2014年12月31日	2015年12月31日	2014年12月31日
流动资产	合并	合并	公司	公司
货币资金	22 006 865 745	25 399 678 650	49 573 797	35 965 094
以公允价值计量且其变动计入当期损益的金融资产	106 040 094	12 871 426		
应收票据	56 949 454	38 444 704		
应收账款	16 811 072 024	16 632 115 939		
预付款项	3 823 396 040	4 094 478 005		
应收利息	119 827 206	887 145		
应收股利			917 780 560	770 946 023
其他应收款	9 620 785 672	4 801 396 395	1 359 066	1 448 866
存货	3 945 875 077	4 378 472 861		
其他流动资产	3 266 930 901	1 262 309 623		
流动资产合计	59 757 742 213	56 620 654 748	968 713 423	808 359 983
非流动资产				
可供出售金融资产	4 851 697 897	5 901 979 614		
长期股权投资	32 974 695 807	3 056 537 978	38 538 133 791	38 538 133 791
长期应收款	18 362 894 204			
固定资产	355 650 986 002	377 765 033 457	4 640 044	5 003 766
在建工程	96 499 654 967	57 190 574 167		
工程物资	995 680 343	1 375 300 871		
无形资产	26 982 875 838	25 716 538 830	9 759 020	10 007 127
长期待摊费用	13 826 291 397	13 623 954 065		
递延所得税资产	4 143 718 728	4 679 264 541		
其他非流动资产	1 273 145 678	1 194 730 574		
非流动资产合计	555 561 640 861	490 503 914 097	38 552 532 855	38 553 144 684

续表

资产	2015年12月31日	2014年12月31日	2015年12月31日	2014年12月31日
资产总计	615 319 383 074	547 124 568 845	39 521 246 278	39 361 504 667
流动负债				
短期借款	85 196 201 677	93 321 002 921		
应付票据	23 867 678	107 766 020		
应付账款	163 151 127 302	112 372 702 753		
预收款项	48 933 578 958	47 470 423 706		
应付职工薪酬	5 585 651 959	6 873 016 135		
应交税费	3 162 828 645	1 466 511 521	41 232	38 817
应付利息	927 795 185	765 503 758		
应付股利	2 266 014	2 266 014		
其他应付款	8 414 468 733	7 425 989 256	4 959 124	4 622 028
一年内到期的非流动负债	2 855 961 468	11 380 300 366		
其他流动负债	19 944 741 803	9 978 520 548		
流动负债合计	338 198 489 422	291 164 002 998	5 000 356	4 660 845
非流动负债				
长期借款	1 748 362 447	419 824 527		
应付债券	38 928 287 067	23 459 900 328		
长期应付款	270 742 239	120 107 898		
长期应付职工薪酬	85 912 151	96 804 663		
递延收益	2 005 266 668	1 496 636 678		
递延所得税负债	35 947 379	39 370 551		
非流动负债合计	43 074 517 951	25 632 644 645		
负债合计	381 273 007 373	316 796 647 643	5 000 356	4 660 845
股东权益				
股本	21 196 596 395	21 196 596 395	21 196 596 395	21 196 596 395
资本公积	27 811 532 309	27 811 699 351	17 111 103 108	17 111 103 108
其他综合收益	(2 167 388 479)	(1 468 152 809)		—
盈余公积	1 204 091 734	1 044 822 759	1 203 416 063	1 044 822 759
未分配利润	30 637 344 666	28 751 553 676	5 130 356	4 321 560
归属母公司股东权益合计	78 682 176 625	77 336 519 372	39 516 245 922	39 356 843 822
少数股东权益	155 364 199 076	152 991 401 830		—
股东权益合计	234 046 375 701	230 327 921 202	39 516 245 922	39 356 843 822
负债和股东权益总计	615 319 383 074	547 124 568 845	39 521 246 278	39 361 504 667

附录二　中国联通利润表

附表 2-1　中国联合网络通信股份有限公司合并利润表

2010 年度

单位:人民币元

项目	2010 年度	2009 年度	2010 年度	2009 年度
	合并	合并	公司	公司
一、营业收入	176 168 361 570	158 368 819 533		
减:营业成本	(123 734 874 682)	(105 653 764 889)		
营业税金及附加	(4 870 685 998)	(4 487 042 060)		
销售费用	(23 732 607 298)	(20 956 737 441)		
管理费用	(16 112 717 598)	(14 047 876 509)	(10 442 402)	(13 410 954)
财务费用(加:收入)	(1 624 542 243)	(943 518 133)	(2 422 076)	534 500
资产减值损失	(2 663 931 281)	(2 375 636 936)		
加:公允价值变动收益	—	1 239 125 224		
投资收益	484 626 759	212 157 048	1 277 413 763	1 596 772 574
二、营业利润	3 913 629 229	11 355 525 837	1 264 549 285	1 583 896 120
加:营业外收入	1 060 149 128	1 100 637 091		
减:营业外支出	(327 274 954)	(275 186 614)		
三、利润总额	4 646 503 403	12 180 976 314	1 264 549 285	1 583 896 120
减:所得税费用	(975 227 096)	(2 807 082 528)		
四、净利润	3 671 276 307	9 373 893 786	1 264 549 285	1 583 896 120
归属于母公司普通股股东净利润	1 227 610 009	3 137 024 492	1 264 549 285	1 583 896 120
少数股东损益	2 443 666 298	6 236 869 294	不适用	不适用
五、同一控制下企业合并中被合并方在合并前实现的净利润	—	117 276 255	不适用	不适用
六、每股收益(归属于母公司普通股股东)				
基本每股收益	0.057 9	0.148 0	不适用	不适用
稀释每股收益	0.057 6	0.147 2	不适用	不适用
七、其他综合收益	(1 334 815 631)	(37 472 362)		
八、综合收益总额	2 336 460 676	9 336 421 424	1 264 549 285	1 583 896 120
归属于母公司普通股股东综合收益总额	775 317 974	3 124 117 937	1 264 549 285	1 583 896 120
归属于少数股东的综合收益总额	1 561 142 702	6 212 303 487	不适用	不适用

附表 2-2　中国联合网络通信股份有限公司合并利润表

2011 年度

单位:人民币元

项目	2011 年度	2010 年度	2011 年度	2010 年度
	合并	合并(经重列)	公司	公司
一、营业收入	215 518 511 458	176 243 422 124		
减:营业成本	(154 414 023 686)	(123 763 218 376)		
营业税金及附加	(6 351 628 168)	(4 873 381 319)		
销售费用	(28 750 690 843)	(23 734 742 786)		
管理费用	(18 199 737 712)	(16 123 273 282)	(10 676 612)	(10 442 402)
财务费用(加:收入)	(1 243 082 687)	(1 624 003 124)	473 714	(2 422 076)
资产减值损失	(2 771 213 069)	(2 667 652 270)		
加:投资收益	866 240 576	484 626 759	625 590 662	1 277 413 763
二、营业利润	4 654 375 869	3 941 777 726	615 387 764	1 264 549 285
加:营业外收入	1 874 449 694	1 060 169 149	23 449	
减:营业外支出	(864 784 747)	(330 192 862)	(9 001)	
三、利润总额	5 664 040 816	4 671 754 013	615 402 212	1 264 549 285
减:所得税费用	(1 476 075 431)	(980 121 278)		
四、净利润	4 187 965 385	3 691 632 735	615 402 212	1 264 549 285
归属于母公司普通股股东净利润	1 412 245 739	1 234 506 831	615 402 212	1 264 549 285
少数股东损益	2 775 719 646	2 457 125 904		
五、同一控制下企业合并中被合并方在合并前实现的净利润	8 940 742	20 356 428	不适用	不适用
六、每股收益(归属于母公司普通股股东)				
基本每股收益	0.066 6	0.058 2	不适用	不适用
稀释每股收益	0.066 0	0.057 9	不适用	不适用
七、其他综合收益	(1 990 478 831)	(1 334 815 631)		
八、综合收益总额	2 197 486 554	2 356 817 104	615 402 212	1 264 549 285
归属于母公司普通股股东综合收益总额	737 787 260	782 214 796	615 402 212	1 264 549 285
归属于少数股东的综合收益总额	1 459 699 294	1 574 602 308		

附表 2-3　中国联合网络通信股份有限公司合并利润表

2012 年度

单位:人民币元

项目	2012 年度	2011 年度	2012 年度	2011 年度
	合并	合并	公司	公司
一、营业收入	256 264 749 435	215 518 511 458		
减:营业成本	−179 108 178 878	−154 414 023 686		
营业税金及附加	(7 338 782 346)	(6 351 628 168)		
销售费用	(35 037 103 692)	(28 750 690 843)		
管理费用	(20 491 250 373)	(18 199 737 712)	(24 870 195)	(10 676 612)
财务费用(加:收入)	(3 416 514 137)	(1 243 082 687)	5 828 981	473 714
资产减值损失	(3 294 126 554)	(2 771 213 069)		
加:投资收益	417 326 751	866 240 576	798 250 738	625 590 662
二、营业利润	7 996 120 206	4 654 375 869	779 209 524	615 387 764
加:营业外收入	2 053 188 618	1 874 449 694		23 449
减:营业外支出	(505 247 938)	(864 784 747)	(5 769)	(9 001)
三、利润总额	9 544 060 886	5 664 040 816	779 203 755	615 402 212
减:所得税费用	(2 518 632 373)	(1 476 075 431)		
四、净利润	7 025 428 513	4 187 965 385	779 203 755	615 402 212
归属于母公司普通股股东净利润	2 368 106 789	1 412 245 739	779 203 755	615 402 212
少数股东损益	4 657 321 724	2 775 719 646		
五、同一控制下企业合并中被合并方在合并前实现的净利润	—	8 940 742	不适用	不适用
六、每股收益(归属于母公司普通股股东)				
基本每股收益	0.111 7	0.066 6	不适用	不适用
稀释每股收益	0.109 9	0.066 0	不适用	不适用
七、其他综合损失	(1 148 741 561)	(1 990 478 831)		
八、综合收益总额	5 876 686 952	2 197 486 554	779 203 755	615 402 212
归属于母公司普通股股东综合收益总额	1 978 912 008	737 787 260	779 203 755	615 402 212
归属于少数股东的综合收益总额	3 897 774 944	1 459 699 294		

附表 2-4　中国联合网络通信股份有限公司合并利润表

2013 年度

单位:人民币元

项目	2013 年度	2012 年度	2013 年度	2012 年度
	合并	合并	公司	公司
一、营业收入	303 727 203 182	256 264 749 435		
减:营业成本	(211 657 042 435)	(179 108 178 878)		
营业税金及附加	(8 689 393 669)	(7 338 782 346)		
销售费用	(42 991 498 574)	(35 037 103 692)		
管理费用	(20 373 057 592)	(20 491 250 373)	(12 343 062)	(24 870 195)
财务费用(加:收入)	(2 949 207 468)	(3 416 514 137)	1 333 280	5 828 981
资产减值损失	(4 347 533 230)	(3 294 126 554)		
加:投资收益	197 949 012	417 326 751	958 060 322	798 250 738
二、营业利润	12 917 419 226	7 996 120 206	947 050 540	779 209 524
加:营业外收入	1 439 382 148	2 053 188 618		
减:营业外支出	(680 142 833)	(505 247 938)	(2 000)	(5 769)
三、利润总额	13 676 658 541	9 544 060 886	947 048 540	779 203 755
减:所得税费用	(3 384 222 262)	(2 518 632 373)		
四、净利润	10 292 436 279	7 025 428 513	947 048 540	779 203 755
归属于母公司普通股股东净利润	3 442 853 809	2 368 106 789	947 048 540	779 203 755
少数股东损益	6 849 582 470	4 657 321 724		
五、每股收益(归属于母公司普通股股东)				
基本每股收益	0.162 4	0.111 7	不适用	不适用
稀释每股收益	0.159 0	0.109 9	不适用	不适用
六、其他综合收益	670 275 520	(1 148 741 561)		
七、综合收益总额	10 962 711 799	5 876 686 952	947 048 540	779 203 755
归属于母公司普通股股东综合收益				
总额	3 667 874 348	1 978 912 008	947 048 540	779 203 755
归属于少数股东的综合收益总额	7 294 837 451	3 897 774 944		

附表 2-5 中国联合网络通信股份有限公司合并利润表

2014 年度

单位:人民币元

项目	2014 年度	2013 年度	2014 年度	2013 年度
	合并	合并	公司	公司
一、营业收入	288 570 874 374	303 727 203 182		
二、减:营业成本	(199 936 890 360)	(211 657 042 435)		
营业税金及附加	(4 721 258 591)	(8 689 393 669)		
销售费用	(40 193 368 746)	(42 991 498 574)		
管理费用	(19 825 119 469)	(20 373 057 592)	(13 641 612)	(12 343 062)
财务费用(加:收入)	(4 333 087 838)	(2 949 207 468)	1 159 389	1 333 280
资产减值损失	(4 023 758 839)	(4 347 533 230)		
加:公允价值变动损失	(7 311 523)	—		
投资收益	363 324 686	197 949 012	1 269 504 951	958 060 322
其中:对联营和合营企业的投资(损失)/收益	(28 122 881)	4 537 739		
三、营业利润	15 893 403 694	12 917 419 226	1 257 022 728	947 050 540
加:营业外收入	1 529 245 060	1 439 382 148		
其中:非流动资产处置利得	406 134 169	626 078 732		
减:营业外支出	(1 586 153 087)	(680 142 833)		(2 000)
其中:非流动资产处置损失	(1 454 264 890)	(550 808 556)		
四、利润总额	15 836 495 667	13 676 658 541	1 257 022 728	947 048 540
减:所得税费用	(3 868 606 057)	(3 384 222 262)		
五、净利润	11 967 889 610	10 292 436 279	1 257 022 728	947 048 540
归属于母公司普通股股东净利润	3 981 738 536	3 442 853 809	1 257 022 728	947 048 540
少数股东损益	7 986 151 074	6 849 582 470		
六、其他综合收益的税后净额	(478 698 136)	670 275 520		
归属母公司所有者的其他综合收益的税后净额	(159 596 800)	225 020 539		
(一)以后不能重分类进损益的				
其他综合收益:	(722 487)	(798 501)		
1. 重新计量设定受益计划负债的变动	−722 487	(798 501)		
(二)以后会计期间将重分类进				
损益的其他综合收益项目:	(158 874 313)	225 819 040		
1. 可供出售金融资产公允价值				
变动损益	(154 680 221)	231 631 688		
2. 外币财务报表折算差额	(4 194 092)	(5 812 648)		
归属于少数股东的其他综合收益的税后净额	(319 101 336)	445 254 981		

续 表

项目	2014 年度	2013 年度	2014 年度	2013 年度
	合并	合并	公司	公司
七、综合收益总额	11 489 191 474	10 962 711 799	1 257 022 728	947 048 540
归属于母公司股东综合收益总额	3 822 141 736	3 667 874 348	1 257 022 728	947 048 540
归属于少数股东的综合收益总额	7 667 049 738	7 294 837 451	—	—
八、每股收益(归属于母公司普通股股东)				
基本每股收益	0.187 8	0.162 4	不适用	不适用
稀释每股收益	0.183 9	0.159 0	不适用	不适用

附表 2-6　中国联合网络通信股份有限公司合并利润表

2015 年度

单位:人民币元

项目	2015 年度	2014 年度	2015 年度	2014 年度
	合并	合并	公司	公司
一、营业收入	277 048 529 129	288 570 874 374		
二、减:营业成本	(207 704 323 608)	(199 936 890 360)		
营业税金及附加	(884 716 802)	(4 721 258 591)		
销售费用	(31 965 064 268)	(40 193 368 746)		
管理费用	(19 839 818 604)	(19 825 119 469)	(13 156 197)	(13 641 612)
财务费用(加:收入)	(6 493 424 929)	(4 333 087 838)	2 332 496	1 159 389
资产减值损失	(4 089 787 782)	(4 023 758 839)		
加:公允价值变动收益/(损失)	45 146 626	(7 311 523)		
投资(损失)/收益	(405 327 879)	363 324 686	1 596 756 738	1 269 504 951
其中:对联营和合营企业的投资损失	(801 646 364)	(28 122 881)		
三、营业利润	5 711 211 883	15 893 403 694	1 585 933 037	1 257 022 728
加:营业外收入	10 895 035 362	1 529 245 060		
其中:非流动资产处置利得	9 815 815 165	406 134 169		
减:营业外支出	(2 739 521 460)	(1 586 153 087)		
其中:非流动资产处置损失	(2 535 970 366)	(1 454 264 890)		
四、利润总额	13 866 725 785	15 836 495 667	1 585 933 037	1 257 022 728
减:所得税费用	(3 432 331 538)	(3 868 606 057)		
五、净利润	10 434 394 247	11 967 889 610	1 585 933 037	1 257 022 728
归属于母公司普通股股东净利润	3 471 590 902	3 981 738 536	1 585 933 037	1 257 022 728
少数股东损益	6 962 803 345	7 986 151 074		
六、其他综合收益的税后净额	(2 097 305 713)	(478 698 136)		
归属母公司股东的其他综合收益的税后净额	(699 235 670)	(159 596 800)		

续表

项目	2015 年度	2014 年度	2015 年度	2014 年度
	合并	合并	公司	公司
(一) 以后不能重分类进损益的其他综合收益	6 832 396	(722 487)		
1. 重新计量设定受益计划负债的变动	6 832 396	(722 487)		
(二) 以后将重分类进损益的其他综合收益：	(706 068 066)	(158 874 313)		
1. 可供出售金融资产公允价值变动损益	(726 110 375)	(154 680 221)		
2. 外币财务报表折算差额	20 042 309	(4 194 092)		
归属于少数股东的其他综合收益的税后净额	(1 398 070 043)	(319 101 336)		
七、综合收益总额	8 337 088 534	11 489 191 474	1 585 933 037	1 257 022 728
归属于母公司股东的综合收益总额	2 772 355 232	3 822 141 736	1 585 933 037	1 257 022 728
归属于少数股东的综合收益总额	5 564 733 302	7 667 049 738		
八、每股收益(归属于母公司普通股股东)				
基本每股收益	0.163 8	0.187 8	不适用	不适用
稀释每股收益	0.163 8	0.183 9	不适用	不适用

附录三　中国联通现金流量表

附表 3-1　中国联合网络通信股份有限公司合并现金流量表

2010 年度

单位：人民币元

项目	2010 年度	2009 年度	2010 年度		2009 年度
	合并	合并	公司		公司
一、经营活动产生的现金流量—持续经营业务					
销售商品、提供劳务收到的现金	170 173 835 063	146 940 734 972		—	
收到的税款返还	97 762 455	5 459 142		—	
收到其他与经营活动有关的现金	1 882 406 374	419 096 390		—	
经营活动现金流入小计	172 154 003 892	147 365 290 504		—	
购买商品、接受劳务支付的现金	(73 707 882 256)	(56 170 245 012)	(8 549 309)		(8 789 379)
支付给职工以及为职工支付的现金	(23 478 996 907)	(22 111 777 965)	(2 898 004)		(3 227 353)
支付的各项税费	(6 757 164 128)	(9 774 448 064)		—	
经营活动现金流出小计	(103 944 043 291)	(88 056 471 041)	(11 447 313)		(12 016 732)
经营活动产生的现金流量净额(减：支付)	68 209 960 601	59 308 819 463	(11 447 313)		(12 016 732)
二、投资活动产生的现金流量					
处置固定资产、无形资产和其他长期资产所收回的现金净额	374 591 782	611 015 242		—	
收回投资所收到的现金	—	1 370 989		—	
取得投资收益所收到的现金	561 683 784	271 580 498	1 158 858 348		1 438 948 918
收到其他与投资活动有关的现金	1 200 945 107	238 259 536		—	
持续经营业务投资活动现金流入小计	2 137 220 673	1 122 226 265	1 158 858 348		1 438 948 918
购建固定资产、无形资产和其他长期资产所支付的现金	(78 082 801 607)	(81 540 256 970)	(696 878)		(59 784)
投资所支付的现金	(46 275 271)	—		—	
企业合并所支付的现金	—	(3 895 085 620)		—	
支付的其他与投资活动有关的现金	(477 672 520)	(897 650 802)		—	
持续经营业务投资活动现金流出小计	(78 606 749 398)	(86 332 993 392)	(696 878)		(59 784)
持续经营业务投资活动产生的现金流量净额(减：支付)	(76 469 528 725)	(85 210 767 127)	1 158 161 470		1 438 889 134
终止经营业务投资活动产生的现金流量净额(减：支付)	5 121 123 007	(5 039 198 272)		—	

续 表

项目	2010 年度	2009 年度	2010 年度		2009 年度
	合并	合并	公司		公司
投资活动产生的现金流量净额(减:支付)	(71 348 405 718)	(90 249 965 399)	1 158 161 470		1 438 889 134
三、筹资活动产生的现金流量—持续经营业务					
子公司吸收少数股东投资所收到的现金	405 515	—		—	
发行可转换债券所收到的现金	12 143 781 219	—		—	
发行债券收到的现金	37 881 800 000	—		—	
取得借款所收到的现金	114 981 978 200	98 317 901 438		—	
筹资活动现金流入小计	165 007 964 934	98 317 901 438		—	
偿还债务所支付的现金	(141 451 449 465)	(54 485 351 743)		—	
分配股利、利润或偿付利息所支付的现金	(5 732 243 210)	(6 504 947 640)	(1 136 153 057)		(1 426 113 884)
向 SKT 回购联通红筹公司股份所支付的现金	—	(8 801 661 273)		—	
筹资活动现金流出小计	(147 183 692 675)	(69 791 960 656)	(1 136 153 057)		(1 426 113 884)
筹资活动产生的现金流量净额(减:支付)	17 824 272 259	28 525 940 782	(1 136 153 057)		(1 426 113 884)
四、汇率变动对现金的影响	—	—		—	
五、现金及现金等价物净增加(减少)额	14 685 827 142	(2 415 205 154)	10 561 100		758 518
持续经营业务期末现金及现金等价物净增加额	9 564 704 135	2 623 993 118	10 561 100		758 518
终止经营业务期末现金及现金等价物净增加(减少)额	5 121 123 007	(5 039 198 272)		—	
加:年初现金及现金等价物余额	7 832 048 194	10 247 253 348	11 533 374		10 774 856
六、年末现金及现金等价物余额	22 517 875 336	7 832 048 194	22 094 474		11 533 374

附表 3-2　中国联合网络通信股份有限公司合并现金流量表

2011 年度

单位:人民币元

项目	2011 年度	2010 年度	2011 年度	2010 年度
	合并	合并	公司	公司
一、经营活动产生的现金流量—持续经营业务				
销售商品、提供劳务收到的现金	205 738 561 772	170 248 492 218		
收到的税款返还	27 664 445	97 762 455		
收到其他与经营活动有关的现金	547 931 509	1 887 813 551		
经营活动现金流入小计	206 314 157 726	172 234 068 224		
购买商品、接受劳务支付的现金	(100 918 902 794)	(73 721 453 945)	(10 149 436)	(8 549 309)

续 表

项目	2011 年度	2010 年度	2011 年度	2010 年度
	合并	合并	公司	公司
支付给职工以及为职工支付的现金	(26 443 414 889)	(23 504 105 093)	(2 876 826)	(2 898 004)
支付的各项税费	(9 498 977 137)	(6 767 502 730)		
经营活动现金流出小计	(136 861 294 820)	(103 993 061 768)	(13 026 262)	(11 447 313)
经营活动产生的现金流量净额(减:支付)	69 452 862 906	68 241 006 456	(13 026 262)	(11 447 313)
二、投资活动产生的现金流量				
处置固定资产、无形资产所收回的现金净额	1 431 320 599	374 602 080	41 000	
取得投资收益所收到的现金	1 047 765 284	561 683 784	570 446 899	1 158 858 348
收到其他与投资活动有关的现金	181 172 648	1 200 945 107		
持续经营业务投资活动现金流入小计	2 660 258 531	2 137 230 971	570 487 899	1 158 858 348
购建固定资产、无形资产所支付的现金	(81 817 902 431)	(78 086 433 622)		(696 878)
投资所支付的现金	(3 367 586 262)	(46 275 271)		
支付的其他与投资活动有关的现金	(212 436 455)	(477 672 520)		
持续经营业务投资活动现金流出小计	(85 397 925 148)	(78 610 381 413)		(696 878)
持续经营业务投资活动产生的现金流量净额(减:支付)	(82 737 666 617)	(76 473 150 442)	570 487 899	1 158 161 470
终止经营业务投资活动产生的现金流量净额	—	5 121 123 007		
投资活动产生的现金流量净额(减:支付)	(82 737 666 617)	(71 352 027 435)	570 487 899	1 158 161 470
三、筹资活动产生的现金流量—持续经营业务				
子公司吸收少数股东投资所收到的现金	33 422 359	405 515		
发行可转换债券所收到的现金	—	12 143 781 219		
发行债券收到的现金	61 866 594 907	37 881 800 000		
取得借款所收到的现金	55 460 955 472	114 981 978 200		
筹资活动现金流入小计	117 360 972 738	165 007 964 934		
偿还债务所支付的现金	(106 305 374 182)	(141 451 449 465)		
分配股利、利润或偿付利息所支付的现金	(5 255 611 884)	(5 732 243 210)	(551 172 555)	(1 136 153 057)
筹资活动现金流出小计	(111 560 986 066)	(147 183 692 675)	(551 172 555)	(1 136 153 057)
筹资活动产生的现金流量净额(减:支付)	5 799 986 672	17 824 272 259	(551 172 555)	(1 136 153 057)
四、汇率变动对现金的影响	—	—		
五、现金及现金等价物净增加(减少)额	(7 484 817 039)	14 713 251 280	6 289 082	10 561 100
持续经营业务期末现金及现金等价物净增加额	(7 484 817 039)	9 592 128 273	6 289 082	10 561 100
终止经营业务期末现金及现金等价物净增加(减少)额	—	5 121 123 007		
加:年初现金及现金等价物余额	22 619 788 582	7 906 537 302	22 094 474	11 533 374
六、年末现金及现金等价物余额	15 134 971 543	22 619 788 582	28 383 556	22 094 474

附表 3-3　中国联合网络通信股份有限公司合并现金流量表

2012 年度

单位：人民币元

项目	2012 年度	2011 年度	2012 年度	2011 年度
	合并	合并	公司	公司
一、经营活动产生的现金流量				
销售商品、提供劳务收到的现金	243 095 682 578	205 738 561 772		
收到的税款返还	15 896 336	27 664 445		
收到其他与经营活动有关的现金	742 007 719	547 931 509		
经营活动现金流入小计	243 853 586 633	206 314 157 726		
购买商品、接受劳务支付的现金	(129 290 641 103)	(100 918 902 794)	(8 676 832)	(10 149 436)
支付给职工以及为职工支付的现金	(28 478 883 962)	(26 443 414 889)	(3 110 150)	(2 876 826)
支付的各项税费	(11 345 656 385)	(9 498 977 137)		
经营活动现金流出小计	(169 115 181 450)	(136 861 294 820)	(11 786 982)	(13 026 262)
经营活动产生的现金流量净额(减:支付)	74 738 405 183	69 452 862 906	(11 786 982)	(13 026 262)
二、投资活动产生的现金流量				
处置固定资产、无形资产所收回的现金净额	1 085 829 708	1 431 320 599	690	41 000
取得投资收益所收到的现金	489 491 911	1 047 765 284	731 802 147	570 446 899
收到其他与投资活动有关的现金	288 324 452	181 172 648		
投资活动现金流入小计	1 863 646 071	2 660 258 531	731 802 837	570 487 899
购建固定资产、无形资产所支付的现金	(90 766 178 785)	(81 817 902 431)	(5 399)	
投资所支付的现金	—	(3 367 586 262)		
取得子公司及其他营业单位支付的现金净额	(10 314 455 759)	—		
支付的其他与投资活动有关的现金	(16 363 723)	(212 436 455)		
投资活动现金流出小计	(101 096 998 267)	(85 397 925 148)	(5 399)	
投资活动产生的现金流量净额(减:支付)	(99 233 352 196)	(82 737 666 617)	731 797 438	570 487 899
三、筹资活动产生的现金流量				
子公司吸收少数股东投资所收到的现金	774 287	33 422 359		
发行债券收到的现金	67 797 255 195	61 866 594 907		
取得借款所收到的现金	87 111 129 125	55 460 955 472		
筹资活动现金流入小计	154 909 158 607	117 360 972 738		
偿还债务所支付的现金	(120 620 855 774)	(106 305 374 182)		
分配股利、利润或偿付利息所支付的现金	(6 640 335 994)	(5 255 611 884)	(710 085 981)	(551 172 555)
筹资活动现金流出小计	(127 261 191 768)	(111 560 986 066)	(710 085 981)	(551 172 555)
筹资活动产生的现金流量净额(减:支付)	27 647 966 839	5 799 986 672	(710 085 981)	(551 172 555)
四、汇率变动对现金的影响	—	—		
五、现金及现金等价物净增加(减少)额	3 153 019 826	(7 484 817 039)	9 924 475	6 289 082
加:年初现金及现金等价物余额	15 134 971 543	22 619 788 582	28 383 556	22 094 474
六、年末现金及现金等价物余额	18 287 991 369	15 134 971 543	38 308 031	28 383 556

附表 3-4　中国联合网络通信股份有限公司合并现金流量表

2013 年度

单位:人民币元

项目	2013 年度	2012 年度	2013 年度	2012 年度
	合并	合并	公司	公司
一、经营活动产生的现金流量				
销售商品、提供劳务收到的现金	294 067 611 299	243 095 682 578		
收到的税费返还	91 271 182	15 896 336		
收到其他与经营活动有关的现金	359 145 416	742 007 719		
经营活动现金流入小计	294 518 027 897	243 853 586 633		
购买商品、接受劳务支付的现金	(166 120 717 704)	(129 290 641 103)	(7 073 212)	(8 676 832)
支付给职工以及为职工支付的现金	(30 643 231 169)	(28 478 883 962)	(4 057 113)	(3 110 150)
支付的各项税费	(14 384 614 657)	(11 345 656 385)	(12 321 631)	
经营活动现金流出小计	(211 148 563 530)	(169 115 181 450)	(23 451 956)	(11 786 982)
经营活动产生的现金流量净额	83 369 464 367	74 738 405 183	(23 451 956)	(11 786 982)
二、投资活动产生的现金流量				
收回投资收到的现金	250 000	—		
取得投资收益收到的现金	350 241 246	489 491 911	859 418 917	731 802 147
处置固定资产、无形资产和其他长期资产收回的现金净额	1 542 675 900	1 085 829 708		690
收到其他与投资活动有关的现金	8 188 030	288 324 452		
投资活动现金流入小计	1 901 355 176	1 863 646 071	859 418 917	731 802 837
购建固定资产、无形资产和其他长期资产所支付的现金	(78 807 504 351)	(90 766 178 785)	(38 089)	(5 399)
取得子公司及其他营业单位支付的现金净额	—	(10 314 455 759)		
支付其他与投资活动有关的现金	(30 309 666)	(16 363 723)		
投资活动现金流出小计	(78 837 814 017)	(101 096 998 267)	(38 089)	(5 399)
投资活动产生的现金流量净额	(76 936 458 841)	(99 233 352 196)	859 380 828	731 797 438
三、筹资活动产生的现金流量				
子公司吸收少数股东投资收到的现金	1 101 880 306	774 287		
取得借款收到的现金	186 995 417 495	154 908 384 320		
筹资活动现金流入小计	188 097 297 801	154 909 158 607		
偿还债务支付的现金	(183 484 950 613)	(120 620 855 774)		
分配股利、利润或偿付利息所支付的现金	(7 756 335 346)	(6 640 335 994)	(845 744 196)	(710 085 981)
筹资活动现金流出小计	(191 241 285 959)	(127 261 191 768)	(845 744 196)	(710 085 981)
筹资活动产生的现金流量净额	(3 143 988 158)	27 647 966 839	(845 744 196)	(710 085 981)
四、汇率变动对现金及现金等价物的影响	(42 153 789)	—		
五、现金及现金等价物净增加(减少)额	3 246 863 579	3 153 019 826	(9 815 324)	9 924 475
加:年初现金及现金等价物余额	18 287 991 369	15 134 971 543	38 308 031	28 383 556
六、年末现金及现金等价物余额	21 534 854 948	18 287 991 369	28 492 707	38 308 031

附表 3-5　中国联合网络通信股份有限公司合并现金流量表

2014 年度

单位:人民币元

项目	2014 年度	2013 年度	2014 年度	2013 年度
	合并	合并	公司	公司
一、经营活动产生的现金流量				
销售商品、提供劳务收到的现金	282 938 421 499	294 067 611 299		
收到的税费返还	14 844 651	91 271 182		
收到其他与经营活动有关的现金	947 571 134	359 145 416	52 576	
经营活动现金流入小计	283 900 837 284	294 518 027 897	52 576	
购买商品、接受劳务支付的现金	(139 002 602 474)	(161 378 534 771)	(2 756 283)	(7 073 212)
支付给职工以及为职工支付的现金	(32 688 262 589)	(30 643 231 169)	(5 316 469)	(4 057 113)
支付的各项税费	(15 517 667 301)	(14 384 614 657)	(68 495)	(12 321 631)
支付的其他与经营活动有关的现金	(4 263 124 761)	(4 742 182 933)	(3 516 629)	
经营活动现金流出小计	(191 471 657 125)	(211 148 563 530)	(11 657 876)	(23 451 956)
经营活动产生的现金流量净额	92 429 180 159	83 369 464 367	(11 605 300)	(23 451 956)
二、投资活动产生的现金流量				
收回投资收到的现金	—	250 000		
取得投资收益收到的现金	636 913 732	350 241 246	1 151 101 725	859 418 917
处置固定资产、无形资产和其他长期资产收回的现金净额	796 891 687	1 542 675 900		
收到其他与投资活动有关的现金	785 114	8 188 030		
投资活动现金流入小计	1 434 590 533	1 901 355 176	1 151 101 725	859 418 917
购建固定资产、无形资产和其他长期资产所支付的现金	(73 390 940 253)	(78 807 504 351)	(125 790)	(38 089)
投资支付的现金	(3 075 386 390)	—		
支付其他与投资活动有关的现金	(2 144 008)	(30 309 666)		
投资活动现金流出小计	(76 468 470 651)	(78 837 814 017)	(125 790)	(38 089)
投资活动产生的现金流量净额	(75 033 880 118)	(76 936 458 841)	1 150 975 935	859 380 828
三、筹资活动产生的现金流量				
子公司吸收少数股东投资收到的现金	870 865 596	1 101 880 306		
取得借款收到的现金	200 046 623 851	186 995 417 495		
筹资活动现金流入小计	200 917 489 447	188 097 297 801		
偿还债务支付的现金	(206 213 510 730)	(183 484 950 613)		
分配股利、利润或偿付利息所支付的现金	(8 289 729 299)	(7 756 335 346)	(1 131 898 248)	(845 744 196)
筹资活动现金流出小计	(214 503 240 029)	(191 241 285 959)	(1 131 898 248)	(845 744 196)
筹资活动产生的现金流量净额	(13 585 750 582)	(3 143 988 158)	(1 131 898 248)	(845 744 196)
四、汇率变动对现金及现金等价物的影响	(290 300)	(42 153 789)		
五、现金及现金等价物净增加(减少)额	3 809 259 159	3 246 863 579	7 472 387	(9 815 324)
加:年初现金及现金等价物余额	21 534 854 948	18 287 991 369	28 492 707	38 308 031
六、年末现金及现金等价物余额	25 344 114 107	21 534 854 948	35 965 094	28 492 707

附表 3-6　中国联合网络通信股份有限公司合并现金流量表

2015 年度

单位:人民币元

项目	2015 年度	2014 年度	2015 年度	2014 年度
	合并	合并	公司	公司
一、经营活动产生的现金流量				
销售商品、提供劳务收到的现金	297 711 860 913	282 938 421 499		
收到的税费返还	47 763 231	14 844 651		
收到其他与经营活动有关的现金	1 009 023 093	947 571 134	2 336 473	52 576
经营活动现金流入小计	298 768 647 237	283 900 837 284	2 336 473	52 576
购买商品、接受劳务支付的现金	(157 197 103 339)	(139 002 602 474)	(3 497 742)	(2 756 283)
支付给职工以及为职工支付的现金	(36 495 884 984)	(32 688 262 589)	(4 416 623)	(5 316 469)
支付的各项税费	(11 779 548 735)	(15 517 667 301)	(159 089)	(68 495)
支付其他与经营活动有关的现金	(4 062 845 153)	(4 263 124 761)	(4 027 765)	(3 516 629)
经营活动现金流出小计	(209 535 382 211)	(191 471 657 125)	(12 101 219)	(11 657 876)
经营活动产生的现金流量净额	89 233 265 026	92 429 180 159	(9 764 746)	(11 605 300)
二、投资活动产生的现金流量				
收回投资收到的现金	19 244 295			
取得投资收益收到的现金	375 511 742	636 913 732	1 449 922 201	1 151 101 725
处置固定资产、无形资产和其他长期资产收回的现金净额	2 336 205 613	796 891 687		
收到其他与投资活动有关的现金	1 492 076	785 114		
投资活动现金流入小计	2 732 453 726	1 434 590 533	1 449 922 201	1 151 101 725
购建固定资产、无形资产和其他长期资产所支付的现金	(92 898 406 430)	(73 390 940 253)	(17 815)	(125 790)
投资支付的现金	(1 182 279 195)	(3 075 386 390)		
支付其他与投资活动有关的现金	(4 969 966)	(2 144 008)		
投资活动现金流出小计	(94 085 655 591)	(76 468 470 651)	(17 815)	(125 790)
投资活动产生的现金流量净额	(91 353 201 865)	(75 033 880 118)	1 449 904 386	1 150 975 935
三、筹资活动产生的现金流量				
子公司吸收少数股东投资收到的现金	543 634	870 865 596		
取得借款收到的现金	190 884 488 099	200 046 623 851		
筹资活动现金流入小计	190 885 031 733	200 917 489 447		
偿还债务支付的现金	(182 815 158 171)	(206 213 510 730)		
分配股利或偿付利息所支付的现金	(9 562 285 531)	(8 289 729 299)	(1 426 530 937)	(1 131 898 248)
筹资活动现金流出小计	(192 377 443 702)	(214 503 240 029)	(1 426 530 937)	(1 131 898 248)
筹资活动产生的现金流量净额	(1 492 411 969)	(13 585 750 582)	(1 426 530 937)	(1 131 898 248)
四、汇率变动对现金及现金等价物的影响	73 109 793	(290 300)		
五、现金及现金等价物净增加(减少)额	(3 539 239 015)	3 809 259 159	13 608 703	7 472 387
加:年初现金及现金等价物余额	25 344 114 107	21 534 854 948	35 965 094	28 492 707
六、年末现金及现金等价物余额	21 804 875 092	25 344 114 107	49 573 797	35 965 094

附录四　中国联通股东权益变动表

附表 4-1　中国联合网络通信股份有限公司合并股东权益变动表

2010 年度

单位:人民币元

项目	归属于母公司股东权益					少数股东权益	股东权益合计	其中:同一控制下收购业务对股东权益的影响
	股本	资本公积	盈余公积	未分配利润	外币报表折算差额			
2009 年 1 月 1 日年初余额	21 196 596 395	26 476 082 290	400 110 494	22 637 992 941	(19 458 680)	139 420 014 954	210 111 338 394	93 272 921 126
(一) 净利润	—		—	3 137 024 492	—	6 236 869 294	9 373 893 786	117 276 255
(二) 其他综合收益一直接计入股东权益的利得和损失								
1. 可供出售金融资产公允价值变动净额	—	(12 820 648)	—		—	(24 434 897)	(37 255 545)	—
2. 外币报表折算差额	—		—		(85 907)	(130 910)	(216 817)	—
(三) 股东投入和减少的资本								
1. 股东投入资本一联通红筹公司为投资西班牙电信而增发的股份	—	2 274 479 484	—		—	4 437 997 532	6 712 477 016	—
2. 股东支付计入股东权益的金额一与股份支付相关的员工薪酬的确认	—	9 219 929	—		—	18 202 436	27 422 365	—
3. 其他一联通运营公司同一控制下收购目标业务支付的价款	—	(1 308 394 781)	—		—	(2 586 690 838)	(3 895 085 619)	(3 895 085 619)
一回购韩国 SKT 持有的联通红筹公司股份所支付的价款	—		—	(2 982 386 077)	—	(5 819 275 196)	(8 801 661 273)	—

续 表

项目	归属于母公司股东权益					少数股东权益	股东权益合计	其中:同一控制下收购业务对股东权益的影响
	股本	资本公积	盈余公积	未分配利润	外币报表折算差额			
(四) 利润分配								
1. 提取盈余公积—法定公积金	—		158 389 612	(158 389 612)	—	—	—	—
2. 向股东分派的普通股股利	—		—	(1 424 411 278)	—	(3 156 812 490)	(4 581 223 768)	—
3. 同一控制下联通运营公司所收购的目标业务向联通集团分配利润	—		—	(21 570 743)	—	(42 645 264)	(64 216 007)	(64 216 007)
(五) 股东权益的内部结转								
1. 其他—因所持子公司股份变化对资本公积的影响	—	621 507 927	—		—	(621 507 927)	—	—
2009 年 12 月 31 日年末余额	21 196 596 395	28 060 074 201	558 500 106	21 188 259 723	(19 544 587)	137 861 586 694	208 845 472 532	89 430 895 755
(一) 净利润	—		—	1 227 610 009	—	2 443 666 298	3 671 276 307	—
(二) 其他综合收益—直接计入股东权益的利得和损失								
1. 可供出售金融资产公允价值变动净额	—	(454 102 803)	—		—	(886 056 812)	(1 340 159 615)	—
2. 外币报表折算差额	—		—		1 810 768	3 533 216	5 343 984	—
(三) 股东投入和减少的资本								
1. 股东投入资本—确认子公司员工行使股份期权所增加的子公司权益影响	—	137 236	—		—	268 279	405 515	—
2. 股份支付计入股东权益的金额—与股份支付相关的员工薪酬的确认	—	19 289 626	—		—	37 638 405	56 928 031	—

续表

项目	归属于母公司股东权益					少数股东权益	股东权益合计	其中:同一控制下收购业务对股东权益的影响
	股本	资本公积	盈余公积	未分配利润	外币报表折算差额			
3. 其他一确认子公司发行可转换债券所增加的子公司权益影响	—	193 689 579	—		—	377 931 980	571 621 559	—
一其他	—	101 579	—		—	(1 885 272)	(1 783 693)	—
(四)利润分配								
1. 提取盈余公积一法定公积金	—		126 454 929	(126 454 929)	—	—	—	—
2. 向股东分派的普通股股利	—		—	(1 136 137 567)	—	(2 492 521 039)	(3 628 658 606)	—
(五)股东权益的内部结转								
1. 其他一因所持子公司股份变化对资本公积的影响	—	(248 646)	—		—	248 646	—	—
2010 年 12 月 31 日年末余额	21 196 596 395	27 818 940 772	684 955 035	21 153 277 236	(17 733 819)	137 344 410 395	208 180 446 014	89 430 895 755

附表 4-2　中国联合网络通信股份有限公司合并股东权益变动表

2011 年度

单位:人民币元

项目	归属于母公司股东权益					少数股东权益	股东权益合计	其中:同一控制下收购业务对股东权益的影响
	股本	资本公积	盈余公积	未分配利润	外币报表折算差额			
2009 年 12 月 31 日年末余额	21 196 596 395	28 060 074 201	558 500 106	21 188 259 723	(19 544 587)	137 861 586 694	208 845 472 532	—
宽带在线同一控制下收购联通新时讯转入的净资产	—	40 926 482	—	750 522	—	81 335 445	123 012 449	123 012 449
2010 年 1 月 1 日年初余额(经重列)	21 196 596 395	28 101 000 683	558 500 106	21 189 010 245	(19 544 587)	137 942 922 139	208 968 484 981	123 012 449
(一)净利润(经重列)	—		—	1 234 506 831	—	2 457 125 904	3 691 632 735	20 356 428

续表

项目	归属于母公司股东权益					少数股东权益	股东权益合计	其中：同一控制下收购业务对股东权益的影响
	股本	资本公积	盈余公积	未分配利润	外币报表折算差额			
（二）其他综合收益一直接计入股东权益的利得和损失								
1. 可供出售金融资产公允价值变动净额	—	（454 102 803）	—		—	（886 056 812）	（1 340 159 615）	—
2. 外币报表折算差额	—		—		1 810 768	3 533 216	5 343 984	—
（三）股东投入和减少的资本								
1. 股东投入资本一确认子公司员工行使股份期权所增加的子公司权益影响	—	137 236	—		—	268 279	405 515	—
2. 股份支付计入股东权益的金额一与股份支付相关的员工薪酬的确认	—	19 289 626	—		—	37 638 405	56 928 031	—
3. 其他一确认子公司发行可转换债券所增加的子公司权益影响	—	193 689 579	—		—	377 931 980	571 621 559	—
一其他	—	101 579	—		—	（1 885 272）	（1 783 693）	—
（四）利润分配								
1. 提取盈余公积一法定公积金	—		126 454 929	（126 454 929）	—	—	—	—
2. 向股东分派的普通股股利	—		—	（1 136 137 567）	—	（2 492 521 039）	（3 628 658 606）	—
（五）股东权益的内部结转								
1. 其他一因所持子公司股份变化对资本公积的影响	—	（248 646）	—		—	248 646	—	—
2010 年 12 月 31 日年末余额（经重列）	21 196 596 395	27 859 867 254	684 955 035	21 160 924 580	（17 733 819）	137 439 205 446	208 323 814 891	143 368 877

续表

项目	归属于母公司股东权益					少数股东权益	股东权益合计	其中:同一控制下收购业务对股东权益的影响
	股本	资本公积	盈余公积	未分配利润	外币报表折算差额			
(一)净利润	—		—	1 412 245 739	—	2 775 719 646	4 187 965 385	8 940 742
(二)其他综合收益一直接计入股东权益的利得和损失								
1. 可供出售金融资产公允价值变动净额	—	(668 548 698)	—		—	(1 304 489 038)	(1 973 037 736)	—
2. 外币报表折算差额	—		—		(5 909 781)	(11 531 314)	(17 441 095)	—
(三)股东投入和减少的资本								
1. 股东投入资本一确认子公司员工行使股份期权所增加的子公司权益影响	—	11 324 910	—		—	22 097 449	33 422 359	—
2. 股份支付计入股东权益的金额一与股份支付相关的员工薪酬的确认	—	5 881 018	—		—	11 475 189	17 356 207	—
3. 其他一宽带在线同一控制下收购联通新时讯支付的价款	—	(40 926 482)	—	(12 578 971)	—	(104 419 447)	(157 924 900)	(157 924 900)
(四)利润分配								
1. 提取盈余公积一法定公积金	—		61 540 221	(61 540 221)	—	—	—	—
2. 向股东分派的普通股股利	—		—	(551 111 506)	—	(1 243 406 810)	(1 794 518 316)	—
3. 同一控制下宽带在线所收购的联通新时讯向联通集团分配利润	—		—	(3 029 151)	—	(5 911 591)	(8 940 742)	(8 940 742)
(五)股东权益的内部结转								
1. 其他一因所持子公司股份变化对资本公积的影响	—	(8 154 317)	—		—	8 154 317	—	—
2011 年 12 月 31 日年末余额	21 196 596 395	27 159 443 685	746 495 256	21 944 910 470	(23 643 600)	137 586 893 847	208 610 696 053	(14 556 023)

附表 4-3 中国联合网络通信股份有限公司合并股东权益变动表

2012 年度

单位：人民币元

项目	归属于母公司股东权益					少数股东权益	股东权益合计	其中：同一控制下收购业务对股东权益的影响
	股本	资本公积	盈余公积	未分配利润	外币报表折算差额			
2011 年 1 月 1 日年初余额	21 196 596 395	27 859 867 254	684 955 035	21 160 924 580	(17 733 819)	137 439 205 446	208 323 814 891	143 368 877
(一) 净利润	—		—	1 412 245 739	—	2 775 719 646	4 187 965 385	8 940 742
(二) 其他综合收益一直接计入股东权益的损失								
1. 可供出售金融资产公允价值变动净额	—	(668 548 698)	—		—	(1 304 489 038)	(1 973 037 736)	—
2. 外币报表折算差额	—		—		(5 909 781)	(11 531 314)	(17 441 095)	—
(三) 股东投入和减少的资本								
1. 股东投入资本一确认子公司员工行使股份期权所增加的子公司权益影响		11 324 910				22 097 449	33 422 359	—
2. 股份支付计入股东权益的金额一与股份支付相关的员工薪酬的确认	—	5 881 018	—		—	11 475 189	17 356 207	—
3. 其他一宽带在线同一控制下收购联通新时讯支付的价款	—	(40 926 482)	—	(12 578 971)	—	(104 419 447)	(157 924 900)	(157 924 900)
(四) 利润分配								
1. 提取盈余公积一法定公积金	—		61 540 221	(61 540 221)	—	—	—	—
2. 向股东分派的普通股股利	—		—	(551 111 506)	—	(1 243 406 810)	(1 794 518 316)	—

续表

项目	归属于母公司股东权益					少数股东权益	股东权益合计	其中：同一控制下收购业务对股东权益的影响
	股本	资本公积	盈余公积	未分配利润	外币报表折算差额			
3. 同一控制下宽带在线所收购的联通新时讯向联通集团分配利润	—		—	(3 029 151)	—	(5 911 591)	(8 940 742)	(8 940 742)
(五) 股东权益的内部结转								
1. 其他—因所持子公司股份变化对资本公积的影响	—	(8 154 317)	—		—	8 154 317	—	—
2011 年 12 月 31 日年末余额	21 196 596 395	27 159 443 685	746 495 256	21 944 910 470	(23 643 600)	137 586 893 847	208 610 696 053	(14 556 023)
(一) 净利润	—		—	2 368 106 789	—	4 657 321 724	7 025 428 513	—
(二) 其他综合收益—直接计入股东权益的利得和损失								
1. 可供出售金融资产公允价值变动净额	—	(388 508 494)	—		—	(758 207 447)	(1 146 715 941)	—
2. 外币报表折算差额	—		—		(686 287)	(1 339 333)	(2 025 620)	—
(三) 股东投入和减少的资本								
1. 股东投入资本—确认子公司员工行使股份期权所增加的子公司权益影响	—	262 329	—		—	511 958	774 287	—
2. 股份支付计入股东权益的金额—与股份支付相关的员工薪酬的确认	—	4 851 484	—		—	9 468 084	14 319 568	—
(四) 利润分配								
1. 提取盈余公积—法定公积金	—		77 920 376	(77 920 376)	—	—	—	—
2. 向股东分派的普通股股利	—		—	(710 085 981)	—	(1 558 077 614)	(2 268 163 595)	—

续 表

项目	归属于母公司股东权益					少数股东权益	股东权益合计	其中:同一控制下收购业务对股东权益的影响
	股本	资本公积	盈余公积	未分配利润	外币报表折算差额			
(五) 股东权益的内部结转								
1. 其他一因所持子公司股份变化对资本公积的影响	—	(458 866)	—		—	458 866	—	—
2012 年 12 月 31 日年末余额	21 196 596 395	26 775 590 138	824 415 632	23 525 010 902	(24 329 887)	139 937 030 085	212 234 313 265	(14 556 023)

附表 4-4　中国联合网络通信股份有限公司合并股东权益变动表

2013 年度

单位:人民币元

项目	归属于母公司股东权益					少数股东权益	股东权益合计
	股本	资本公积	盈余公积	未分配利润	外币报表折算差额		
2013 年 1 月 1 日年初余额	21 196 596 395	26 775 590 138	824 415 632	23 525 010 902	(24 329 887)	139 937 030 085	212 234 313 265
(一) 净利润	—		—	3 442 853 809	—	6 849 582 470	10 292 436 279
(二) 其他综合收益一直接计入股东权益的利得和损失							
1. 可供出售金融资产公允价值变动净额	—	231 631 688	—		—	458 336 662	689 968 350
2. 外币报表折算差额	—		—		(5 812 648)	(11 501 664)	(17 314 312)
3. 重新计量设定受益计划净负债变动净额	—	(798 501)	—		—	(1 580 017)	(2 378 518)
(三) 股东投入和减少的资本							
1. 股东投入资本一确认子公司员工行使股份期权所增加的子公司权益影响	—	369 916 092	—		—	731 964 214	1 101 880 306
2. 股份支付计入股东权益的金额一与股份支付相关的员工薪酬的确认	—	16 770 557	—		—	33 184 412	49 954 969
3. 其他一财政拨款	—	285 356	—		—	564 636	849 992

续表

项目	归属于母公司股东权益					少数股东权益	股东权益合计
	股本	资本公积	盈余公积	未分配利润	外币报表折算差额		
（四）利润分配							
1. 提取盈余公积－法定公积金	—		94 704 854	（94 704 854）	—	—	—
2. 向股东分派的普通股股利	—		—	（845 744 196）	—	（1 877 861 971）	（2 723 606 167）
（五）股东权益的内部结转							
1. 其他－因所持子公司股份变化对资本公积的影响	—	（647 445 876）	—		—	647 445 876	—
2013 年 12 月 31 日年末余额	21 196 596 395	26 745 949 454	919 120 486	26 027 415 661	（30 142 535）	146 767 164 703	221 626 104 164
2012 年 1 月 1 日年初余额	21 196 596 395	27 159 443 685	746 495 256	21 944 910 470	（23 643 600）	137 586 893 847	208 610 696 053
（一）净利润	—		—	2 368 106 789	—	4 657 321 724	7 025 428 513
（二）其他综合收益－直接计入股东权益的利得和损失							
1. 可供出售金融资产公允价值变动净额	—	（388 508 494）	—		—	（758 207 447）	（1 146 715 941）
2. 外币报表折算差额	—		—		（686 287）	（1 339 333）	（2 025 620）
（三）股东投入和减少的资本							
1. 股东投入资本－确认子公司员工行使股份期权所增加的子公司权益影响	—	262 329	—		—	511 958	774 287
2. 股份支付计入股东权益的金额－与股份支付相关的员工薪酬的确认	—	4 851 484	—		—	9 468 084	14 319 568
（四）利润分配							
1. 提取盈余公积－法定公积金	—		77 920 376	（77 920 376）	—	—	—
2. 向股东分派的普通股股利	—		—	（710 085 981）	—	（1 558 077 614）	（2 268 163 595）
（五）股东权益的内部结转							
1. 其他－因所持子公司股份变化对资本公积的影响	—	（458 866）	—		—	458 866	—
2012 年 12 月 31 日年末余额	21 196 596 395	26 775 590 138	824 415 632	23 525 010 902	（24 329 887）	139 937 030 085	212 234 313 265

附表 4-5 中国联合网络通信股份有限公司合并股东权益变动表

2014 年度

单位：人民币元

项目	归属于母公司股东权益					少数股东权益	股东权益合计
	股本	资本公积	其他综合收益	盈余公积	未分配利润		
2014 年 1 月 1 日年初余额	21 196 596 395	28 024 362 928	(1 308 556 009)	919 120 486	26 027 415 661	146 767 164 703	221 626 104 164
(一) 综合收益总额	—		(159 596 800)	—	3 981 738 536	7 667 049 738	11 489 191 474
(二) 股东投入和减少的资本							
1. 股东投入的普通股—确认子公司员工行使股份期权所增加的子公司权益影响	—	290 344 482	—	—	—	580 521 114	870 865 596
2. 其他—财政拨款	—	196 705	—	—	—	393 295	590 000
(三) 利润分配							
1. 提取盈余公积—法定公积金	—		—	125 702 273	(125 702 273)	—	—
2. 向股东分派的普通股股利	—		—	—	(1 131 898 248)	(2 526 931 784)	(3 658 830 032)
(四) 股东权益的内部结转							—
1. 其他—因所持子公司股份变化对资本公积的影响	—	(503 204 764)	—	—	—	503 204 764	—
2014 年 12 月 31 日年末余额	21 196 596 395	27 811 699 351	(1 468 152 809)	1 044 822 759	28 751 553 676	152 991 401 830	230 327 921 202
2013 年 1 月 1 日年初余额	21 196 596 395	28 284 836 799	(1 533 576 548)	824 415 632	23 525 010 902	139 937 030 085	212 234 313 265
(一) 综合收益总额	—		225 020 539	—	3 442 853 809	7 294 837 451	10 962 711 799
(二) 股东投入和减少的资本							
1. 股东投入的普通股—确认子公司员工行使股份期权所增加的子公司权益影响	—	369 916 092	—	—	—	731 964 214	1 101 880 306
2. 股份支付计入股东权益的金额—与股份支付相关的员工薪酬的确认	—	16 770 557	—	—	—	33 184 412	49 954 969
3. 其他—财政拨款	—	285 356	—	—	—	564 636	849 992
(三) 利润分配							

续 表

项目	归属于母公司股东权益					少数股东权益	股东权益合计
	股本	资本公积	其他综合收益	盈余公积	未分配利润		
1. 提取盈余公积一法定公积金	—		—	94 704 854	(94 704 854)	—	—
2. 向股东分派的普通股股利	—		—	—	(845 744 196)	(1 877 861 971)	(2 723 606 167)
(四) 股东权益的内部结转							
1. 其他一因所持子公司股份变化对资本公积的影响	—	(647 445 876)	—	—	—	647 445 876	—
2013 年 12 月 31 日年末余额	21 196 596 395	28 024 362 928	(1 308 556 009)	919 120 486	26 027 415 661	146 767 164 703	221 626 104 164

附表 4-6　中国联合网络通信股份有限公司合并股东权益变动表

2015 年度

单位:人民币元

项目	归属于母公司股东权益					少数股东权益	股东权益合计
	股本	资本公积	其他综合收益	盈余公积	未分配利润		
2015 年 1 月 1 日年初余额	21 196 596 395	27 811 699 351	(1 468 152 809)	1 044 822 759	28 751 553 676	152 991 401 830	230 327 921 202
(一) 综合收益总额	—	—	(699 235 670)	—	3 471 590 902	5 564 733 302	8 337 088 534
(二) 股东投入和减少的资本							
1. 股东投入的普通股一确认子公司员工行使股份期权所增加的子公司权益影响		181 245	—	—	—	362 388	543 633
2. 其他一财政拨款	—						
(三) 利润分配							
1. 提取盈余公积一法定公积金	—	—	—	158 593 304	(158 593 304)	—	—
2. 对股东的分配	—	—	—	—	(1 426 530 937)	(3 192 646 731)	(4 619 177 668)
3. 提取一般风险准备	—	—	—	675 671	(675 671)	—	—
(四) 股东权益的内部结转							
1. 其他一因所持子公司股份变化对资本公积的影响	—	(348 287)	—	—	—	348 287	—

续表

项目	归属于母公司股东权益					少数股东权益	股东权益合计
	股本	资本公积	其他综合收益	盈余公积	未分配利润		
2015 年 12 月 31 日年末余额	21 196 596 395	27 811 532 309	(2 167 388 479)	1 204 091 734	30 637 344 666	155 364 199 076	234 046 375 701
2014 年 1 月 1 日年初余额	21 196 596 395	28 024 362 928	(1 308 556 009)	919 120 486	26 027 415 661	146 767 164 703	221 626 104 164
(一)综合收益总额	—	—	(159 596 800)	—	3 981 738 536	7 667 049 738	11 489 191 474
(二)股东投入和减少的资本							
1. 股东投入的普通股一确认子公司员工行使股份期权所增加的子公司权益影响		290 344 482	—	—	—	580 521 114	870 865 596
2. 其他—财政拨款	—	196 705	—	—	—	393 295	590 000
(三)利润分配							
1. 提取盈余公积一法定公积金	—	—	—	125 702 273	(125 702 273)	—	—
2. 向股东分派的普通股股利	—	—	—	—	(1 131 898 248)	(2 526 931 784)	(3 658 830 032)
(四)股东权益的内部结转							
1. 其他一因所持子公司股份变化对资本公积的影响	—	(503 204 764)	—	—	—	503 204 764	—
2014 年 12 月 31 日年初末余额	21 196 596 395	27 811 699 351	(1 468 152 809)	1 044 822 759	28 751 553 676	152 991 401 830	230 327 921 202

参考文献

[1] 王玉梅,曾瑶.财务报表编制与分析[M].北京:北京邮电大学出版社,2015.
[2] 姚文英.财务报表分析[M].大连:东北财经大学出版社,2013.
[3] 岳虹.财务报表分析[M].北京:中国人民大学出版社,2014.
[4] 王化成.财务报表分析[M].北京:北京大学出版社,2014.
[5] 黄倩,丛连钢.会计报表解读与分析[M].北京:中国人民大学出版,2012.
[6] 樊行健.财务报表分析[M].北京:清华大学出版社,2014.
[7] 胡玄能,叶华.财务报表分析[M].北京:清华大学出版社,2014.
[8] 陈锷.会计报表编制与分析[M].北京:经济科学出版社,2013.
[9] 徐泓.基础会计学[M].北京:机械工业出版社,2010.
[10] 郭梅,王书果.财务报表编制与分析[M].济南:山东人民出版社,2014.